팀 켈러,

당신을 위한 로마서 1

Romans 1-7 FOR YOU

©Timothy Keller, 2014

Originally published in English in the U.K. under the title: *Romans 1 – 7 For You*
by The Good Book Company
All rights reserved.

Korean edition copyright © 2014 by Duranno Press, a division of Duranno Ministry
38, Seobinggo-ro 65-gil, Yongsan-gu, Seoul, Republic of Korea

This edition is published by arrangement with The Good Book Company.

팀 켈러,
당신을 위한 로마서 1

지은이 | 팀 켈러
옮긴이 | 김건우
초판 발행 | 2014. 12. 15.
21쇄 발행 | 2024. 12. 20.
등록번호 | 제1988-000080호
등록된 곳 | 서울시 용산구 서빙고로65길 38
발행처 | 사단법인 두란노서원
영업부 | 02)2078-3333 FAX | 080-749-3705
출판부 | 02)2078-3330

책값은 뒤표지에 있습니다.
ISBN 978-89-531-2121-8 04230
        978-89-531-2122-5 (세트)

독자의 의견을 기다립니다.
tpress@duranno.com http://www.duranno.com

두란노서원은 바울 사도가 3차 전도 여행 때 에베소에서 성령 받은 제자들을 따로 세워 하나님의 말씀으로 양육
하던 장소입니다. 사도행전 19장 8 – 20절의 정신에 따라 첫째 목회자를 돕는 사역과 평신도를 훈련시키는 사역,
둘째 세계선교 ™ 와 문서선교 단행본 · 잡지 사역, 셋째 예수문화 및 경배와 찬양 사역, 그리고 가정 · 상담 사역 등을
감당하고 있습니다. 1980년 12월 22일에 창립된 두란노서원은 주님 오실 때까지 이 사역들을 계속할 것입니다.

팀 켈러,

당신을 위한
로마서 1

팀 켈러 지음 | 김건우 옮김

두란노

●

바울의 사상은 복음이 하나님의 능력이라는 신념으로 수렴된다. 로마서는 이 복음을 가장 세밀하게 풀어낸 글이다. 그래서 우리는 자꾸 로마서로 돌아간다. 혼자서도 가지만, 때로 좋은 안내자를 찾기도 한다. 팀 켈러 역시 로마서에 담겨 있는 복음의 진경들을 드러내고 풀이해 줄 흥미로운 안내자 중 하나다. 그는 독자들이 본문의 논증을 잘 따라갈 수 있게 돕는 한편, 이것이 그저 이론적 탐색에서 끝나지 않도록, 오히려 내 마음과 삶의 구석구석을 파고드는 이야기가 되도록 세심한 주의를 기울인다. 로마서가 선포하는 죄와 구원의 이야기를 바로 내 이야기로 읽도록 돕는 것, 이것이 이 책의 가장 큰 장점 중 하나가 아닌가 싶다.

권연경_ 숭실대학교 기독교학과 교수

복음을 설명하기 위해 로마서를 강해한 설교자들이 참으로 많다. 개인적으로 팀 켈러의 메시지는 마틴 로이드 존스의 로마서 강해 이후 최고의 작품이라고 확신한다. 강단에서 복음이 사라지고 청중들의 기호에 맞춘 만담이나 이야기들만 넘쳐난다고 생각하는 분들은 지금 당장 이 책을 뽑아서 읽어 보라. 복음이 무엇인지에 대한 명확하고 타협 없는 외침이 탁월한 지성의 옷을 입고 우뚝 서 있는 모습을 보게 될 것이다.

김관성_ 덕은침례교회 담임목사

믿음이란 어떠한 열심이나 작위도 내려놓고 그리스도께서 성취하신 의롭다 함을 철저하게 빈 마음과 빈손으로 받는 것임을 깨닫게 해주는 책이다.

김건우_ 번역자

썩은 서까래 위에 새 지붕을 얹을 수 없는 것처럼 부실한 기초 위에 새 집을 지을 수는 없다. 신앙의 기둥인 '믿음'이 아니라 신앙의 기초인 '복음'을 잃은 한국 교회에 이 책은 복음을 제대로 소개하고 있다. '다시 복음으로'라는 슬로건을 걸고 순수한 믿음으로 돌아가 무너지는 교회를 세우려고 바둥거리는 우리를 향한 '다시' 복음이 아니라 '항상' 복음으로 돌아오라는 뼈아픈 초청이자, 복음을 변질시킨 우리를 향한 회개의 소환이다. 존 스토트처럼 평이한 문체지만 논쟁적이고 논증적으로 복음의 진리를 가장 명쾌하게 드러낸 책이다. 교회를 살릴 생수가 여기 있다. 마시라!

김병년_ 다드림교회 담임목사

로마서는 언제나 한 시대의 절실한 질문과 만날 때마다 기독교 신앙의 방향과 내용을 크게 흔들어 놓았다. 함부로 다루기 버거운 장검과 같은 로마서를 자기 시대의 질문과 맞대면시키는 장수는 언제나 소수에 불과하다. 팀 켈러는 로마서를 사랑하는 성도들에게 간결하고, 균형 잡힌 주석과 적실한 적용점을 뽑아내 보임으로써 그가 서 있는 해석의 지평을 넉넉히 대표하는 목회자이자 신학자임을 입증했다. 그는 자신이 달을 가리키는 손가락임을 잘 안다. 그의 안내로 우리는 바울을 만나고, 예수 그리스도의 복음 앞으로 정중히 초청받는 경험을 하게 되었다. 기쁜 선물이다.

양희송_ 청어람아카데미 대표

조국 교회를 향한 마음의 소원 가운데 하나는 복음이 풍성하게 흐르는 강단에 대한 것이다. 그런 점에서 복음을 가장 풍성하게 다루고 있는 로마서를 설교하고 강해하는 일은 무엇보다도 조국 교회의 시급한 필요 가운데 하나라 할 수 있다. 그 로마서를 팀 켈러가 설교한 것이라면 더 이상 무슨 추천이 필요할까? 조금의 주저함도 없이 오히려 큰 즐거움을 담아 사서 읽기를 권한다.

화종부_ 남서울교회 담임목사

Contents

●

로마서는 어떻게
마르틴 루터와 장 칼뱅에게
영향을 미쳤나

로마서는 사람들을 변화시켜 이들이 거듭 세상을 바꾸도록 한 책이다. 로마서를 읽고 변화된 사람들 가운데 잉글랜드의 존 스토트(John Stott) 목사가 있다. 복음주의를 향한 그의 헌신과 사역은 20세기 영국 및 미국의 교회들, 그리고 특히 개발도상국의 여러 교회에 커다란 영향을 끼쳤다.

로마서가 나에게 가져다 준 기쁘고도 고통스러운 도전들은 로마서와 나 사이에 애증 관계를 만들어 냈다. …로마서 1장 18절에서 30절에 나타난 인간의 보편적 죄와 허물에 대한 바울의 신랄한 폭로는 사람들의 '감정적 요구'에만 몰두하는 피상적 복음주의로부터 나를 구해 주었다.[1]

로마서는 하나님과 우리의 관계에 초점을 둔 존 스토트의 복음주의가 등장하기 오백 년 전에도 이미 또 다른 두 사람을 변화시켜서 교회를 완전히 변혁하도록 한 이력이 있다.

:: 로마서는 믿음의 사람을 변화시켰다

한 사람은 독일의 수도승 마르틴 루터(Martin Luther)로 그는 하나님이 보시기에 의로운 삶을 살아야 구원받을 수 있다고 배웠다. 루터는 자신에게 불가능한 것을 요구하시고는 실패하도록 내버려 두시는 하나님이 점점 싫어졌다. 하지만 그 후 로마서 1장 17절을 읽고 마침내 그 의미를 확실히 깨닫게 되었다. "복음에는 하나님의 의가 나타나서 믿음으로 믿음에 이르게 하나니."

나는 어떻게 하면 바울의 말을 제대로 이해할 수 있을지 노심초사하였는데, '하나님의 의'라는 표현에서 가로막히고 말았다. 그 의미를 의로우신 하나님이 불의한 자들을 공평하게 심판하신다는 뜻으로 받아들였기 때문이다.

나는 흠잡을 데 없는 수도승이지만, 하나님 앞에서는 죄인이었다. …나는 의롭고 무서운 하나님을 사랑할 수 없었고, 도리어 그분을 미워하며 불평하였다.

…그 후 하나님이 우리에게 은혜와 자비를 베푸셔서 믿음으로 말미암아 의롭다 함을 받는 것이 그분의 의라는 것을 온전히 이해하게 되었다. 나는 새롭게 태어났고 천국에 이르는 열린 문을 통과했다고 느꼈다. 나는 해내었다. 전에는 '하나님의 의'라는 표현이 싫었지만, 이제는 그것이 가장 소중하고 위안을 주는 말이 되었다."[2]

로마서 1장에서 루터가 일구어 낸 돌파구로 독일과 유럽 전역에 복음이 회복되고 종교개혁으로까지 이어지는 역사가 있었다.

또 한 사람은 장 칼뱅이다. 종교개혁의 위대한 신학자이자 목회자 가운데 하나인 프랑스인 장 칼뱅은 스위스 제네바에서 사역했는데 로마서에 대해 다음과 같이 말했다.

로마서는 성경 속에 깊숙이 숨겨져 있는 모든 보화들을

찾을 수 있게 해주는 입구이다. 그리스도 안에 있는 하나님의 긍휼을 통해서만 의롭게 된다는 이 복음은 오직 믿음으로만 깨달을 수 있다. 이것이 이 책의 핵심이다.[3]

루터와 칼뱅은 4세기 히포(현재 알제리에 있는)의 주교였던 어거스틴의 저술을 아주 잘 활용했다. 어거스틴의 어머니는 기독교인이었지만, 그는 믿음에서 등을 돌렸다. 그는 다른 곳에서 진리를 찾았으며 내키는 대로 살기로 작정하고는 결혼도 하지 않은 채 한 아이의 아버지가 되었다. 하지만 밀라노에 거주하는 동안 당대의 교회 지도자였던 암브로시우스 주교의 설교를 듣게 된다. 그는 그 설교 내용을 마음에서 지울 수 없었다.

마음이 혼란스럽고 격정이 일어나서 아무도 찾을 수 없는 곳으로 갈 수밖에 없었다. 스스로를 속박한 채 몸부림쳤다. 이웃집에서 소년인지 소녀인지 모르는 누군가의 찬양 소리가 들렸다. …'집어서 읽어라, 집어서 읽어라.' 사도의 책(로마서)을 집어서 펼치고 눈에 들어오는 첫 문

장을 소리 내지 않고 읽었다. "방탕하거나 술 취하지 말
며 음란하거나 호색하지 말며 다투거나 시기하지 말고
오직 주 예수 그리스도로 옷 입고 정욕을 위하여 육신의
일을 도모하지 말라"(롬 13:13-14). 더는 읽고 싶지도, 읽을
필요도 없었다. 마지막 단어를 읽자마자 모든 근심으로
부터 나를 구원해 주는 빛이 마음속 가득히 비치는 듯했
다. 모든 의심의 그림자들이 흩어졌다.[4]

이렇게 하나님은 바울과 루터 사이 천 년 동안 교회에 지
대한 영향을 끼쳤던 어거스틴이 믿음을 갖도록 로마서를 사용
하셨다.

:: 사람들을 변화시킨 것은 로마서에 담긴 복음이다
로마서의 무엇이 이처럼 사람을 변화시키고 역사를 만들
어 온 것일까? 그것은 로마서가 복음을 말하고 있기 때문이다.
주후 57년 경 바울은 로마 교회가 복음을 깨닫고 더 나아가 복
음의 영광스러운 구원을 체험하길 바라면서 이 편지를 썼다.

바울은 세 번째 선교 여행 중 고린도에서 로마서를 쓴 것 같다. 그때까지 바울은 로마의 교인들을 한 번도 만난 적이 없었다. 다만 곧 만나게 되길 바랐다. 당시 로마 교회에는 유대인 출신 그리스도인들과 이방인 출신 그리스도인들 사이에 갈등이 있었던 것 같다. 바울은 그들을 만나보지는 못했지만, 그들에게 복음이 꼭 필요하다는 것을 알았다.

루터와 칼뱅 둘 다 확신에 차서 설명했듯이, "하나님의 복음"(롬 1:1)은 하나님의 의의 선포였다. 하나님의 완전하심과 거룩함이 예수 그리스도의 삶과 죽음 안에서 나타났으며, 이 완전하심이 예수 그리스도의 삶과 죽음을 통해 거저 주는 선물로 우리에게 주어졌다는 메시지이다. 이것이 로마서가 말하는 복음이다. 바울은 하나님이 어떻게 복음 안에서 죄인들을 의롭게 하셨는지 뿐만 아니라, 가장 소중한 하나님의 선물을 우리가 살면서 어떻게 '누릴 수' 있는지, 즉 복음이 우리의 행위와 인격에까지 어떻게 근본적인 변화를 일으키는지 보여 주고 있다.

지금 이 편지를 읽고 고찰하면서, 이전의 많은 사람들이 그랬듯이, 하나님의 의의 선물을 통해 우리의 인격이 다듬어지고 삶이 새로워질 것을 기대해야 할 것이다. 로마서는 우리로 이런 자문을 던지게 한다. 루터처럼 나는 현재와 미래의 삶에서 복음이 나에게 주는 자유와 해방을 향해 '돌진하고(broken through)' 있는가?

로마서는 성경을 통틀어 가장 많이 연구된 책으로, 로마서의 구조와 연구 방법에 대한 논쟁은 교회사에 늘 있어 왔다. 나는 이 책의 부록에 바울이 생각한 논리의 전반적인 흐름을 이해하기 쉽도록 로마서 1장에서 7장까지의 상세한 개요와 구조를 첨부하였다. 또한 1장부터 3장에서 바울이 다룬 의와 죄의 토대가 되는 우상숭배에 대한 성경적 관점을 부록에 포함시켰다. 바울이 누구에게 이 편지를 썼고 그들에게 무엇을 말했는가에 대한 최근의 논쟁에 대한 간략한 서술도 부록으로 첨가하였다.

이 책은 로마서에 관한 모든 것을 다루거나 결론지으려하지는 않는다. 로마서에 대한 주석도 아니다. 따라서 주석서만큼 깊이 들어가지도 않고, 로마서에 대한 과거 및 현재의 모든 학문적 성과를 반영하지도 않는다. 이 책은 성경을 보는 눈을 열어 주고, 어떻게 오늘의 일상 속에서 말씀을 적용할지 제안하는 해설이자 안내서이다. 당신이 이 책을 통해 복음의 메시지를 이해하고 루터처럼 복음 안에서 살아갈 수 있는 '돌파구'를 가질 수 있게 되길 기도한다.

::

Part 1

복음은
'사람을 구원하는'
하나님의 능력이다

ROMANS 1-7
FOR YOU
TIMOTHY KELLER

01

●

복음을 부끄러워 마라

롬 1:1-17

●

기록된 바 오직 의인은
믿음으로 말미암아 살리라
함과 같으니라

로마서의 정수는 복음에 대해 탁월하게 설명하고 있다는 점이다. 이 서신은 인생과 사역이 복음을 중심으로 이루어진 한 인물이 쓴 것으로, 복음이 삶을 얼마나 크게 변화시키는지를 보여 준다. 따라서 편지는 시작부터 복음에 관한 이야기로 가득하다.

:: 기꺼이 종이 되다

고대의 다른 편지들처럼 저자는 자신을 소개하면서 편지를 시작한다. 그는 '바울'이다. 그는 먼저 그리스도인으로, "예수 그리스도의 종"이다(1절). 여기서 종이란 문자 그대로 노예(둘로스, *doulos*)다. 모든 그리스도인이 그렇듯이 바울에게도 주인이 있다. 바울은 그 주인의 권위 아래 있다.

둘째, 바울은 "사도로 부르심을 받았다"(1절). 그는 사도, 곧 '보내진 자'다. 스스로 선택하거나 지원한 일이 아니다. 그는 그 일에 "부름 받았다." 그는 부활하신 예수님께 직접 그 일을 위임받았고 가르침을 받았다(행 9:1-19). 그리스도께서 친히 그에게 가르칠 수 있는 권한을 주셨다. 바울의 편지는 성경이 되었고, 거기서 진리가 드러났다.

하지만 주님은 왜 바울을 사도로 부르셨는가? 그가 "하나님의 복음을 위해 택정함을 입었기"(롬 1:1) 때문이다. '택정함을 입다'로 번역된 단어의 원 뜻은 '분리되다', 곧 다른 모든 것으로부터 떨어져 나오는 것을 의미한다. 바울은 복음 전파라는 최우선 목표를 위해 택함을 받았다. 바울은 평생 복음을 위한 "종"이 되었지만, 그것은 그의 기쁨이기도 했다(9, 11, 15절). 바울에게 이 복음은 너무나 위대해서 기꺼이 자신을 부와 건강, 명예, 친구, 안전 등으로부터 떼어 놓을 수 있었다.

:: 복음 : 무엇이 아닌 누구

바울이 기꺼이 종이 되어 영화롭게 하려는 이 '복음'은

---

1 예수 그리스도의 종 바울은 사도로 부르심을 받아 하나님의 복음을 위하여 택정함을 입었으니

무엇인가? 복음이 무엇이길래 바울은 이것을 나누기 위해 다른 모든 것을 잃고도 기뻐할 수 있었을까?

먼저 복음이라는 말의 의미를 살펴보자. '복음(유앙겔로이, *euangeloi*)'은 문자 그대로 '좋은 전령(good herald)'이다. 1세기 경, 전쟁에서 승리한 황제는 전령(앙겔로이, *angeloi*)을 보내 자신의 승리와 통치권, 그리고 평화를 선포했다. 한마디로 복음은 선언이자 선포다. 복음은 따라야 할 충고가 아니라, 이루어진 것에 대한 소식, 그것도 좋은(유, *eu*) 소식이다.

복음이 바울의 소유가 아님은 그가 복음의 전령이라는 데서 분명히 드러난다. 복음은 바울에게서 비롯되지 않았고, 그도 복음을 자기 손으로 만들어 냈다며 권한을 주장하지 않는다. 오히려 복음은 "하나님의"(1절) 것이다. 그러므로 복음을 우리 시대에 맞게 고치거나 살아가는 데 거북하지 않도록 희석시킬 수는 없다.

복음은 새로운 것이 아니며, 오히려 "하나님이 선지자들을 통하여 그의 아들에 관하여 성경에 미리 약속하신 것"이다 (2절). 모든 구약 성경은 복음에 관한 약속이면서, 복음의 선포를 예시하고 있다. 바울은 이 토대 위에 하나님의 전령으로 서 있다. 구약 성경은 지금 하나님이 생생하게 선포하고 있는 복

---

2 이 복음은 하나님이 선지자들을 통하여 그의 아들에 관하여 성경에 미리 약속하신 것이라

음에 대한 그림자이다.

복음의 내용은 "그의 아들"이다(3절). 복음의 중심에는 예수님이 있다. 복음은 개념이 아닌 한 분에 관한 것이다. 우리가 아니라 그분에 관한 것이다. 복음이 근본적으로 우리의 인생과 꿈, 희망에 대한 메시지가 아니라는 것을 이해할 때까지는 결코 복음을 제대로 알 수 없다. 복음이 우리에 대한 것이 아니라 사람이신 예수, 하나님의 아들에 관한 선포이기 때문에 우리의 인생과 꿈, 희망이 새로워지는 것이다.

이 아들은 다음과 같은 분이다.

첫째, 완전한 인간이었다. "그의 아들에 관하여 말하면 육신으로는"(3절).

둘째, 성경의 약속을 성취하신 분이었다. 그는 천 년 전 이스라엘의 왕이던 "다윗의 혈통에서 나셨"다(3절). 하나님은 다윗에게 후손 가운데 온 우주의 왕이 태어날 것이라고 약속하셨다(삼하 7:11-16 참조). 다윗의 통치와 고난, 영광은 많은 부분에서 위대한 후손의 삶을 예시하고 있다(시 2편, 22편, 110편 참조).

셋째, 신성을 지니셨다. 그 아들은 "성결의 영으로는 죽은 자들 가운데서 부활하사 능력으로 하나님의 아들로 선포되셨"다(롬 4절).

바울은 예수님이 무덤에서 살아나신 그때 비로소 하나님

---

3 그의 아들에 관하여 말하면 육신으로는 다윗의 혈통에서 나셨고

의 아들이 되었다고 말하지 않는다. 오히려 그는 부활에 대한 위대한 진리를 두 가지로 요약한다.

먼저, 비어 있는 무덤은 예수님이 누구신가에 대한 위대한 선포이다. 예수님의 부활은 그분이 하나님의 아들이라는 데 대한 모든 의심을 날려 버린다. 또 하나, 예수님의 부활과 승천은 그를 하나님 오른편에서 통치하게 하시고(엡 1:19-22), 그에게 "모든 이름 위에 뛰어난 이름을 주사… 모든 무릎을 예수의 이름에 꿇게" 하셨다(빌 2:9-10). 하나님의 아들은 겸손하게 인간이 되셔서 가난을 맛보시고, 사람들의 거절을 견디시고, 무력하게 죽음을 당하셨다. 그의 부활에서 우리는 그가 하나님의 아들이라는 사실뿐 아니라 이제 '통치권을 가진' 하나님의 아들임을 본다.

사실 바울은 로마서 1장 4절이 끝날 때까지 하나님의 아들을 "예수 그리스도 우리 주"라고 부르지 않는다. "예수"(예수스, Jesus)는 '하나님이 구해 줄 것이다'라는 의미를 가진 히브리어 이름 예슈아/여호슈아(Yeshua/Joshua)의 그리스 식 이름이다. 그는 이름 그대로 하나님이 "미리 약속하신"(2절) 모든 것을 이루셨다. 하나님은 당신의 백성을 다스리도록 그에게 기름 부으셨다. 그러므로 그는 우리 주님, 곧 하나님 자신이기도 하다. 복음은 예수님의 완전한 통치에 대한 선포이면서, 우리가 그

---

4 성결의 영으로는 죽은 자들 가운데서 부활하사 능력으로 하나님의 아들로 선포되셨으니 곧 우리 주 예수 그리스도시니라

분을 '주님'으로 섬기도록 초대하고 있다.

:: 믿음에서 흘러나오는 복음의 요청은 무엇인가

이것은 바울이 선포한 복음이다. 그는 "은혜와 사도의 직분을 받"았다(5절). 사도라는 역할과 그것을 성취할 수 있는 능력인 은혜를 받은 것이다. 그가 맡은 특별한 역할은 "모든 이방인들 중에서 믿음의 사람들을 부르는 것이다." 복음은 하나님의 옛 백성인 유대인들을 위한 것이지만, 그렇다고 그들만을 위한 것은 아니다. 하나님은 당신의 아들에 관한 메시지를 이방인들에게 전하는 임무를 바울에게 위임하셨다. 그는 "나의 이름을 이방인과 임금들과 이스라엘 자손들에게 전하기 위하여 택한 나의 그릇이다"(행 9:15).

그렇다면 복음의 요청은 무엇인가? 그것은 그리스도를 믿고 그분께 순종하는 것(5절), 곧 믿음에서 흘러나오는 순종으로 사는 것이다. 이것이 어떤 의미인지는 로마서의 나머지 부분들이 설명해 줄 것이다! 우선 두 가지에 유념할 필요가 있다.

첫째, 바울은 믿음뿐 아니라 순종도 해야지 구원을 받을 수 있다고 이방인들에게 가르치고 있지는 않다. 순종은 하나

---

5 그로 말미암아 우리가 은혜와 사도의 직분을 받아 그의 이름을 위하여 모든 이방인 중에서 믿어 순종하게 하나니

님의 아들인 예수를 전적으로 신뢰하는 마음, 곧 믿음에서 생겨난다. 믿음에서 흘러나오는 순종은 믿음의 결과이지, 구원을 받기 위한 또 다른 조건이 아니다.

둘째, 마음으로 진실하게 믿으면 순종하는 삶을 살게 된다는 의미이기도 하다. 왜냐하면 복음은 성경의 약속처럼 부활하신 예수님이 다스리는 하나님의 나라로 우리를 초대한다는 선포이기 때문이다. 우리가 왜 초대받아야 하는지, 이 초대가 어떻게 가능한지, 그리고 예수님의 통치를 받는 것이 얼마나 놀라운 일인지에 대해서는 로마서의 나머지 부분들에서 더 자세히 살펴볼 것이다.

여기서 중요한 것은 참된 '믿음'이란 왕 되신 하나님을 믿는 것이고, 우리는 그분에게 순종할 의무가 있는, 바울과 같은 종이기도 하다는 것이다. 이 왕을 진정으로 신뢰할 때 비로소 기꺼이 순종하게 된다.

16세기의 위대한 종교개혁가 마르틴 루터는 다음과 같이 썼다. "우리는 믿음만으로 구원받았다. 하지만 우리를 구원하는 그 믿음은 결코 홀로 있는 것이 아니다." 그 믿음은 위대하고, 기쁘고, 의심치 않는 순종을 필히 동반한다.

---

6 너희도 그들 중에서 예수 그리스도의 것으로 부르심을 받은 자니라 7 로마에서 하나님의 사랑하심을 받고 성도로 부르심을 받은 모든 자에게 하나님 우리 아버지와 주 예수 그리스도로부터 은혜와 평강이 있기를 원하노라

:: 바울이 로마를 열망한 이유

바울은 로마에 있는 그리스도인들도 이러한 믿음의 삶과 믿음에서 비롯되는 순종으로부터 예외일 수 없다고 말한다. 6절과 7절에서 바울은 그리스도인들을 네 가지 놀라운 방식으로 묘사한다. 첫째, 그들은 "예수 그리스도의 것으로 부르심을 받았다." 둘째, 그들은 "하나님의 사랑하심을 받았다." 셋째, 그들은 "성도로 부르심을 받았다." 성도란 글자 그대로 순수한 사람들 내지 구별된 사람들을 의미한다. 넷째, 그들은 "하나님 우리 아버지와 주 예수 그리스도로부터 오는 은혜와 평강"을 누린다.

바울은 계속해서 "예수 그리스도로 말미암아 너희 모든 사람에 관하여 내 하나님께 감사함은 너희 믿음이 온 세상에 전파됨이로다"라고 한다(8절). 바울은 로마 교회에 관한 많은 소식을 들었지만, 자신이 직접 그곳에 간 적은 없다. 그는 로마 교회를 위해 계속 기도해 왔는데(9-10절), 이제는 자신이 직접 로마로 갈 수 있게 되길 기도한다(10절).

로마 교회가 이미 믿음으로 말미암는 순종 가운데 확실하게 서 있고, 이들을 위해 멀리서도 기도할 수 있는데, 바울은

---

8 먼저 내가 예수 그리스도로 말미암아 너희 모든 사람에 관하여 내 하나님께 감사함은 너희 믿음이 온 세상에 전파됨이로다 9 내가 그의 아들의 복음 안에서 내 심령으로 섬기는 하나님이 나의 증인이 되시거니와 항상 내 기도에 쉬지 않고 너희를 말하며 10 어떻게 하든지 이제 하나님의 뜻 안에서 너희에게로 나아갈 좋은 길 얻기를 구하노라

왜 이렇게 로마 교회를 방문하고 싶었을까?

"어떤 신령한 은사를 너희에게 나누어 주어 너희를 견고하게 하려 함이다"(11절). 그는 자신의 설교와 목회 능력을 사용해서 로마 교회가 믿음 안에서 격려받기를 원했다(12절). 여기서 보게 되는 놀라운 사실 하나는 위대한 사도가 단지 로마의 교인들을 격려하기 위해서 방문하고자 한 것이 아니라는 것이다. 그는 자신도 그들로부터 격려 받을 수 있기를 바랐다. "너희와 나의 믿음으로 말미암아 피차 안위함을 얻으려 함이라"(12절).

이것은 유의해서 볼 대목이다! 왜냐하면 바울조차 다른 그리스도인들의 믿음으로 격려를 받으려 했다면, 우리는 얼마나 더 그렇겠는가!

11절과 12절은 믿음으로 말미암는 순종이 무엇인지를 부분적으로 보여 주기 시작하는데, 그것은 다른 이들을 섬기고 그들로부터 겸손하게 섬김 받음으로 그리스도께 순종하는 것이다. 11절은 하나님께 은혜로 받은 은사라면 그것이 무엇이든 다른 이들의 믿음을 강하게 하는 데 쓰라고 가르친다. 12절은 다른 사람들이 하나님께 받은 믿음과 은사를 우리의 믿음을 더 강하게 하는 데 쓸 수 있도록 허락해야 한다고 가르친

---

11 내가 너희 보기를 간절히 원하는 것은 어떤 신령한 은사를 너희에게 나누어 주어 너희를 견고하게 하려 함이니 12 이는 곧 내가 너희 가운데서 너희와 나의 믿음으로 말미암아 피차 안위함을 얻으려 함이라

다. 우리는 믿음의 본이 되는 사람들과 함께하는 교회의 모임에서 조금의 격려도 받지 못한 채 집으로 돌아와서는 안 될 것이다!

그렇다면 매주 가지는 집회와 모임에서 이러한 격려를 실제로 어떻게 받을 수 있을까? 그것은 능력 가운데 부활하셔서 다스리시는 예수님을 하나님께서 당신의 아들이라고 선포하셨음을 기억하고, 또한 예수님을 믿는 믿음에서 오는 은혜와 평화를 누림으로써 가능하다.

우리는 "이것이 진리이며 기이한 일이다"라고 말하는 다른 믿는 사람들과 함께하고 있다. 우리는 이러한 믿음과 순종을 우리 주변 어디에서나 볼 수 있다. 다른 이들은 자신의 은사를 우리를 위해 쓸 수 있고, 우리도 그들을 위해 그렇게 할 수 있다. 이것이야말로 우리를 격려하고 더 강하게 만드는 것이다.

:: 누구에게나 복음이 절실히 필요하다

바울이 로마를 방문하기로 한 것은 피차 격려하는 것 외에 또 다른 목적이 있었다. "여러 번 너희에게 가고자 한 것은… 너희 중에서도 다른 이방인 중에서와 같이 열매를 맺게

---

13 형제들아 내가 여러 번 너희에게 가고자 한 것을 너희가 모르기를 원하지 아니하노니 이는 너희 중에서도 다른 이방인 중에서와 같이 열매를 맺게 하려 함이로되 지금까지 길이 막혔도다

하려 함이로되"(13절).

열매를 맺는다는 것은 두 가지 측면에서다. 먼저 바울은 로마 교회 '안에서' 추수하기를 원한다. 말씀을 듣고 받아들이는 사람들을 "좋은 땅에 뿌려졌다는 것은 곧 말씀을 듣고 받아 삼십 배나 육십 배나 백배의 결실을 하는 자니라"(막 4:20)라고 예수님이 생생하게 묘사한 것과 같은 의미에서다. 하지만 그 다음 절을 보면 바울은 교회 '밖에서도' 추수하기를 원한다. 마치 예수님이 그의 제자들에게 "이에 제자들에게 이르시되 추수할 것은 많되 일꾼이 적으니 그러므로 추수하는 주인에게 청하여 추수할 일꾼들을 보내 주소서 하라 하시니라"(마 9:37-38) 하고 말씀하셨듯이 말이다. 바울은 격려하고 전도하기 위해서 로마로 가려 했다.

바울은 헬라인이든 헬라인이 아니든, 지혜롭든 어리석든, 종족적 배경이나 지적 수준에 관계없이 모두에게 빚을 지고 있다고 말한다(14절). "빚진"으로 번역된 이 말은 갚을 의무가 있다는 뜻이다. 그때까지 바울은 로마 교회의 교인들은 물론이고 대도시 로마의 시민 중 어느 누구도 만난 적이 없다. 그렇다면 그는 어떤 의미에서 로마인들에게 빚을 졌다고 말하는 것일까?

---

14 헬라인이나 야만인이나 지혜 있는 자나 어리석은 자에게 다 내가 빚진 자라

내가 당신에게 빚지는 상황을 생각해 보면 의미가 명확해진다. 먼저, 당신이 나에게 100달러를 빌려 주면 나는 그 돈을 갚을 때까지 당신에게 빚을 지고 있다. 하지만 두 번째, 누군가 나에게 100달러를 주면서 당신에게 전해 주라고 했다면 나는 그것을 건네주기까지 당신에게 빚지고 있는 셈이다. 바로 이 두 번째 의미에서 바울은 세상의 모든 사람들에게 '갚을 의무'가 있는 것이다. 하나님은 바울에게 복음을 나누어 주셨고, 더불어 다른 사람들에게 복음을 선포하는 일을 그에게 위임하셨다. 따라서 바울은 다른 이들에게 복음을 빚지고 있다.

14절과 5절을 나란히 놓고 보면 바울이 왜 복음의 증인이 되고자 했는지 알 수 있다. 첫째로, "그의 이름을 위"해서다 (5절). 복음은 예수님을 강력한 구원의 왕으로 선포한다. 하나님이신 예수님은 영광을 받으셔야 한다. 십자가에서 죽으시고 부활하신 그분이 영광을 얻고 존귀하게 되는 것은 합당하다. 그는 '우리의 주'로 인정받으시고 영광을 받으신다. 바울이 사람들에게 복음을 말하는 것은 예수님을 위한 것이다.

둘째로, 사람들을 위한 것이기도 하다. 이 책의 2부에서는 복음이 누구에게 왜 필요한지를 다룰 것이다. 하지만 14절만 보아도 바울이 자신의 빚을 갚기 위해서 얼마나 큰 열의로 하나님께 받은 복음을 전하려고 했는지 알 수 있다. 예수님을 향한 사랑과 존경, 사람들을 향한 사랑과 배려 때문에 바울은 "그러므로 나는 할 수 있는 대로 로마에 있는 너희에게도 복음

전하기를 원하노라"(15절)라고 하였다. 교회 안에 있든 아직 밖에 있든 누구에게나 복음은 필요하다. 복음은 사람들을 믿음으로 불러서, 믿음 안에서 자라게 한다.

우리는 바울처럼 이방인을 위한 사도로서 특별히 위임되지는 않았다. 하지만 하나님은 우리에게도 "가서 모든 민족을 제자로 삼아 아버지와 아들과 성령의 이름으로 세례를 베풀고 내가 너희에게 분부한 모든 것을 가르쳐 지키게 하라"(마 28:19-20)고 부탁하신다. "예수께서 나아와 말씀하여 이르시되 하늘과 땅의 모든 권세를 내게 주셨으니 그러므로 너희는 가서"(마 28:18-19)라고 하셨기 때문에, 믿는 이들은 누구나 사람들을 복음으로 초대하는 일에 위임되었다.

:: 복음이 거북하고 불쾌한 이유

하지만 어느 시대나 복음을 전하려고 열망하기보다는 "복음을 부끄러워"(16절)하기가 더 쉽다. '부끄러워하는'으로 번역된 단어는 '불쾌한'이라고 해도 의미가 통한다. 어떻게 복음이 거북하고 불쾌할 수 있을까?

첫째, 복음은 구원이 공짜이고 우리에게 과분한 것이라 말한다. 이것이 사람들에게 정말로 모욕을 준다! 우리가 영적

---

15 그러므로 나는 할 수 있는 대로 로마에 있는 너희에게도 복음 전하기를 원하노라

으로 완전히 실패했기 때문에 구원을 얻는 길은 오직 완전한 선물을 받는 수밖에 없다고 한다. 그렇기에 자신을 도덕적으로나 종교적으로나 다른 사람들보다 더 고상하다고 생각하는 사람들을 불쾌하게 만든다.

둘째, 복음은 예수님이 우리를 위해 죽으셨다고 말한다. 이것 또한 사람들에게 모멸감을 준다. 우리가 악하기 때문에 예수님의 죽음을 통해서만 구원받을 수 있다는 것이다. 따라서 복음은 현대인들의 자기 표현에 대한 열망과 인간의 내재적인 선함을 말하는 대중적인 신념에 위배된다.

셋째, 복음은 선해지거나 영적인 사람이 되는 것만으론 불충분하며, '착한' 사람이 아니라 예수님을 통해 하나님께 나오는 사람만이 구원받을 수 있다고 말한다. 그렇기에 고상한 사람이라면 '자기 식으로' 어디서든 하나님을 찾을 수 있다는 현대의 관념과 맞지 않는다. 우리는 자율성을 잃기 싫어한다.

넷째, 복음은 우리의 구원이 정복이나 파괴에 의해서가 아니라 예수님의 고난과 섬김을 통해서 성취되며, 예수님을 따른다는 것은 우리도 그와 함께 고난 받고 섬긴다는 것을 의미한다고 말한다. 그렇기에 복음은 편하고 안전하게 살기 위해 구원을 바라는 사람들에게도 거슬린다.

---

16 내가 복음을 부끄러워하지 아니하노니 이 복음은 모든 믿는 자에게 구원을 주시는 하나님의 능력이 됨이라 먼저는 유대인에게요 그리고 헬라인에게로다

:: 복음은 세상 어떤 능력보다 강력하다

하지만 바울은 부끄러울 법한 이 복음을 창피해하지 않는다. 16절과 17절에 바울이 말하는 복음의 핵심이 잘 드러난다. 바울의 중심 논제이면서 로마서의 나머지 부분들이 비롯되는 구절이다.

우선 바울은 복음을 부끄러워하지 않는다. 이것이 "하나님의 능력"(16절)이기 때문이다. 바울은 종종 말에 '불과한' 것과 참된 능력을 대조시킨다(고전 4:20 참조). 바울에 의하면 복음은 어떤 개념이나 철학이 아니다. 복음 안에는 말과 능력이 함께 있다. 복음의 메시지란 하나님께서 우리를 위해 하신 일과 앞으로 하실 일들에 관한 것이다. 따라서 복음은 능력이다. 바울은 복음이 능력을 생기게 하거나 가지고 있다고 말하지 않고, 복음이 바로 능력 자체라고 한다.

복음의 메시지는 우리가 인지하는 것처럼 글자 그대로 하나님의 능력이다. 복음은 사람들을 고양시키며 사물들을 변형하거나 새롭게 한다. 복음의 윤곽이 드러나거나 비춰질 때 복음의 능력이 발산된다.

5세기 시리아의 주교였던 테오도레트(Theodoret)는 복음을 후추에 견주었다. "후추는 겉으론 차가워 보이지만 이로 아삭아삭 씹으면 치아 사이에 마치 불이 붙는 것 같다." 마찬가지

---

17 복음에는 하나님의 의가 나타나서 믿음으로 믿음에 이르게 하나니 기록된 바 오직 의인은 믿음으로 말미암아 살리라 함과 같으니라

로 복음은 언뜻 보면 흥미로운 이론이나 철학 같지만 인격적으로 만나게 되면 그것이 가진 완전한 능력을 깨닫게 된다는 것이다.

복음은 어떤 능력을 지니고 있는가? "구원을 주시는"(16절) 능력이다. 생각과 마음, 인생의 목표, 세상사에 대한 지각, 인간관계 등을 완전히 새롭게 하는 능력 말이다. 복음은 우리를 구원할 수 있고 하나님과 화해하게 하며 하나님 나라의 시민권을 영구히 보장해 준다. 따라서 세상의 어떤 능력보다 강력하다.

이러한 구원을 알기 위해서 필요한 것은 무엇일까, …믿음밖에는 없다. 복음은 "모든 믿는 자에게"(16절) 주어진다. 믿음을 통해서만 복음과 그 능력을 받을 수 있다는 명료한 진술이다. 마치 전등 스위치가 전구와 전원을 연결하는 통로이듯 믿음은 복음의 능력에 이르는 통로며 연결점이다.

바울이 복음의 능력을 무한하면서도 동시에 유한하다고 하는 것에 유의하자. 복음은 모든 사람에게 왔다. 먼저 예수님을 통해 유대인들에게 왔고 그 다음에 이방인들에게도 전해졌다. 말 그대로 복음은 모두에게 그리고 누구에게나 왔다. 하지만 바울은 '믿는' 모든 사람을 위한 것으로 한정하고 있기도 하다.

:: 복음에는 하나님의 의가 들어 있다

복음이 삶을 새롭게 만들 정도로 강력한 이유는 무엇인가? "복음에는 하나님의 의가 나타나기"(17절) 때문이다. 복음은 아들에 관한 것이다. 복음이 성취됨으로써 "하나님의 의가 나타난" 것이다.

'의'라는 말의 영어 의미를 생각해 보면 훨씬 잘 이해할 수 있다. 당신이 속한 조직에서 다른 사람들과 '올바른' 관계를 맺는 것은 어떤 의미인가? 이 말은 다른 사람이나 조직에 갚아야 할 빚이나 채무가 없는 것을 말한다. 관계를 위태롭게 할 만한 전력이 당신에게 없다면 다른 사람들은 당신을 순순히 받아 줄 것이다. 상대방이 당신을 적대적으로 대할 이유가 전혀 없다.

"하나님의 의"란 하나님의 의로운 성품을 말한다. 하나님은 선하시고 거룩하시다. 아무 흠결이 없으시다. 그런데 바울은 여기서 하나님으로부터 오는 의에 대해 말한다(NIV 성경, a righteousness from God). 이것은 다른 종교나 철학에서는 찾아볼 수 없는 주장인데, "나타난(계시된)"이란 말에서 알 수 있듯이 하나님이 당신의 말씀을 통해 보여 주시지 않으면, 어느 누구도 그것을 알 수도, 찾을 수도, 추측할 수도 없다는 의미이다. 곧 하나님과 올바른 관계를 맺는 것은 하나님이 당신의 아들을 통해 우리에게 허락하실 때 가능한 것이다.

이것이 17절 중반의 다소 복잡한 말의 의미이기도 하다.

NIV 성경은 "처음부터 끝까지 믿음에 의해서"(by faith from first to last)로 번역하는데, 그렇게 읽으면 의란 언제나 믿음을 통해서만 받는 것이라는 의미이다. 믿음에 의해 우리가 의로워지고 난 후 우리 자신의 선함으로 그 의로움을 유지하는 것이 아니라는 말이다. ESV 성경은 의란 "믿음으로부터 믿음을 위한"(from faith for faith) 것이라고 더 정확하게 번역했는데 존 스토트가 그 교훈을 잘 설명하고 있다.

> [당신 자신의 약속과 예수 그리스도의 삶과 죽음에 대한] 하나님의 신실하심이 항상 먼저 있고, 단지 우리는 그것에 반응하는 것에 지나지 않는다.[1]

거저 용서받는 것 외에도 얼마나 많은 것들이 약속되었는지 깨닫는 것이 중요하다. 많은 사람들은 예수님이 단지 우리를 용서하기 위해 죽으셨다고 생각한다. 그가 우리의 죄를 대신 지셨으므로 그를 믿으면 용서를 받는다는 것은 반쪽 구원에 지나지 않는다. 예수님께서 하신 일이 그것뿐이라면 우리는 과거지사를 청산한 것에 불과하다. 그렇게 되면 공적이나 공로를 쌓아 가는 일은 우리 자신이 감당해야 할 몫으로 남는다. 하지만 바울은 단지 우리가 죄 없다고 선포되었을 뿐 아니라 의롭게 되었다고 말한다.

예수님의 구원은 용서를 받아서 죽음의 행렬과 감옥으로

부터 놓여나는 것만을 의미하지는 않는다. 만약 그렇다면 자유로워져도 자신의 노력으로 세상에서 자신의 길을 만들어 가야 하는 상태로 되돌려진 것이다. 하지만 복음은 예수님이 죽음의 행렬에서 우리를 끄집어 내서서 우리의 목에 '성도'라는 영예의 메달을 수여하셨다고 말한다. 마치 우리 자신이 엄청난 일을 이룬 것마냥 영웅 대접을 받는 것이다.

:: 믿음으로 살지 않는다면

이 문제와 관련해서 바울은 항상 어떻게 의로워졌는지에 대해 말한다(로마서 4장에서 이 주제를 더욱 자세히 다루고 있다). 17절에 보면 하박국 2장 4절을 인용하며 "기록된바 의인은 믿음으로 살리라"라고 말한다. 바울이 뜻하는 바를 알기 위해서는 (그리스도인을 비롯해서) 사람들이 믿음으로 살지 않는다면 어떻게 될지 생각해 보는 것이 큰 도움이 된다. 모든 죄와 문제의 뿌리에는 불신앙과 복음에 대한 거부가 존재한다. 도덕적이든 비도덕적인 상관없이 스스로의 힘으로 자신을 구원하려고 하는 사람은 복음을 거부한다.

첫째, 방탕한 사람들이 하나님과 신앙을 거부하는 경우이다. 이때 그들은 자신들의 죄가 너무 크기 때문에 예수 그리스도를 통해서 구원받을 수 있다는 사실을 거부하는 것과 같다.

둘째, 도덕적인 사람이 종교와 도덕을 받아들이고 (자신들이 그 기준대로 살지 못하여서) 불안하거나, 혹은 (기준대로 산다고) 자만하는 경우이다. 이러한 불안이나 자만은 자신들의 죄가 너무 크기 때문에 오직 예수 그리스도를 통해서만 구원받을 수 있다는 복음을 거부하는 것과 같다.

셋째, 자기 자신이 아니라 오직 예수만이 자신을 구원할 수 있다는 사실을 망각하면 그리스도인 역시 죄를 짓게 된다. 은혜로만 구원받았다는 사실을 잊었기 때문에 자신이 비참하게 느껴진다. 그런데도 어떻게 은혜를 거부할 수 있겠는가? 실패에 대한 두려움으로 자신을 몰아 부치거나 이미 실패했기 때문에 의기소침하다면, 자신의 힘으로는 의롭게 될 수 없고, 하나님이 보시기에 우리가 이미 의롭게 되었다는 사실을 잊어버린 것이다.

복음은 항상 사람들을 거북하게 할 것이다. 왜냐하면 사람들 안에 스스로는 충족시키지 못하는 결핍이 있다고 폭로하기 때문이다. 따라서 우리는 항상 복음을 부끄러워하게 되는 유혹을 받는다. 우리는 복음이 하나님의 능력이라는 것을 상기할 필요가 있다. 복음을 통해 하나님의 의가 드러나서 우리가 그 의를 받을 수 있다는 사실을 기억해야 한다. 이것은 복음을 나누는 우리의 태도를 근본적으로 바꾼다. 부끄러워하는 태도의 반대는 순순히 받아들이는 정도가 아니라 열망하는 것이다. 우리가 복음의 진리와 경이와 능력을 의무감이 아니라 진실한 사랑으로 '그분의 이름을 위해서' 전하고 싶을 그때, 우리는 비로소 복음을 열망하게 된다.

::

Part 2

누구나
복음이 필요하다

ROMANS 1-7
FOR YOU
TIMOTHY KELLER

이교도도 복음이 필요하다

롬 1:18-32

그들이 마음에
하나님 두기를
싫어하매

16절과 17절에 나오는 내용에서 다음의 질문들을 제기
할 수 있다. 왜 의인은 믿음으로 살아야 하는가? 왜 거저 받은
의로만 하나님과 올바른 관계를 맺을 수 있는가? 1장 18절부
터 3장 20절에 걸쳐 바울은 왜 우리는 의를 얻을 수 없으며, 얻
을 만한 자격도 없고, 다만 하나님께서 주셔야만 하는지 설명
하고 있다. 이것은 인간성의 어두운 그림을 보여 준다. 하지만
그 어둠을 배경으로 복음의 보석은 더 환하게 빛난다.

:: 지금 하나님의 진노가 나타난다

18절은 "그래서"(ESV)로 시작한다. 16-17절로부터 이어
지는 18절을 보면 복음이 단지 우리를 행복하게 해주려고 필

요한 것이 아니라 당면한 "하나님의 진노" 때문에 필요하다고 말한다. 바울이 복음에 대해 확신과 기쁨, 열정을 갖는 것은 너나할 것 없이 복음을 떠나서는 하나님의 진노 아래 있다고 생각하기 때문이다. 하나님의 진노를 이해하거나 믿지 않고서는 복음이 가져다주는 전율과 능력, 감동을 삶에서 경험하기가 어렵다.

바울은 하나님의 확고하고 공평하고 올바른 진노가 지금 실재하는 것이라고 한다. "하나님의 진노가… 나타나나니"(18절). 바울은 하나님의 진노가 앞으로 나타날 것이라고 말하지 않는다. 그것은 지금 여기에 있다. 이 대목에서 하나님의 진노가 왜 나타나는지, 그리고 어떻게 나타나는지 하는 두 가지 질문을 제기할 수 있다. 바울은 로마서 1장의 나머지 부분에서 그 질문에 답한다.

:: 진리를 부인한 채 자기 억압으로 살아간다

"경건하지 않음과 불의"가 하나님의 진노를 유발한다. 경건하지 않음은 하나님의 권한을 무시하는 것으로 하나님과의 수직적 관계를 파괴한다. 불의는 사랑, 진리, 정의 등에 대한 인간의 권리를 경시해서 이웃과의 수평적인 관계를 망가뜨린

---

18 하나님의 진노가 불의로 진리를 막는 사람들의 모든 경건하지 않음과 불의에 대하여 하늘로부터 나타나나니

다. 다시 말해 하나님을 사랑하고 이웃을 사랑하라는 예수님의 가장 큰 두 가지 계명을 위반한 것이다(막 12:29-31).

　　바울은 사람들이 제기할 만한 이의를 자신이 먼저 꺼낸다. 하나님에 대해 한 번도 들어본 적이 없는 사람에게 어떻게 하나님을 모른다고 책임을 물을 수 있을까? 이 질문에 대한 답은 사실 사람들이 속으로는 진리에 대해 잘 알지만 모른 척 감출 뿐이라는 것이다.

　　로마서 1장 21절에 의하면 시공간과 무관하게 어느 누구나 "하나님을 안다." 하나님은 스스로를 "창세로부터 그들에게 분명히 보여" 알게 하셨다(19-20절). 피조물을 보면 "영원하신 능력과 신성이 있는" 하나님의 존재를 알 수 있다. 스스로는 뭐라고 변명하든, 우리는 전적으로 의존하고 우리의 삶을 온전히 해명해야 할 '창조자'가 계심을 안다. 피조물을 통해 사랑이나 긍휼 같은 하나님의 속성을 알기는 어렵지만, 그것들을 보면 상상할 수 없는 위대한 존재에 의해 생겨났음을 유추할 수는 있다. 하지만 우리는 진실을 쉽게 외면하고 만다.

　　이것은 반문화적인 가르침이다. 하나님의 영은 창조주에 대한 진리를 그리스도인들에게 나타내 주셨지만 그들은 종종 소심하다는 비난을 받는다(진실한 본 모습도 아니고 자신을 세상에 있

---

19 이는 하나님을 알 만한 것이 그들 속에 보임이라 하나님께서 이를 그들에게 보이셨느니라 20 창세로부터 그의 보이지 아니하는 것들 곧 그의 영원하신 능력과 신성이 그가 만드신 만물에 분명히 보여 알려졌나니 그러므로 그들이 핑계하지 못할지니라

는 그대로 보여 주는 것도 아닌). 하지만 바울은 창조주 하나님이 계신다는 진리를 외면하는 한 우리는 누구나 자연스럽게 억압되어 있다고 말한다. 우리가 진리를 외면하기 때문에 우리는 자신이 누구인지, 세상이 왜 이런 모습인지 결코 이해할 수 없을 것이다. 외면한다는 것은 하나님이 우리를 다스리시는 권리를 인정하지 않는 것이기도 하지만 더 나아가 진리를 부인한 채 살아가는, 자기 억압의 모습이기도 하다.

:: 누구나 뭔가를 숭배한다

그래서 바울은 "그들이 핑계하지 못할지니라"라고 말한다. 누구나 하나님을 알지만 아무도 하나님께 영광을 돌리거나 감사하지 않는다(21절). 그러면 하나님이 화내시는 이유가 마치 사람들이 '감사합니다'라는 말을 잊어버렸기 때문이라는 것인가. 하지만 바울의 답은 다르다. 그는 우리를 향해 표절자라고 말한다. 우리는 하나님이 만드신 것을 자신의 것으로 취한다. 우리가 창조주께 의존하고 있다는 것을 인정하지 않고 스스로 존재한다고 주장한다. 우리가 피조물이라는 사실을 인정하기보다 자신 스스로가 옳고 그른 것을 선택하고 결정할

---

21 하나님을 알되 하나님을 영화롭게도 아니하며 감사하지도 아니하고 오히려 그 생각이 허망하여지며 미련한 마음이 어두워졌나니

수 있다고 착각한다. 하나님이 우리와 우리 주변에 하신 일들을 받아들이지 않기 때문에 감사하는 마음도 가지지 않는다.

사람들이 하나님을 하나님으로 인정하지 않거나 의지하지 않을 때 어떤 일이 일어날까? 그 결과는 계속해서 무언가를 숭배하게 되는 것이다. 우리는 다만 숭배의 대상을 바꿀 뿐 숭배하는 일을 멈추지 않는다. 사람들은 "썩어지지 아니하는 하나님의 영광을 썩어질 사람과 새와 짐승과 기어 다니는 동물 모양의 우상으로 바꾸었다"(23절). 25절과 26절, 그리고 27절에도 이런 맞바꿈이 암시적으로 나타나 있다. 참된 하나님께 예배드리는 대신 사람들은 "피조물을 조물주보다 더 경배하고 섬긴다"(25절).

우리는 무엇인가를 숭배해야만 한다. 우리 존재는 창조주를 경배하도록 만들어졌기 때문에 그분을 거부하면 다른 무엇인가를 숭배하게 되어 있다. 우리는 '목적이 있는' 피조물, 곧 존재의 이유가 있는 사람들이다. 따라서 무엇인가를 위해서 살아야 한다. 우리에겐 상상력과 마음을 사로잡아, 심연의 갈망들을 쉬게 하고 심연의 공포들을 가라앉게 하는 무엇인가가 있어야 한다. 그것이 무엇이든 우리는 그것을 숭배하고 섬긴다. 그런 것이 없다면 살아갈 수도 없다. 그리고 그것이 우리

---

22 스스로 지혜 있다 하나 어리석게 되어 23 썩어지지 아니하는 하나님의 영광을 썩어질 사람과 새와 짐승과 기어 다니는 동물 모양의 우상으로 바꾸었느니라

가 하는 모든 것들의 한계를 정하고 허가해 주는 최종 결정권을 지닌다.

하나님이 세상을 "심히 좋게"(창 1:31) 창조하셨으므로 피조물들 안에는 온갖 좋은 것들이 있다. 따라서 그 속에서 감탄할 만한 것을 발견하고 즐거워하는 것은 아무런 문제가 없다. 다만 문제가 되는 것은 피조물에게 지나친 애정, 곧 하나님만이 받으실 만하고 요구할 수 있는 궁극적인 애정을 쏟는 것이다. 바울에 의하면 사람은 자신이 좋아하는 것을 신으로 만들기를 즐거워한다.

우리가 경배와 예배의 대상을 바꾸는 것은 창조의 질서를 망가뜨리는 것이다. 인간은 독특하게 하나님의 형상대로 만들어져 그분의 세계에서 그분과 관계 맺으며 세상에 그분의 성품과 선하심을 반영하도록 지음 받았다(창 1:26-29). 하지만 로마서 1장 23절에서 보듯이 사람은 하나님께 등을 돌리고 피조물에게 절했다. 영원하신 창조주를 경배하지 않고 피조물을 숭배하는 것이다(25절).

이것은 하나님이 보시기에 "어리석은 자들"의 행동이다(22절). 어떻게 이런 일이 일어났을까? 21절에서 드러나듯 하나님을 하나님으로 대하지 않고 감사하지도 않으며 "그 생각이 허망하여지며 미련한 마음이 어두워졌"기 때문이다. 창조주의 존재를 인정하기 싫어서 사람들은 불합리한 추론과 비합리적인 비약에 몰두한다. 하나님에 관한 근본적인 진리를 외면하고 무시했기에 모순 없이는 살 수 없게 된 것이다.

도덕성을 예로 들어 보자. 만약 하나님이 없다면, 무엇이 옳고 그른지 어느 누가 말할 수 있겠는가? 어떻게 도덕적인 절대성을 찾을 수 있겠는가? "내가 틀렸다고 하면 그건 틀린 거야"라고 말하는 것은 매우 오만한 짓이다. 하지만 결국 누구도 "사회가 틀렸다고 하니까 그건 틀렸어"라는 사고가 잘못되었다고는 말하려 하지 않는다. 어쨌든 삼백년 전에는 대부분의 미국과 유럽 사회가 노예제도에 대해서 틀렸다고 말하지 않았다. 도덕성이 대다수의 선택에 의해 정의될 수 있다면 당시 노예제는 잘못된 것이 아니었다! 결국 하나님이 없다면 도덕적인 절대성을 부여받을 데가 없다. 하지만 누구도 옳고 그름이 없는 것처럼 살 수는 없다. 말로는 그럴 수 있다고 해도 그들 자신이나 사랑하는 사람이 '부당하게 대접 받으면' 정의를 부르짖게 된다.

21세기의 기독교 철학자이자 사역자인 그렉 반센(Greg Bahnsen)은 한 토론에서 그 문제를 훌륭하게 정리했다.

오늘 저녁 이곳에 온 사람들 가운데 연신 호흡을 하면서도 계속해서 '공기는 존재하지 않는다'라고 주장하는 사람이 있다고 상상해 보십시오. 이제 지적인 호흡을 하고 있는 무신론자들을 생각해 보십시오. 그들은 계속해서 이성을 사용하여 [절대적 가치에 근거한] 도덕적 판단을 내리고 [질서정연한 우주론에 근거한] 과학적 결론을 이끌어 내고 있습니다. 하지만 사물에 관한 그들의 관점은 그러한 '지적인 숨쉬기'가 불가능하다고 말하는 논리나 다름없습니다. 그들은 하나님이 없다고 하면서도 늘 하나님의 공기를 마시고 있습니다.[1]

:: 우리가 원하는 것을 정말 가지게 될 때의 비극

바울은 하나님이 진노하는 것이 올바르고 정당하다는 것을 충분히 논증한 후 26절부터 32절까지 계속해서 논의를 이어 가고 있다. 그런데 24절에는 하나님의 진노가 어떻게 지금 드러나는지 보여 주고 있다.

불경건과 불의에 대한 하나님의 심판은 우리가 원하는 것을 가지도록 허락하는 것이다. 하나님은 "그들을 마음의 정욕대로 더러움에 내버려 두신다." 우리가 섬기는 것들은 우리를 자유롭게 하기는커녕 우리를 조종하게 된다. 우리는 그것들을 가져야만 한다. 하지만 우리는 참된 만족과 의미를 주시는 하나님이 마음의 중심에 계시도록 만들어졌기 때문에, 원하는 것들을 가져도 만족하지 못하고, 늘 더 많이 가지려고 하

---

24 그러므로 하나님께서 그들을 마음의 정욕대로 더러움에 내버려 두사 그들의 몸을 서로 욕되게 하게 하셨으니

거나 또 다른 것을 원하게 된다. 인간의 비참함이란 간단하게 얻고 누릴 수 있는 것을 아무리 애를 써도 찾지 못하는 것이다. 우리는 정작 우리를 해방시키고 만족시켜 줄 진리를 외면하고 만다.

NIV 성경은 "죄 된 욕망"으로, ESV 성경은 "정욕"이라고 번역한 '에피투미아(epithumia)'라는 단어는 문자 그대로 '과도한 욕망'을 의미한다. 이는 다른 모든 것들을 통제하려는 충동 내지 갈망으로 숨어 있는 진실을 드러낸다. 우리 마음의 가장 큰 문제는 나쁜 것을 욕망하는 것이 아니라 좋은 것들을 과도하게 욕망해서, 창조된 좋은 것들을 숭배와 섬김의 대상, 곧 신으로 삼는다는 데 있다.

우리가 과욕을 부려서 원하는 것을 손에 넣는 것은 우리에게 일어날 수 있는 최악의 상황이다. 자신의 직업과 경력을 숭배하는 사람을 예로 들어보자. 그는 자신을 '대단한 사람'으로 만들어 주는 것을 최고로 친다. 그것은 그를 조종하고 그의 삶을 지배해서 다른 모든 것은 그것을 위해 짜 맞추어진다. 영적인 측면에서 보자면 승진이야말로 그에게 일어날 수 있는 최악의 상황이다! 그는 자신의 과도한 욕망이야말로 축복이라고 계속 생각하게 된다. 이것이 '진정한 삶'이라고 확신한다. 자신의 신이 되어 버린 성공을 쫓느라 결혼 생활은 물론이고 가족과 친구 관계에 금이 가고 있다는 사실도 알아차리지 못한다.

오스카 와일드가 이에 대해 잘 요약한 말이 있다. "신들이 우리를 벌주고 싶을 때는 우리의 기도를 들어 준다." 하나님이 진노하시면 우리가 원하는 것을 다 들어 주시고, 우리가 신으로 삼은 것들에 몰두하게 내버려 두신다. 하나님이 인간에게 주시는 최악의 형벌은 자신의 우상숭배적인 욕망을 이루게 하는 것이다. 하나님의 심판은 우상숭배와 악의 파괴적인 힘에 우리를 넘겨주는 것이다. 죄를 지으면 하나님의 창조 질서가 어그러지고 훼손된다. 우리의 죄는 축복을 가져다주기는 커녕 우리를 영적으로, 정신적으로, 사회적으로, 그리고 육체적으로 망가뜨린다.

비극 중의 비극은 우리 자신이 이것을 선택한다는 것이다. 그리고 하나님은 우리가 선택한 그 문으로 들어가게 내버려 두신다.

:: 하나님을 하나님으로서 찬양하라

그 길에 탈출구나 돌아갈 방법이 있을까? 복음의 눈부신 보석을 다시 보려면 로마서 3장까지 기다려야 한다. 하지만 25절에서 한 가지 단서를 찾을 수 있다. "주는 곧 영원히 찬송할

---

25 이는 그들이 하나님의 진리를 거짓 것으로 바꾸어 피조물을 조물주보다 더 경배하고 섬김이라 주는 곧 영원히 찬송할 이시로다 아멘

이시로다. 아멘." 탈출구는 진리를 외면하는 것을 멈추고 하나님을 하나님으로서 찬양하는 데 있다. 하나님의 통치권을 인정하고, 그분을 의지하며, 다른 어떤 피조물보다 하나님을 갈망하는 것이다.

이렇게 할 수 있는 동기와 자유, 그리고 힘을 어디에서 찾을 수 있을까? 우리의 본성이 아무리 불경건하고 불의하더라도, 그리스도 안에서 우리가 사랑받고 용납되고 복 받았다는 복음을 깨닫게 될 때 가능하다. 우리가 창조주를 찬양하는데서 자유를 발견하는 것은, 주님을 구원자로 알아보고 인정할 때, 곧 복음을 이해할 때다. 그렇다면 우리가 복음을 이해했고 받아들였다는 것은 어떻게 알 수 있을까? 하나님을 영원토록 찬양하는 것이 우리의 가장 큰 소원이 되었을 때다.

:: 하나님 대신 우상을 섬길 때 빚어지는 파멸

24절까지는 창조주와 인간의 수직적 관계에 주로 초점을 맞추었다. 우리는 하나님이 계시다는 것과 그분의 능력, 신성을 알고 있다. 따라서 그 하나님을 의지하면서 감사함으로 그분을 영화롭게 해야 한다. 하지만 우리는 진리를 외면한 채 피조물을 찬양하고, 하나님이 만드신 좋은 것들을 우리 자신을 위한 신들로 변질시키고 말았다.

게다가 창세기 3장 이래로 하나님과 인간의 관계가 왜곡

되면서 인간관계뿐 아니라 피조물과의 관계에도 영향을 주었다는 것이 분명해졌다. 수직적 관계의 손상은 수평적 관계의 손상까지 야기했다. 하나님은 우리가 당신의 통치를 받으며 복을 누리듯 우리도 세상을 통치하며 세상을 복되게 하라고 명령하셨다(창 1:28). 우리가 뭔가를 우상으로 삼게 되면, 그것은 더 이상 삶의 한 부분이 아니라 뭔가 특별한 것이 되어 버린다. 그 우상은 우리를 지배하게 되고, 종국에는 그것을 가지기 위해, 지키기 위해, 더 키우기 위해 무슨 일이든 우리 자신과 다른 이들에게 얼마나 파괴적이든 개의치 않고 하게 된다.

이제 바울은 하나님 대신 우상을 섬길 때 빚어지는 수평적인 영향으로 시선을 돌린다.

:: 동성애에 대해 말하다

로마서 1장 26-27절은 성경에서 가장 논란이 많은 내용 가운데 하나다. 이것은 성경을 통틀어 동성애에 관한 가장 긴 대목이기도 하다.

최근 많은 사람들이 이 내용에 대한 전통적인 이해가 잘못되었다는 견해를 밝히고 있다. 그들은 이 구절이 자신의 성

---

26 이 때문에 하나님께서 그들을 부끄러운 욕심에 내버려 두셨으니 곧 그들의 여자들도 순리대로 쓸 것을 바꾸어 역리로 쓰며

정체성을 거스르는 사람들과 난잡한 동성애자들에게만 해당되고, 결혼으로 맺은 동성애자들과는 무관하다는 것이다. 하지만 "역리로 쓴다는 것(부자연스러운 관계)"(26, 27절)은 말 그대로 "자연스러움에 반하는" 것이다. 이것은 동성애가 하나님이 우리에게 주신 창조의 섭리에 어긋난다는 의미다. 따라서 바울이 특정한 동성애만 염두에 두고 있다고 말하기는 어렵다. 학식 있고 여행을 많이 한 로마 시민으로서 바울은 오랜 시간 안정된 애정 관계를 맺고 있는 동성애자들을 많이 보아 왔을 것이다. 하지만 바울은 여전히 그들이 창조주가 인간이 번성하도록 의도한 질서를 위배하고 있다고 주장한다.

이것이야말로 인간을 자신의 과도한 욕망대로 내버려 두어서 그 결과를 맛보게 하는 하나님의 진노가 드러난 것이다(27절, 끝부분은 이렇게 이해되어야 한다. "상당한 보응"이란 우상숭배의 열매를 단지 거두는 것이다. "상당한 보응"은 동성애에 국한된 형벌이 아니다). 신약과 구약을 통틀어 성경은 항구적이고 완고한 행동 양식으로서 적극적인 동성애 행위는 예수님의 주권을 거부하는 것이라고 암시한다. 동성애자들이 예수님의 통치를 받고 있는 것은 아니지만(고전 6:9-10 참조), 그렇다고 예수님의 손이 닿지 않는 곳에 있는 것도 아니다(11절).

---

27 그와 같이 남자들도 순리대로 여자 쓰기를 버리고 서로 향하여 음욕이 불 일듯 하매 남자가 남자와 더불어 부끄러운 일을 행하여 그들의 그릇됨에 상당한 보응을 그들 자신이 받았느니라

이 대목에서 두 가지를 살펴볼 필요가 있다. 첫째, 로마서 1장에서 바울은 모든 혼외 관계(24절) 특히 동성애(26-27절)가 인간의 과도한 욕망이 빚어낸 하나님의 "내버려 두는" 진노의 결과라고 강조한다. 성경이 동성애를 죄라고 하는 것은 명명백백하다. 하지만 다른 서신들에서 바울은 우상숭배의 다른 행위들도 언급하고 있다. 예컨대 골로새서 3장 5절에서 바울은 "탐심은 우상숭배니라"라고 하였다. 끊임없이 욕망하고 더 많이 가지려는 파괴적인 충동인 탐심은 성적인 부도덕과 마찬가지로 우상숭배를 가리킨다.

갈라디아서 4장 8-9절에서 바울은 매우 놀라운 이야기를 한다. 그리스도를 믿기 전 이교도였던 이들이 구원의 방편으로 유대인들의 모든 종교적인 율례를 지키려는 유혹에 빠지자 다음과 같이 충고한 것이다. "너희가 그때에는 하나님을 알지 못하여 본질상 하나님이 아닌 자들에게 종노릇 하였더니… 어찌하여 다시 약하고 천박한 초등학문으로 돌아가서 다시 그들에게 종노릇 하려 하느냐?"

무엇을 말하려는 것인가? 성경이 요구하는 도덕적인 삶을 통해 축복과 구원을 얻으려는 것은 하나님 외에 다른 통치자와 구원자를 두는 것으로 탐심과 동성애만큼이나 우상숭배

---

28 또한 그들이 마음에 하나님 두기를 싫어하매 하나님께서 그들을 그 상실한 마음대로 내버려 두사 합당하지 못한 일을 하게 하셨으니

라는 것이다. 우리는 '생명'을 확보하기 위해 부족함 없이 가득 채워야 한다고 생각되는 것들을 숭배한다. 우리가 하나님을 섬기지 않는다면 성적인 만족을 얻거나, 더 소유하려 하거나, 율법을 지키는 것을 숭배할 터인데, 이것들 중 다른 것보다 더 심각하거나 덜 심각한 것은 없다는 말이다.

따라서 두 번째 살펴볼 문제는 동성애가 죄이긴 하지만 '가장 나쁜' 죄는 아니라는 것이다. 성적인 부도덕함은 모두 죄다(24절). 바울은 29-31절에서 인간들 사이에 수평적 관계가 깨어져서 생겨난(18절), "불의"들을 구체적으로 열거한다.

이 대목에서 하나님의 말씀을 오해하거나 무시할 수 있는 두 가지 개연성이 있다.

하나는, 동성애자들을 환영하는 것으로 현대 문화에 우호적이라는 것을 드러내기 위해 어떤 교회들은 26-27절처럼 동성애에 대한 성경의 명백한 가르침을 경시하거나 부정하고 있다. 이는 동성애에 대한 '자유주의적인' 접근이다.

또 하나는 이와 반대되는 입장이다. 그들은 동성애에 대한 성경의 가르침을 매우 심각하게 받아들이지만 자신의 의를 부각시키는 방식으로 이용한다. 이들은 동성애를 아주 중요한 죄로 여긴다(그렇지 않더라도 그들은 그런 것처럼 말하고 생활한다). 이

---

29 곧 모든 불의, 추악, 탐욕, 악의가 가득한 자요 시기, 살인, 분쟁, 사기, 악독이 가득한 자요 수군수군하는 자요

들은 결코 동성애자들을 사랑하거나 받아들이려고 하지 않는다. 이웃의 간음한 힌두교 신자나 친구들과는 잘 지낼 수 있다 해도 동성애자들과는 그렇게 하지 않는다. 이는 동성애에 대한 '보수주의적인' 접근이다.

둘 다 바울이 말하는 바는 아니다. 바울은 동성애가 말 그대로 "부끄럽고 과도한 욕망"(26절)이라고 명시하였다. 하지만 바울이 우리에게 훨씬 더 익숙한 질투나 험담, 배신과 같은 다른 많은 죄들을 곧바로 열거하는 것을 기억하라(29-30절). 이런 죄를 짓는 사람들에게서도 바울은 복음의 열매를 거두기를 원한다! 바울은 이렇게 말하지 않는다. "당신이 무슨 짓을 하든 행복하기만 하다면 하나님은 관여하지 않으실 겁니다." 또한 이렇게도 말하지 않는다. "당신이 하는 짓은 내가 당신을 사랑하거나 복음을 전해 주고 싶지 않을 만큼 심각하네요. 아마도 그것은 당신이 복음 바깥에 있기 때문일 겁니다."

당신의 내면 깊은 곳은 후자 쪽에 가깝다는 사실을 어떻게 알 수 있을까? 동성애를 '도착'으로 여기면서도 과시나 속임수는 '타락한' 것으로 여기지 않는 것을 보면 된다(28절). 바울이 고백했듯이 예수님이 죄인 중의 죄인인(딤전 1:15) 우리를 위해 죽으셨다면, 예수님이 대신 죽으실 수 없는 죄인은 없다.

---

30 비방하는 자요 하나님께서 미워하시는 자요 능욕하는 자요 교만한 자요 자랑하는 자요 악을 도모하는 자요 부모를 거역하는 자요

이것을 이해하는 것이 복음의 의미를 확실히 파악하는 것이다. 이렇게 되면 우리는 이웃을 사랑하라는 예수님의 가르침을 자유롭게 따를 수 있다. 교회나 세상에서 이웃이라고 말하는 사람을 넘어 도움이 필요한 모든 사람이 이웃이라는 예수님의 말씀을 받아들일 수 있는 것이다(눅 10:25-37).

:: 모든 사람이 죄인이다

우리는 누구나 로마서 1장 28-32절에 나오는 불의들에 한두 가지씩은 연루되어 있기 때문에 불안할 수밖에 없다. 여기에 나오는 불의들은 하나님 아는 것을 가치 있다고(28절) 여기지 않는 우상숭배에서 빚어진 죄들을 모두 포함하지는 않지만 매우 광범위하기는 하다. 예컨대 경제적 무질서(탐심, 29절), 사회적 무질서(살인, 반목, 속임수와 악의, 29절), 가정의 붕괴(부모에 대한 불순종, 30절), 관계의 어그러짐(우매, 불성실, 무정함, 무자비, 31절) 등이다.

신학자들은 이것을 인간의 전적 타락의 교리라고 부른다. 우리가 하는 모든 일이 항상 죄에 물든 것은 아니어도, 우리가 하는 일 가운데 죄로부터 완전히 자유로운 것은 없다.

---

31 우매한 자요 배약하는 자요 무정한 자요 무자비한 자라

32절의 "그들이 이 같은 일을 행하는 자는 사형에 해당한다고 하나님께서 정하심을 알고도"는 어떤 의미를 담고 있을까? 이는 우리의 양심에 대해 말하는 것 같다. 어떤 사회에 살든 누구나 옳고 그름이 있다는 것을 안다. 우리에게 옳고 그름을 정의할 수 있는 권리가 있는지에 대해서는 논의해야겠지만, 그 범주들에 대해서는 모두 동의한다. 누구나 처벌받아 마땅한 죄들이 있다는 것을 알기 때문이다.

바울에 의하면 사람들은 그럼에도 "그런 일을 행하는 자들을 옳다"고(32절) 여긴다. 그가 보기에 사람들은 우상숭배를 장려하고 부추긴다. 다른 사람들이 이런 짓을 하면 쉽게 알아차려도 자신의 생활 속에서 그것을 알아보기는 훨씬 어렵다. 하지만 이렇게 자문할 필요가 있다. 학교 성적이 우상이 되게끔 자녀들을 부추긴 적은 없는가? 누군가의 시기심에 심정적으로라도 동의하지 않았던가? 누군가에 대한 쑥덕공론을 그대로 방치하지 않았는가?

:: 세 가지의 올바른 반응

하나님의 백성들은 인간의 어두운 면을 지적하는 성경

---

32 그들이 이 같은 일을 행하는 자는 사형에 해당한다고 하나님께서 정하심을 알고도 자기들만 행할 뿐 아니라 또한 그런 일을 행하는 자들을 옳다 하느니라

말씀을 보고 어떻게 반응해야 할까?

첫째, 이것이 실재 세계의 지도를 그린 것이라는 점을 인식해야 한다. 어떤 철학 체계든 우주의 경이와 인간의 선함뿐 아니라 세계, 곧 우리의 사회와 삶, 그리고 관계들이 이미 훼손되었다는 것을 설명해야 한다. 왜 그렇게 아름다우면서도 그리도 흠이 있는가? 바울은 "하나님"이라고 간단히 답한다. 하나님은 이 세상을 창조하셨다. 하나님의 성품을 알고 깊이 성찰하라고 우리를 하나님의 형상대로 만드셨다. 동일한 하나님은 인간이 선택한 하나님 없는 삶과 결코 만족할 수 없는 우상숭배의 삶을 살도록 내버려 두셨다.

세상이 아름다운 것을 볼 때 우리는 하나님이 계심을 알게 된다. 또한 세상이 파괴된 것을 볼 때 우리는 하나님이 공의로우심을 알게 된다. 그래서 우리는 하나님의 긍휼을 만나게 되는 십자가로 돌아가게 된다.

둘째, 자기 혼자 옳은 양 고개를 내젓거나 눈을 희번덕거리면서 나는 '그들'과 다르다고 하지 않는다. 28-32절에서 바울은 줄곧 "그들"을 지목한다. 바울이 보여 주는 이방인 사회의 모습에 대해 독선적이며 종교심이 많은 유대인이 다음과 같이 말할 것을 그는 안다. "바울 당신이 절대 옳소. 이 신앙심도 없는 인간들에게 하나님이 격노하심이 마땅하오. 유대인으로서 내가 특히 괘씸하게 여기는 동성애를 꼬집어 얘기해 주어서 다행이오. 내가 그들과 같지 않다는 게 얼마나 기쁜지 모르오."

이 단락은 그들은 악하고 나는 그들과 다르다는 만족감, 곧 우리 속에 있는 독선을 끄집어내어 준다. 곧 보게 되겠지만 바울은 이런 종교적이고 도덕적인 사람들과 대결한다. "그러므로 남을 판단하는 사람아, 누구를 막론하고 네가 핑계하지 못할 것은 남을 판단하는 것으로 네가 너를 정죄함이니 판단하는 네가 같은 일을 행함이니라"(롬 2:1). 자기만 옳다고 하면 결국은 자신을 정죄하게 된다. 독선은 도덕주의들자의 영역이다.

셋째, 우리가 하나님의 의를 거저 받았기 때문에 하나님의 진노를 두려워할 필요가 없다는 1장 16-17절의 조명 아래에서 이 대목을 읽어야 한다. 그러면 어떤 우상들이 내 마음과 삶에서 나의 창조주 자리를 차지하려고 밀치고 들어올 수 있는지 아니면 이미 들어와 있는지 겸허하면서도 자유롭게 물을 수 있다. 이 말씀은 어디에서 우리가 시기하고 중상하고 배신하고 욕정을 일으키는지 돌아보도록 촉구한다. 또한 우리가 우상을 섬기고 있어서, 하나님 외에 다른 것이 우리의 주인 노릇을 하고 있다고 지적한다.

그래서 이렇게 질문할 필요가 있다. "이 영역에서 하나님을 의지하면 어떻게 달라질까? 그때 피조물을 섬기지 않고 나의 창조주를 찬양했더라면, 나는 달리 어떻게 사랑하고 느끼며 살았을까?" 그렇게 우리의 과도한 욕망인 에피투미아

(*epithumia*)를 순전한 기쁨으로 바꾸고 나면 피조물의 종이 되어 섬기는 대신 하나님을 찬양하면서 하나님의 세계 안에서 피조물의 가치를 제대로 알게 될 것이다.

02

●

그리스도인도 복음이 필요하다

롬 2:1-16

●

하나님께서
외모로 사람을 취하지
아니하심이라

1장에서 바울은 이방인들이 어떻게 하나님을 거부하고 스스로 택한 불경건과 불의에 넘겨졌는지 보여 주었다. 이교도의 세계와 삶의 양식에 대한 바울의 비판을 들은 유대인이라면 누구나 거침없이 바울을 지지했을 것이다. 왜냐하면 자신들은 율법을 지키는 유대인이므로 바울의 정죄에서 당연히 면제되었다고 생각했기 때문이다.

종교적인 사람들은 오늘날에도 로마서 1장 28-32절을 유대인들과 똑같은 식으로 받아들일 것이다. "하나님이 방탕하고 부도덕한 이교도들에게 화내시는 것은 너무나 당연하다. 하지만 우리에겐 하나님의 말씀이 있고 우리는 그 말씀대로 산다. 우리는 정죄 받지 않는다." 종교적인 사람들은 로마서 1장 28-32절에 대한 바울의 주장에 동의하는 것처럼 보이지만 사실은 전체적인 요점을 놓치고 있다.

따라서 2장 1절은 이런 종교적인 사람들에게 찬물을 끼얹는다. 이제 바울은 1장에서 폭로된 이교도의 생활양식에 대해 들으면서 자신들은 그들과 다르다며 자기만족에 빠진 사람들을 겨냥한다. 그는 단호하게 말한다. "당신들도 똑같은 짓을 하고 있다! 당신들이 비종교적인 사람들을 판단할 때마다, 실은 자신들을 정죄하고 있는 것이다!" 사실 1장 끝부분의 죄목들은 비종교적인 사람들의 우상뿐 아니라 종교적인 사람들의 우상도 폭로하기 위한 것이다.

:: 판단의 이면에는 교만이 숨겨져 있다

어느 누구도 자신이 설정한 기준을 따라 살아 내지 못한다. "판단하는 네가 같은 일을 행함이니라"(1절). 어째서 그런가? 바울이 1장 29-30절에 나열한 대부분의 죄목들은 행위에 대한 것이 아니라, 오히려 우리의 마음가짐에 관한 것들이기 때문이다. 사실 우리는 마음에서 일어난 것을 외적 행동으로 드러낸다.

바울의 가르침은 예수님의 산상수훈과 의미를 같이한다.

---

1 그러므로 남을 판단하는 사람아, 누구를 막론하고 네가 핑계하지 못할 것은 남을 판단하는 것으로 네가 너를 정죄함이니 판단하는 네가 같은 일을 행함이니라

"옛사람에게 말한바 살인하지 말라 누구든지 살인하면 심판을 받게 되리라 하였다는 것을 너희가 들었으나 나는 너희에게 이르노니 형제에게 노하는 자마다 심판을 받게 되리라"(마 5:21-22). 마지막 심판 날에 "나는 누구도 죽인 적이 없어"라고 말하기는 그리 어렵지 않을 것이다. 하지만 "나는 아무한테도 화낸 적이 없어, 어느 누구에게도 사랑받을 만한 자격이 없는 것처럼 대한 적이 없어"라고 정직하게 말할 수 있는 사람은 그리 많지 않을 것이다.

따라서 로마서 2장 1절에서 바울은 당신에게 이렇게 도전한다. "누군가 화를 참지 못하고 과하게 행동하는 것을 볼 때 당신은 어떤 생각이 드는가?" 물론 우리가 옳고 그름에 대한 하나님의 판결을 따른다는 의미에서 "모든 것을 판단하는"(고전 2:15) 사람이 되는 것은 맞다. 방관만 하고 있다면, 우리는 로마서 1장 32절에 나오는 "그런 일을 행하는 자를 옳다 하는" 사람이 되고 말기 때문이다. 하지만 2장 1절의 판단에는 단지 "화를 참지 못하는 건 잘못된 행동이야"라고만 말하는 게 아니라, 우리의 교만도 숨겨져 있다. "역시 너는 나보다 못하구나. 그것 봐, 내가 훨씬 나은 사람이잖아." 곧 판단하는 것에는 다른 사람은 하나님께 심판받아 마땅하지만 자신은 올바르다는 생각이 들어 있다.

69

우리는 자신이 다른 사람들과 비슷한 마음을 가진 줄 알면서도 다른 사람을 쉽게 판단하기 일쑤다. 존 스토트는 우리가 자신보다 다른 이들에 대해 훨씬 재빠르고 가차 없이 비판하는 경향이 있다고 지적한다. 대부분 자신이 지은 죄에 대해서는 피곤했다느니, 상대가 먼저 도발했다느니, 덜 악한 짓이었다느니, 온갖 변명거리를 찾아낸다. 반면 상대방의 죄는 그들이 어떻게 힘든 상황이었는지 전혀 고려하지 않은 채 정죄하기에 바쁘다. 존 스토트는 이에 대해 다음과 같이 말한다.

> 다른 사람들의 수치스런 행위에 대해서는 몹시 분을 내며 자신의 의로움을 드러내지만, 다른 사람이 아닌 자신이 그런 행동을 하면 전혀 심각하게 받아들이지 않는다.[1]

이처럼 자신의 잘못은 눈감으면서 다른 사람의 잘못만을 정죄하게 되면 독선에 붙잡히게 된다. 우리는 자신이 괜찮은 사람이라고 느끼게 해주는 것들을 즐기면서 스스로를 좋은 사람이라고 여길 수 있다. 그 와중에 바울이 던지는 소리는 이렇다. "남을 판단하는 것으로 네가 너를 정죄함이니."

다시 말해, 하나님의 심판이 있는 마지막 날 그분 앞에 섰을 때 자신이 내뱉었던 바로 그 말로 자신의 죄목에 대해 변호해야 할 것이다. "이런 일을 행하는 자에게 하나님의 심판이 진리대로" 된다(2절). 하나님은 공정하게 심판하신다. 하나님은 우리가 그동안 자신의 규범으로 삼아 입으로 말했던 판단들을 기준으로 삼아 우리를 심판하실 것이다(마 7:1-5에서 예수님이 경고하신 것처럼 말이다).

21세기 신학자 프란시스 쉐퍼는 이것을 '보이지 않는 녹음기'라고 불렀다. 마치 보이지 않는 (요즘으로 치면 MP3) 녹음기가 우리 목에 있어서 다른 사람과 자기 자신에게 어떻게 살아야 한다고 말하는 것을 계속해서 녹음하는 것과 같은 것이다. 그러면 마지막 날 재판관이신 하나님은 우리의 목에서 녹음기를 벗겨 다음과 같이 말씀하실 것이다. "나는 온전히 공평하게 심판할 것이다. 다만 이 녹음기를 틀어서 네 입으로 사람은 마땅히 이렇게 행동해야 한다고 한 말을 기준 삼아 너를 판단할 것이다." 바울은 묻는다. "네가 하나님의 심판을 피할 줄로 생각하느냐"(롬 2:3). 세상 어느 누구도 바울의 질문에 자신 있게 "네. 그럴 거라고 생각합니다"라고 대답할 수는 없을 것 같다.

:: 맏아들도 길을 잃었다

따라서 자기만 옳다는 식의 종교는 1장 끝에 나오는 자기중심적인 무종교만큼이나 하나님을 거부하고 그분의 성품

---

2 이런 일을 행하는 자에게 하나님의 심판이 진리대로 되는 줄 우리가 아노라

을 오해하는 것이다(2:4). 무신론자는 하나님의 존재와 자연에 담긴 진리를 외면한 채, 주신 분에게 영광을 돌리거나 감사하지 않고 하나님의 선물을 자신의 욕망을 채우기 위해 사용한다. 그들은 하나님의 진노가 실재한다는 것을 인식하지 못하고 도리어 비웃는다. 하나님의 최종 심판의 날이 유보되고 있는 유일한 이유를 모르고 있기 때문이다. "주께서는 너희를 대하여 오래 참으사 아무도 멸망하지 아니하고 다 회개하기에 이르기를 원하시느니라"(벧후 3:9).

이것이 바로 로마서 2장 4절에서 바울이 말하는 바다. 그는 종교적인 사람들을 향해 말하고 있다. 자신을 의롭다고 여기는 사람은 하나님이 계시다는 사실은 인정하지만 자신에게는 필요 없다고 생각한다. 그들은 스스로 충분히 잘하고 있다. 스스로 자신을 구원하며 궁극적으로는 자기 자신만이 영광을 받는다. 이는 하나님이 다른 사람들에게 진노하시는 것은 마땅하지만, 자신들은 거기서 전적으로 면제되었다고 생각하는 마음가짐이다. 이들은 회개할 필요를 느끼지 못한다. 뿐만 아니라 하나님이 심판을 유보하시는 이유가 자신들에게 겸손하게 자비를 구할 기회를 주시기 위해서라는 것을 깨닫지 못한다. 하나님의 호의를 주제넘게 멸시하는 것이다.

---

3 이런 일을 행하는 자를 판단하고도 같은 일을 행하는 사람아, 네가 하나님의 심판을 피할 줄로 생각하느냐

따라서 로마서 1장과 2장은 예수님께서 두 아들에 관한 비유에서 말씀하셨던 것과 똑같은 두 사람을 말하고 있다(눅 15:11-32). 예수님은 두 아들을 둔 아버지에 대해 비유로 말씀하셨다. 창녀를 즐겨 찾는 동생은 아버지의 재산을 탕진해 버렸다. 그는 방탕하고 돈을 사랑하고 아버지에게 불순종한다. 반면 맏아들인 형은 순종적이어서 아버지가 시키는 것은 무엇이든 따르려고 한다. 그런데 둘 다 길을 잃었고, 둘 다 아버지와 멀어졌고, 둘 다 구원이 필요하다는 것이 이 비유의 핵심이다. 바로 이 비유와 똑같은 의미로 바울은 말한다. 로마서 1장은 동생에 관한 것이다. "그들은 길을 잃었으며 정죄 받았다. 자기 손으로 만든 우상을 숭배하면서 누구나 죄라고 생각하는 그런 죄를 짓는다." 로마서 2장에서 바울의 초점은 형에게로 옮겨 간다. "이들은 선한 사람이 되기 위해 무진장 애쓴다. 그러므로 다른 사람보다 훨씬 선한 자신이 보상을 받아야 마땅하다고 생각한다. 하지만 이들도 길을 잃었다!"

바울은 당신도 똑같다고 말한다. 영어 번역에는 나오지 않지만 2장 5절의 "네 고집과 회개하지 아니한 마음"에 해당되는 단어는, 칠십인 역과 구약 그리스어 본에 나온 스클레로테스(*sklerotes*)와 아메타노에토스(*ametanoetos*)다. 이것은 항상 우상숭

---

4 혹 네가 하나님의 인자하심이 너를 인도하여 회개하게 하심을 알지 못하여 그의 인자하심과 용납하심과 길이 참으심이 풍성함을 멸시하느냐

배와 관련해서만 사용된 말이다(신 9:27). 종교적 순종이 경건해 보일지라도 그것은 우상숭배의 한 형태에 불과하다. 종교적인 사람들이 현대의 우상인 사회적 지위, 자유분방한 섹스, 출세 따위를 완전히 거부한다 할지라도 이들은 마음속으로 다른 우상을 품고 있다. 이들은 자신들이 도덕적이라는 데서 자신의 가치를 찾고, 스스로 만든 규율들을 준수함으로써 구원받을 것이라고 생각한다. 자신의 선함이 자신을 구원해 줄 것이라고 생각하고 그것을 숭배하는 것이다. 이것이 과연 맞을까? 틀렸다. 바울은 말한다. "진노의 날 곧 하나님의 의로우신 심판이 나타나는 그날에 임할 진노를 네게 쌓는도다"(5절).

:: 종교적인 사람들도 복음이 필요하다

바울은 비종교적인 사람들 못지않게 종교적인 사람들도 복음이 필요하다는 것을 보여 준다. 비종교적인 사람들만큼이나 종교적인 사람들도 복음에서 멀어져 있다. 복음의 핵심은 하나님의 의가 드러나서 누구나 의롭다 함을 받을 수 있다는 것이다(1:16-17). 우리가 의롭게 하시는 예수님 외에 누군가나 무엇인가를 의지한다면 복음을 거부하는 것과 같다. 하나님의

---

5 다만 네 고집과 회개하지 아니한 마음을 따라 진노의 날 곧 하나님의 의로우신 심판이 나타나는 그 날에 임할 진노를 네게 쌓는도다

법을 의지하는 것도 그것을 무시하는 것 만큼이나 자기 자신을 믿고 하나님을 거부하는 것이다.

도덕적인 사람이 자신의 영적인 상태에 만족한다면 오직 믿음을 통해 의롭다 함을 받는다는 교리를 거부하는 셈이다. 그들은 스스로 의롭기 때문에 굳이 의롭다 여김을 받을 필요가 없다. 자신에게 복음이 필요하다는 것을 모르기 때문에 복음을 받지 못하는 것이다! 그들은 마지막 심판의 날 자랑스럽게 일어설 것이다. …하나님이 그들의 녹음기를 재생하기 전까지는.

바울이 여기서 말하고 있는 사람이 당신의 모습인지 아닌지 어떻게 알 수 있을까? 세 가지 방법이 있다.

첫째, 당신은 자신이 사는 모습과 마음 상태 때문에 당장이라도 하나님께 버림받을 수도 있다고 느끼는가?

둘째, 당신은 교회에 다니지 않는 사람들을 보면 고개를 저으면서 속으로 판단하는가? 아니면 이렇게 생각하는가? '내 마음도 실상 저들과 똑같은데 다르게 보이는 것뿐이야.'

셋째, 당신은 마음속으로 녹음기가 없다고 생각하는가 아니면 녹음기가 재생될 때 자신의 판단 앞에서도 버틸 수 있다고 생각하는가? 그렇지 않다면 당신 자신의 판단들이 당신을 정죄하리라고 생각하는가? 또한 스스로 도달할 수 없는 의로운 신분이 당신에게 필요하다고 생각하는가?

마지막 날 창조주 하나님의 심판과 판결을 받기 위해 섰을 때, 우리는 어떤 기준으로 심판을 받게 될까? 바울의 대답은 놀랍다. "우리는 그리스도가 죽음을 이기시고 이루신 의를 받았는지 받지 않았는지 여부로 심판받지 '않을' 것이다. 오히려 하나님은 각 사람이 행한 대로 갚아 주실 것이다." 하나님은 우리의 행위에 근거하여 심판하신다.

하나님과의 올바른 관계는 믿음을 통해 하나님이 주시는 것을 받는 것이지 결코 얻어 내는 게 아니라고 했던(롬 1:16-17) 바울의 입장이 변했을까? 심판 날을 견뎌내기 위해서 믿음에 행위를 더해야 한다고 가르치는 걸까? 믿음을 통해 은혜로 구원받았다는 것을 볼 수 있게 해준 로마서 1장 16-17절을 '돌파구'라고 했던 마르틴 루터가 그 밑의 20절을 읽으면서 자신이 전혀 돌파하지 못했음을 깨닫는다?!

우선 바울의 지적 능력을 인정해 주자! 불과 20절 전에 바울은 율법의 준수나 행위와 상관없이 구원받는다고 힘주어 말했다. 우리는 바울이 남들 몰래 혹은 의도적으로 자신이 한 말을 번복하는 것은 아니라고 전제해야 할 것이다.

둘째, 바울은 2장 6절에서 시편 62편을 인용하고 있다. 하나님께서 "각 사람이 행한 대로 갚으심이라." 이 시편에 나오는 사람들은 무엇을 행했을까? 답은 명백하다. 저자인 다윗은 두 무리의 사람들을 대비시키고 있다. 한편에는 하나님이

택하신 왕을 상대로 모반을 일으키고(3-4절), 거짓을 말하고, 입으로는 축복하지만 속으로는 저주하는(4절) 사람들이 있다. 마치 바울이 로마서 2장 1-3절에서 말한 사람들과 같다.

또 다른 무리는 "하나님만 바라며…구원이 그에게서 나오는 줄 안다"(시 62:1). 이들은 다음과 같이 말한다. "나의 구원과 영광이 하나님께 있음이여 내 힘의 반석과 피난처도 하나님께 있도다"(7절). 이들이 "행한" 것은 하나님에게서 구원을 찾고 그분을 삶의 중심으로 삼은 것이다. 하나님은 이런 태도를 가진 "각 사람이 행한 대로 갚아 주신다"(12절). 따라서 바울은 2장 6절에서 비종교적인 사람과 종교적인 사람 모두에게 그들이 했거나 혹은 하지 않은 일을 깊이 생각해 보라고 묻는다. 그들은 모두 하나님의 분에 넘치는 자비 안에서 회개하지 않았고(5절), 하나님의 진노를 피하려고도 하지 않았다. 도리어 자신들 안에서 자랑거리를 찾고 있다.

:: 근거가 아니라 증거가 필요하다

셋째, 행위가 중요한 이유는 그것이 구원을 위한 근거이기 때문이 아니라 당신에게 구원받는 믿음이 있음을 보여 주는 증거이기 때문이다. 시편 62편에서 근본적으로 문제가 되

---

6 하나님께서 각 사람에게 그 행한 대로 보응하시되

는 것은 하나님을 자신의 피난처와 반석, 그리고 구원으로 삼는 인격적인 관계이다. 따라서 시편 62편 9-10절이 말하듯 이러한 관계는 그들이 어떻게 삶을 인식하고 살아가느냐 하는 데서 드러난다. 선한 행위는 우리에게 구원받는 믿음이 있음을 보여 준다. 그렇다고 우리가 구원받기 위해 우리의 믿음 위에 선한 행위를 더하는 것은 아니다.

달리 표현하면 이렇다. 사과나무의 사과는 나무에 생명이 있다는 것을 증명하지만 생명을 공급하지는 않는다. 사과 열매를 보고 사과나무가 살아 있다는 것을 알 수 있지만, 사과나무가 살 수 있게 영양분을 흡수하는 기관은 뿌리다. 마찬가지로 그리스도에 대한 믿음만이 새로운 생명을 준다(그리스도는 누구든지 믿기만 하면 하나님과 자신의 의를 주신다). 하지만 우리에게 참된 생명이 있다는 것을 증명해 주는 것은 의로 변화된 우리의 삶이다.

이 구절을 심판의 날을 견딜 수 있기 위해서 믿음 위에 행위를 보태야 하는 것으로 오해하면 곤란하다. 마찬가지로 은혜로 구원받는 것을 안다고 해서 다음의 도전들을 가볍게 여겨서도 안 된다. 우리가 가졌다고 고백하는 믿음에 의해 우리의 행위가 새로워지고 변화되지 않는다면 우리에게 절실하고 참된 믿음이 있는지 자문해 보아야 마땅할 것이다.

우리가 하나님과 올바른 관계에 있는지 알려 주는 신호가 있는가? 2장 7절에 의하면 두 가지 시험을 해볼 수 있다.

첫째, "참고 선을 행하여"란 선을 행하며 경건하게 사는 것이 지속적인 삶의 양식이 된다는 의미이다.

둘째, "영광과 존귀와 썩지 아니함을 구하는" 것은 하나님과 함께함에서 나오는 특징들이다. 하나님과 올바른 관계에 있는 사람은 자신을 위해서 선한 행위를 하지 않고, 하나님의 성품을 닮기 위해서 그렇게 한다. 우리는 영광과 존귀와 영원을 누리도록 창조되었고 이것들은 우리가 추구해야 할 좋은 것들이다. 그런데 문제는 목적이 아니라 수단에 있다. 우리는 창조주가 아니라 피조물 속에서 그것들을 구한다. 우리는 하나님 안에서 그것들을 구해야 하고, 나아가 그분의 형상대로 새롭게 되어야 한다. 하나님을 아는 데서 이것들을 구하는 자들에게 하나님은 "영생을 주실" 것이다.

8절에는 하나님과 올바른 관계에 있지 않은 것을 알려 주는 두 가지 지표가 있다.

첫째, 당을 짓는(self-seeking) 것은 숨길 수 없는 표지다. 이는 아집과 자기도취에 빠져 스스로 왕과 구원자가 되려는 것을 의미한다. 반종교적이고 방탕하든, 도덕적이고 종교적이며

---

7 참고 선을 행하여 영광과 존귀와 썩지 아니함을 구하는 자에게는 영생으로 하시고

고결하든 누구나 예외 없이 그럴 수 있다.

둘째, "진리를 따르지 아니하고 불의를 따르는" 것 또한 하나님의 진리로부터 배우려는 의지가 전혀 없는 모습이다. 이들은 자신의 아집과 생각 말고는 어떤 진리도 들으려고 하지 않기에 배울 수 있는 가능성이 많지 않다. 비종교적인 사람들은 아예 드러내고 그렇게 하지만, 종교적인 사람들이라고 그렇게 하지 않는 것은 아니다! 율법을 지킴으로써 의로워지려고 한다면, 우리는 어떻게 살아야 하는지 하나님의 계명에 귀 기울이려 할 것이다. 하지만 계명이 우리에게 완전무결한 것을 요구할 때 우리는 그 말씀을 무시하고 만다. 우리가 계명을 완벽하게 따를 수 없기 때문에 우리 힘으로는 얻을 수 없는 의를 하나님으로부터 받아야 한다. 우리 스스로 구원할 수 있다고 생각하는 것은 구원받을 필요가 전혀 없다고 생각하는 것과 마찬가지로 진리를 저버리는 것이다.

9-10절은 7-8절의 가르침을 한 가지만 빼고 되풀이한다. 바울은 "먼저는 유대인이요 다음은 이방인이다"라고 거듭해서 말한다. "하나님은 모든 인간을 차별 없이 대하신다"(11절). 심판은 공평하다. 중요한 것은 우리가 누구인가가 아니라 우리가 무엇을 하는가이다. 우리가 유대인이냐 그리스도인이냐, 교회에 출석하느냐, 또는 말씀과 전혀 상관없이 사느냐 하는 따

---

8 오직 당을 지어 진리를 따르지 아니하고 불의를 따르는 자에게는 진노와 분노로 하시리라

위의 출신이나 문화적인 배경은 중요하지 않다. 대신 하나님과 좋은 관계 맺으려고 어떻게 결심하는가가 중요하다.

12-15절은 하나님이 편애하지 않으신다는 사실을 다른 관점에서 보여 준다. 바울은 두 가지 경고를 하고 있다. 첫째, 하나님의 명령을 알면서도 지키지 않는 사람들은 "그 율법에 따라 심판받을 것이다"(12절). 하나님의 법을 듣는다는 것은 위험한 일이다! 왜냐하면 "하나님 앞에서는 율법을 듣는 자가 의인이 아니요 오직 율법을 행하는 자라야 의롭다 하심을 얻"기 때문이다(13절).

존 스토트처럼 이것을 가상의 상황으로 인식하고 읽으면 이해하기가 쉽다. 사실 바울은 이렇게 말하는 것이다. "하나님의 율법을 안다고 해서 유용한 면이 있을 것이라 생각하지 마십시오. 율법을 통해 의로워지는 유일한 길은 그것을 지키는 것입니다. …그런데 당신은 어느 때고 어떤 식으로든 하나님의 율법을 지킨다고 정말 주장할 수 있습니까?"

다음으로 바울은 유대인들의 율법은 모르지만 그럼에도

---

9 악을 행하는 각 사람의 영에는 환난과 곤고가 있으리니 먼저는 유대인에게요 그리고 헬라인에게며 10 선을 행하는 각 사람에게는 영광과 존귀와 평강이 있으리니 먼저는 유대인에게요 그리고 헬라인에게라

그것을 지키는 이방인의 한 범주를 소개한다. 이들은 누구인가? 첫째, 이들은 그리스도에 대해 들어 본 적도 없이 율법을 지키는 이방인들로, 그리스도에 대한 믿음 밖에서 구원받는다. 하지만 이것은 맞을 리가 없다. 왜냐하면 신약 전체의 가르침과 로마서에서 바울이 주장하고 있는 것과 다르기 때문이다. "다른 이로써는 구원을 받을 수 없나니 천하 사람 중에 구원을 받을 만한 다른 이름을 우리에게 주신 일이 없음이라"(행 4:12. 4:10 참조).

둘째, 그들은 형식적인 율법은 없어도 그리스도인이 된 후에 마음 판에 새겨진 율법에 순종하는 이방인들일 수 있다. 이것은 맞을 수도 있지만, 바울이 심판받아 마땅한 인간의 모든 범주를 말하다가 돌연히 구원받은 사람들을 말하는 것은 이치에 맞지 않다. 더욱이 이방인 그리스도인들이 성령에 의해 그 마음 판에 율법이 새겨졌을 뿐 아니라 교회에서 율법, 곧 구약을 배우지 않았다고 상상하기는 어렵다.

따라서 반대 의견에 대한 바울의 세 번째 견해가 가장 잘 들어맞을 것이다. 사람이 어떻게 자신도 몰랐던 규범에 따라 심판받을 수 있는가? 하나님의 법을 모르는 사람들이 "율법과는 관계없이 망할 것"(롬 2:12)이라면 어떻게 하나님의 법이 공평하

---

11 이는 하나님께서 외모로 사람을 취하지 아니하심이라 12 무릇 율법 없이 범죄한 자는 또한 율법 없이 망하고 무릇 율법이 있고 범죄한 자는 율법으로 말미암아 심판을 받으리라

다고 할 수 있는가? 바울은 사람들이 태어나면서부터 하나님의 법을 가지고 있다고 대답한다. 왜냐하면 때로는 이방인들도 "율법이 없을지라도… 율법이 명하는 것을… 실행"(14절)하기 때문이다. 모든 사람들은 옳고 그른 행위에 대한 본질적인 원칙과 우리가 심판받을 기준의 객관적인 토대를 알고 있다.

C. S. 루이스는 이에 대해 다음과 같이 설명하고 있다.

> 사람들은 이런 식으로 말합니다. '누가 너한테 이런 짓하면 좋겠어?' '내 오렌지도 좀 줬으니까 네 것도 좀 줘야지' …[이렇게 말하는 사람은] 상대방도 당연히 알고 있으리라고 기대되는 행동 기준에 호소합니다.[2]

따라서 하나님에 대해 전혀 모르는 사람이 하나님이 원하시는 것을 한다면, 그것이 마땅히 해야 할 옳은 일인 것을 알고, "그 양심이 증거가 되어… 그 마음에 새긴 율법의 행위를 나타내는"(15절) 것이다. 우리 모두에게는 옳고 그름에 대한 타고난 감각이 있다.

물론 우리의 양심은 원래 만들어진 모습대로 제 역할을 하지 못한다. 우리는 하나님과 그분의 규범에 관한 '진리를 외

---

13 하나님 앞에서는 율법을 듣는 자가 의인이 아니요 오직 율법을 행하는 자라야 의롭다 하심을 얻으리니 14 (율법 없는 이방인이 본성으로 율법의 일을 행할 때에는 이 사람은 율법이 없어도 자기가 자기에게 율법이 되나니

면하고', 다른 것들을 숭배하며 살아갈 수 있다. 더욱이 우리가 늘 양심을 따르는 것도 아니다. 따라서 우리의 이성은 스스로 '변명'도 하고, '고발'도 하는 것이다. 잘못임을 알면서도 누구나 그렇게 행동한다. 율법을 알고서도 지키지 않은 사람들을 하나님이 심판하시는 것은 정당하다고 바울은 말한다. 또한 비록 형식적인 율법은 몰라도 마음으로 그것을 아는 사람이 율법을 지키지 않을 경우, 하나님이 심판하시는 것은 정당하다고 경고한다.

:: 진노가 없으면 십자가도 없다

이 구절들은 빈틈없고 복잡하다! 바울은 어떤 결론을 내리는가? 하나님이 "심판하시는 그날"(16절)이 올 것인데, 사람들의 마음이 어떠한지 그 "은밀한 것"을 드러내어 공정하게 심판하실 것이다. 그날이 오면 누구나 자신들의 종교 의식 밑바탕에 있는 마음의 우상들을 더는 숨기지 못할 것이다. 반대로 하나님이 베푸신 의를 겸손하게 받은 사람들이 그냥 지나쳐거나 구원 받지 못하는 경우도 없을 것이다.

여기서 바울은 왜 "나의 복음에 이른 바와 같이"라는 말을 보태고 있을까? 하나님의 공의로운 심판이 하나님의 아들

---

15 이런 이들은 그 양심이 증거가 되어 그 생각들이 서로 혹은 고발하며 혹은 변명하여 그 마음에 새긴 율법의 행위를 나타내느니라)

에 대한 바울의 복음에서 핵심 요소이기 때문이다. 심판이 없다면 구원은 아무런 의미가 없다. 지금도 있고 앞으로도 있을 하나님의 진노가 실재하지 않는다면 십자가의 영광은 공허할 뿐이다. 이방인이든 유대인이든, 반종교적이든 종교적이든, 율법을 지키든 안 지키든 상관없이, 바울은 우리 모두가 서 있는 땅이 평평하다는 것을 보여 주려고 애쓴다. 누구나 심판에 직면해 있고, 모두가 진노를 받아 마땅하다. 이러한 기반 위에서 우리는 십자가를 제대로 볼 수 있다. 먼저 자신이 어떤 사람인지 모른다면, 그리스도가 어떤 분인지 알 수도 없다. 18세기와 19세기에 걸쳐 위대한 설교자였던 찰스 시므온(Charles Simeon)은 이렇게 말하고 있다.

> 내가 주목해서 보기를 원했던 것은 두 가지 밖에 없다. 하나는 나 자신의 불결함이고 다른 하나는 예수 그리스도의 얼굴에 나타난 하나님의 영광이다. 나는 항상 이 두 가지를 같이 보아야 한다고 생각했다.[3]

---

16 곧 나의 복음에 이른 바와 같이 하나님이 예수 그리스도로 말미암아 사람들의 은밀한 것을 심판하시는 그날이라

●

종교심도 우상이 될 수 있다

롬 2:17-29

●

할례는
마음에 할지니

우리는 로마서 2장 17절에서 바울이 누구를 향해 말하고 있는지 보게 된다. 이들은 성경을 믿는 종교적인 유대인들로 로마서 1장의 끝부분에 나오는 죄목들을 읽고 '나는 그들과 같지 않다'고 생각하는 사람들이다.

따라서 17절의 "유대인이라 불리는"(if~)은 선동적인 표현이다. 신실한 유대인이 이 구절을 읽는다고 상상해 보라. "유대인이라면? 바울 당신이 어떻게 그리 말할 수 있소? 나는 유대인이오." '유대인' 대신 '그리스도인'을 넣어 읽어 보면 이 구절이 좀 더 설득력 있게 느껴질 것이다. 바울은 그리스도인이라 고백하는 교인들에게로 시선을 돌린다. "괜찮다고 착각하지 마시오. 당신이 정말 그리스도인이라면…"

2장의 나머지 부분에서 바울은 자신이 말하고 있는 사람들이 도덕적으로 문제가 없고(율법을 진지하게 받아들이고, 17-24절), 종교적으로도(할례를 받아서, 25-29절) 열심히 있다고 묘사한다. 대개 사람들은 두 부류로 나뉘는데, 어떤 사람들은 종교적으로 열심이지만 도덕적으로 민감하지 않고, 다른 사람들은 도덕적으로 예민하지만 종교적인 열성은 덜하다. 하지만 유대인들은 이 두 가지에서 모두 완벽했다. 유대인들은 종교적으로도 도덕적으로도 남다른 열정을 가지고 있었다. 하지만 그렇다고 그들이 의로워진 것은 아니었다.

먼저 바울은 유대인들의 삶에서 드러나는 도덕적 선함과 관련해서 그들이 자랑스러워하는 여섯 가지를 열거한다.

- "유대인이라 불리는"(17절) - 그들은 자신들의 민족성을 자랑스러워했고 유대인이라는 것이 기뻤다.
- "그대는 율법을 의지하며"(17절) - 하나님이 시내산에서 그들의 조상인 모세에게 율법을 주셨고 자신들이 그것을 안다는 사실에 자부심을 가지고 있었다(출 19-31 참조).
- "하나님을 자랑하며"(17절) - 하나님은 이스라엘을 선

---

17 유대인이라 불리는 네가 율법을 의지하며 하나님을 자랑하며

택해서 당신의 백성이 되게 하셨다(출 19:4-6).

- "하나님의 뜻을 알고 지극히 선한 것을 분간하며"(18
  절) - 그들은 윤리적으로 올바른 결정을 내릴 수 있었
  고, 다른 사람들의 잘못된 선택을 분별할 줄도 알았
  다. 율법의 세부 조항과 규례들을 지키는 것으로 특히
  다른 사람들과 비교해서 자신들이 하나님을 기쁘게
  해드린다고 느꼈다.

- "율법의 교훈을 받아"(18절) - 그들은 율법을 '소유'했
  을 뿐 아니라 율법에 정통했다. 율법을 인용할 줄 알
  았고, 상호 참조할 수 있었고, 그 세부 사항까지 자세
  히 알고 있었다.

- "맹인의 길을 인도하는 자요"(19절) - 유대인들은 우상
  숭배에 빠진 사람들이 볼 수 없는 것을 자신들은 볼
  수 있다는 것을 알았다. 그래서 율법에 관한 지식을
  전파하였다.

바울은 여기서 유대인들이 율법을 소유하고, 알고, 내면
화시키고, 하나님의 명령대로 도덕적인 결정을 내리고, 다른
사람들에게 유대교를 전파하려고 하는 것에는 하등 잘못이 없
다고 말한다. 문제는 "네가 의지하고… 네가 자랑하며"(17절)이

---

18 율법의 교훈을 받아 하나님의 뜻을 알고 지극히 선한 것을 분간하며

다. 곧 유대인이라서가 아니고 율법을 소유했다고 해서도 아니며(하물며 율법을 지켜서는 물론 아니고), 자신들의 민족과 도덕성에 대한 태도 때문에 그들을 책망하고 있다.

유대인들은 율법에 의지해 선한 것을 규정하고 구원의 체계를 만들어 버린다. 물론 율법의 내용은 타당하다. 하지만 율법이 영생에 이르는 방편이 되면 결국은 죽음밖에 없다. 도덕성과 도덕주의라는 말 사이에는 큰 차이가 없지만, 선한 것을 행하는 것(도덕성)과 그것을 자신의 신(도덕주의)으로 삼는 것 사이에는 엄청난 간극이 존재한다.

도덕주의는 너무나 보편적이어서 항상 우리 곁에 있어 왔다. 오늘날 전 세계에서 가장 거대한 종교이기도 하다. 그것은 자신을 다른 사람들과 늘 비교하며 자신이 다른 사람들보다 낫다는 걸 알아차리면 이렇게 결론을 내리는 사람들의 종교다. "하나님이 계신다면 반드시 나를 용납해 주실 거야. 나는 꽤 괜찮은 사람이니까."

그렇다면 우리는 자신이 의롭다는 근거로서 이런 '기독교' 도덕주의로 빠지지는 않았는지 어떻게 알 수 있을까? 만약 우리가 자신의 행위나 신앙 고백 혹은 정체성을 자랑한다면 우리는 기능적으로는 도덕주의자로서 살고 있는 것이다.

'유대인' 대신 '그리스도인'을 넣어 보면 우리 자신을 더

---

19 맹인의 길을 인도하는 자요 어둠에 있는 자의 빛이요

잘 돌아보게 된다. "당신은 회심한 그리스도인이라고 자처한다. 헌신을 서약한 그날 밤에는 회중들 앞에서 진정으로 부르짖으며 기도했다. 하나님을 강하게 느꼈다고 기억하는 것을 보면, 그날 밤 회심한 것이 분명하다. 그날 이후 성경 구절 수십 개를 외웠고 신앙에 관련된 수많은 질문들에 대답할 수 있게 되었다. 당신이 인도하는 성경 공부를 통해 사람들을 그리스도께 이끌었다. 성경을 더 깊이 알고 싶어서 이렇게 이 책도 읽고 있다!"

:: 설교대로 행동하라

앞에서 바울은 독자들에게 직구 두 개를 던졌다. 이제는 변화구다. "다른 사람을 가르치는 네가 네 자신은 가르치지 아니하느냐"(21절). 20세기 영국의 위대한 설교가 D. M. 로이드 존스는 신앙을 고백하는 그리스도인들에게 이 구절이 어떻게 적용되는지 보여 준다.

매일 성경을 읽으면서 성경이 말하는 진리를 자기 자신에게 적용하는가? 왜 성경을 읽는가? 단지 성경을 얼마나 잘 아는지 자랑하고 남들과 논쟁하기 위해서 성경을

---

20 율법에 있는 지식과 진리의 모본을 가진 자로서 어리석은 자의 교사요 어린 아이의 선생이라고 스스로 믿으니

배우는가, 아니면 성경이 말하는 진리를 당신 자신에게 적용하려고 보는가? 성경을 읽으면서 스스로에게 이렇게 말하라. '성경이 말하고 있는 대상은 바로 나다. 성경은 나에게 무엇을 말하고 있는가!' 성경을 통해 자기 자신을 면밀히 살펴보지 않는다면 당신은 위험해질 수 있다. 당신 스스로에게 적용하지 않는다면, [성경을] 많이 알면 알수록 더 해로울 것이다.[1]

당신이 기독교적인 생활에 더 깊이 들어가고 교회 생활에 더 많이 관여하게 될수록 로이드 존스의 말을 주의 깊게 들어야 한다. 당신은 다른 사람에게 설교하기 전에 스스로에게 설교하고 있는가? 다른 사람에게 행동으로 옮기라고 요구하는 것을 당신 자신은 행동으로 옮기고 있는가?

:: 종교도 우상숭배가 될 수 있다

바울은 자신만만한 도덕적인 유대인이 자신이 가르친 것을 행동으로 옮기지 않는 세 가지 증거를 보여 준다. 그들은 도둑질하고(21절), 간음하고, 우상을 미워하면서도 성전의 물건을 훔친다(22절).

---

21 그러면 다른 사람을 가르치는 네가 네 자신은 가르치지 아니하느냐 도둑질하지 말라 선포하는 네가 도둑질하느냐

도덕주의가 실패하는 이유는 우리의 행동이 늘 모순되기 때문이다. 법을 알지만 아무도 그것을 지키지 않는다. 두 가지 방식에서 그렇다. 첫째, 종종 거리낌 없이 위선을 행한다. 그것은 (불륜을 벌이는 목사나 직장에서 사기를 치는 장로와 같이) 두드러질 수도 있고, (점심시간을 지키지 않거나 납세 신고 용지에 어떤 항목을 누락시키는 것처럼) 일상적일 수도 있다.

둘째, 우리 마음과 동기에는 거듭되는 죄가 있다. 바울이 세 번째 고발에서 말하려는 것이다. "우상을 가증히 여기는 네가 신전 물건을 도둑질하느냐"(22절). 어떤 유대인은 우상을 섬기지는 않지만 신전에서 물건을 가져와 다른 사람에게 팔기도 한다. 성인 잡지에 기사를 쓰면서 자기 자녀는 보지 않기를 원하는 것과 흡사한 상황이다. 하지만 스스로 신앙을 고백하는 종교적이고 율법적인 유대인이 실제 이와 같은 행동을 했다는 증거는 없다.

따라서 보다 그럴 듯한 설명은 "신전 물건을 도둑질하고"가 비유적으로 쓰였다는 것이다. 예수님이 그랬듯이(마 5:21-48) 바울도 십계명에 대한 본질적인 접근을 한다. 예수님은 간음을 순전히 겉으로 드러나는 것(곧 나는 오늘 배우자말고 누구와도 성적 관계를 가지지 않았다. 따라서 나는 7계명을 지켰다)이 아니라 내면의 동기까지 포함하는 것으로 확장해서 규정하셨다. "음욕을 품

---

22 간음하지 말라 말하는 네가 간음하느냐 우상을 가증히 여기는 네가 신전 물건을 도둑질하느냐

고 여자를 보는 자마다 마음에 이미 간음하였느니라."

바울도 같은 원리 위에 서 있다. 참된 종교란 몸으로 하는 행위만큼이나(아니 그 이상으로) 마음의 동기에 관한 것이다. 바울은 이렇게 말한다. "우상숭배는 몸으로만 하는 것이 아니다. 당신은 조각상에 절하는 것은 거부할지 몰라도, 실제로는 그 조각상 안에 숨어 있는 같은 우상을 섬긴다. 만약 당신이 권력, 안락, 명예, 소유물, 쾌락, 지배욕과 같은 것들을 살아가는 데 없어서는 안 되는 중요한 것으로 삼는다면, 조각상에 절하는 사람들과 마찬가지로 우상숭배를 하고 있는 것이다. 만약 당신이 종교를 당신의 구원자로 삼는다면 같은 명령을 어기는 것이다. 왜냐하면 이교도의 신전에 있는 조각상을 가져다가 이름만 '도덕성'이라고 바꿔서 그것을 숭배하기 때문이다." 요컨대 출세, 섹스, 명성 따위의 마음속 우상을 가리기 위해 얼마든지 종교성을 이용할 수 있고, 종교성 자체를 우상으로 삼을 수도 있다는 것이다.

:: 속 빈 믿음을 진단하다

그렇다면 우리의 믿음이 공허하고, 죽었고, 하나님의 심판 아래 있는 것이 아니라고 어떻게 말할 수 있을까? 이 말씀은 불편한 자기 진단으로 우리를 몰아 부친다. 바울은 우리에게 두 가지 지표를 제시한다.

첫째, 하나님의 말씀을 이론으로만 받아들이는 입장이 있다(롬 2:21). 도덕주의자들이나 메마른 정통주의 그리스도인은 진리에 대한 개념은 사랑하지만 그것으로 자기 자신이 새로워지지는 않는다. 그들은 설교나 성경 본문을 이용해서 다른 사람의 잘못은 잘 깨닫게 하지만, 정작 자신의 잘못을 깨닫는 일은 드물다. 참된 그리스도인은 성경을 살아 있고 운동력이 있는 것으로 경험한다(히 4:12). 성경 말씀을 듣거나 보게 되면 죄를 깨닫고, 위로를 받고, 가슴 설레고, 누그러지고, 가슴 철렁하고, 고양된다. 바울은 스스로에게 물어 보라고 재촉한다. 나는 어떠한가? 나 자신을 가르치는가?

둘째, 우리 안에는 도덕적 우월성이라는 자랑이 자리 박혀 있다. 만약 자신의 영적 성취에 의지하고 있다면, 영적으로 실패한 사람들을 '내려다' 볼 수밖에 없다. 영적으로 몸부림치고 있는 사람들을 향해 아무리 잘해 봐야 냉담할 것이고, 최악의 경우 그들을 정죄할 것이다. 영적으로 분투하고 있는 사람들을 격려하거나 기운을 북돋워 주기는커녕 험담을 퍼뜨려 당신이 그들보다 더 나아 보이려고 할 것이다. 사람들이 자신의 어려움을 당신과 나누려 하지 않거나, 다른 사람들이 당신의 문제를 지적할 때 지나치게 방어적이라면 이런 상태에 있다는 표시이다.

:: 도덕주의는 하나님을 모독한다

도덕주의의 치명적인 약점은 나쁜 생각이나 마음으로 짓는 죄를 방지하거나 막지 못한다는 것이다. 도덕주의가 할 수 있는 것이라곤 죄를 숨기는 것밖에 없다. 종교성 안에는 이기심과 정욕, 시기, 노여움, 교만, 그리고 근심을 없앨 수 있는 능력이 없을 뿐더러 해결책도 아니다.

그리스도인의 도덕주의는 하나님을 경외하지 않게 되는 참담한 결과를 가져 온다(23절). 만약 종교적인 사람이 법을 어기면서도 자신은 법을 지키고 있다고 자랑한다면, 혼자서만 자신의 실상을 보지 못하는 꼴이 된다. "하나님의 이름이 너희 때문에 이방인 중에서 모독을 받는도다"(24절). 이것이 유죄를 선고하는 원칙이다. 종교적인 율법주의자가 사는 모습은 믿지 않는 사람들이 보기에 예외 없이 혐오스럽다. 도덕주의자는 잘난 체하며(그들은 좋은 사람이다), 신경과민 증세가 있고(선함은 곧 그들의 의로움이 되므로, 선한 모습이 훼손되어서는 안 된다), 다른 사람에 대해 판단하며(자신이 선하려면 다른 사람에게서 잘못된 면을 찾아야 한다), 그리고 안절부절 못한다(충분히 잘하고 있는지 전전긍긍한다).

더 나쁜 사실은 비종교적인 사람이 그 모습을 보고 하나님을 더욱 싫어하게 된다는 것이다. 그래서 바울은 유대인들

---

23 율법을 자랑하는 네가 율법을 범함으로 하나님을 욕되게 하느냐 24 기록된 바와 같이 하나님의 이름이 너희 때문에 이방인 중에서 모독을 받는도다

에게 문제를 제기한다. "당신들은 세상의 빛이 되도록 부름 받았다. 당신들은 어둠 속에 있는 사람들에게 빛을 준다고 스스로 생각하지만 세상은 당신들의 종교에서 어떤 매력도 발견하지 못한다. 당신들이 뭔가를 오해하고 있다고 생각하지 않는가?" 그리스도인인 우리도 똑같은 도전 앞에 설 필요가 있다. 우리 교회 공동체와 나는 사람들에게 호감을 주고 있는가? 어려운 상황에서 우리의 겸손과 사랑이 드러나고, 절박한 가운데서도 자비가 나타나는가? 우리가 사는 모습을 보고 다른 사람들이 하나님을 알고 싶어 하는가?

복음만이 하나님을 세상에 자랑할 수 있는 교회와 사람을 만들어낸다. 도덕주의는 그렇지 못하다.

:: 죽은 정통주의는 어떤 변화도 일으키지 못한다

25절에서 바울은 할례라는 논의를 끌어 들인다. 할례는 하나님이 당신의 백성들과 언약을 맺었다는 대표적인 표시이자 유대인 남성이 언약 공동체에 속하기 위해서 통과해야 하는 의식이었다. 하지만 그것은 또한 자신들만 선택받았다는 자기만족적인 오만함의 근거가 되어 선민의식이 자라나는 토양이 되고 말았다. 하나님과 그들 사이의 '관계'가 겸손한 기쁨

---

25 네가 율법을 행하면 할례가 유익하나 만일 율법을 범하면 네 할례는 무할례가 되느니라

이 아닌 교만의 근거가 되고 만 것이다.

　　이는 오늘날에도 마찬가지다. 우선 많은 사람들이 민족적 정체성과 종교를 같은 것으로 결부시킨다. 영국인이기에 성공회 교인이고, 이탈리아인이기에 천주교인이고, 그리스인이기에 정교회 교인이라는 식이다. 그들은 자신들의 종교를 민족성의 한 부분이라고 생각하며 그것을 자랑스러워한다. 그것만으로 부족하다는 말을 들으면, 자신들의 문화 또는 나라가 모욕당했다고 느낀다.

　　더 나아가 눈에 보이는 하나님의 백성이 되는 것, 곧 교회의 구성원이 되는 것이 자신의 구원을 보장해 준다고 믿을수도 있다. '할례' 대신 다른 말을 대입시켜 바울이 한 말(25-29절)을 읽어 보면 그 의미가 보다 명확해진다.

　　"당신이 세례 받았다는 것이 도대체 어쩼다는 말인가? 교회에 다닌다는 것이 도대체 무엇을 보장해 준단 말인가? 이런 것들이 당신 삶에 진정한 변화를 일으키고 마음에 참된 감동을 줄 때 의미 있는 것이 된다. 참된 기독교는 겉으로 보이는 것과 상관이 없다. 겉으로만 그리스도인이라면 당신은 참된 그리스도인이 아니다. 그리스도인이란 내면이 그리스도인인 사람이다. 중요한 것은 내적인 세례를 받아 마음으로 하나님의 백성이 되는 것이다. 이런 일들은 초자연적이라서 사람이 할 수 있는 것이 아니다."

　　아니면 예수 그리스도가 아니라 단지 기독교만 믿을 수

도 있다. 이것은 보수적이고 복음주의적인 교회 안에서 종종 일어날 수 있는 일이다. 바울이 '죽은 정통주의'라고 일컫는, 성경의 근본적인 가르침에는 명확하게 동의하지만 그것이 마음속에서 어떤 변화도 일으키지 못하는 경우다. 이러한 형태의 '기독교'는 겉으로만 맴돌 뿐 사람의 마음속으로 뚫고 들어가지 못한다. 반면 참된 믿음은 내면에서 바깥으로 작용한다. 다시 말해 내적으로 내가 누구인가 하는 것에서부터 외적으로 내가 행하는 모든 것이 나온다.

죽은 정통주의는 교회 안에서 하나님 앞에 자신이 받아들여졌는지 근본적으로 또한 무의식적으로 확신하지 못하면서도 그리스도인이라고 자처하는 사람들을 키워 내는 종교적인 완충제가 되고 만다. 그래서 매주 일요일, 사람들은 자신에게 아무런 문제가 없다는 것을 다시금 확인하려는 듯 교회로 모여 든다. 교회는 이들에게 제각기 다른 방식으로 확신을 준다.

- "율법주의적인 교회는 행위와 교리에 관한 세부적인 규범을 만든다. 교인들은 자신들의 신앙이 더 경건하고 교리적으로 올바르며, '자유주의자들'이 틀렸다고 반복해서 듣게 된다. 이들은 기능적으로 자신들의 신

---

26 그런즉 무할례자가 율법의 규례를 지키면 그 무할례를 할례와 같이 여길 것이 아니냐

학적인 정확성에 의존한다. 이들에게 건전한 교리란 의로움과 동의어이다.

• "권능 위주의 교회는 하나님의 기적과 특별한 역사를 엄청나게 강조한다. 교인들은 강력하고 감정적인 경험을 반복해서 해야 하며, 놀라운 경험을 맛보아야 한다. 이들은 자신들의 감정과 기도에 대한 극적인 응답에 의존한다. 이들에게 엄청난 감정의 변화는 의로움과 같은 것이다.

• "성직자 중심의 교회는 의식과 전통을 특히 중요하게 여긴다. 죄의식에 눌린 사람들은 음악과 건축의 아름다움, 의식의 장엄함과 신비로움에 마비된다. 이들에게 예배 의식의 엄수는 의로움과 같은 말이다.

물론 신학적인 정확성, 도덕적인 성실함, 믿음 가운데 하는 기도, 복음의 진리가 주는 진한 감동과 아름다운 예배는 모두 좋은 것이다! 하지만 이러한 요소들은 너무나 쉽게 그리고 너무나 어김없이 '죽은 행위들'의 형태로 이용되어서, 그리스도 안에 드러난 의와 우리가 받은 의를 대신하고 만다. 리처드 러브레이스(Richard Lovelace)는 다음과 같이 말한다.

---

27 또한 본래 무할례자가 율법을 온전히 지키면 율법 조문과 할례를 가지고 율법을 범하는 너를 정죄하지 아니하겠느냐

교회에 다니고 있는 많은 사람들이 충분히 성화되지[그리스도인으로서의 성숙과 안정감] 않는 것은 [우리가 하나님께 받아들여지는 근거인] 의롭다 함을 받는 것과 관련해서 그들이 너무 많이 옆길로 샜기 때문이다.[2]

이 원칙이 가진 중요성은 아무리 강조해도 지나치지 않다. 우리는 다시금 자신을 살펴보아야 할 것이다. 하나님의 말씀에 대한 신학 이론 위주의 접근과 죽은 정통주의의 특징인 (무의식적이고) 도덕적인 우월감에는 '내적인 생명력'이 전혀 없다. 중요한 것은 (할례, 세례, 교인 증명서 따위의) 표시가 아니라 그 표시가 의미하는 대로 사는 것이다. 25-27절에서 바울은 세례는 받았지만 믿지 않는 사람이 되기보다 세례를 받지 않았더라도 믿는 사람이 되는 것이 더 낫다고 말한다(둘 다 가능하다). 중요한 것은 "표면적 유대인, 표면적 육신의 할례가 아니라"(28절) "성령에 의한 마음의 할례"(29절)를 받는 것이다.

이것은 생생한 그림이다! 할례 받은 마음이란 영적으로 감화를 받아 부드러워진 마음이다. 어쩔 수 없이 의무적으로 하는 것이 아니라 하나님의 임재와 선하심을 느끼기 때문에 그분에 대한 사랑으로 생명력 있는 기도 생활을 하는 것이다. 그렇다고 그리스도인이 항상 엄청난 경건의 시간을 가진

---

28 무릇 표면적 유대인이 유대인이 아니요 표면적 육신의 할례가 할례가 아니니라

다는 것은 아니다! 이것은 도덕주의자들에게서 찾을 수 없는 것이다. 그들도 전례나 공동 예배, 설교에 사로잡혀서 '감동'을 느낄 수 있겠지만, 하나님이 자신들을 사랑하는지 근본적으로 확신하지는 못한다. 따라서 이들은 주일 오후부터 돌아오는 주일 오전까지 생기가 없고 공허하며 불안하다.

:: 그리스도인들은 이미 할례 받았다

우리 중 그 누구도 마지막 심판의 날 자신이 도덕적이었고, 신학적으로 정통이었고, 경건한 예배를 드렸지만 결국 영적으로 죽은 신자였다는 사실을 깨닫는 일이 없었으면 좋겠다. 우리에게 있어야 할 할례라는 변화는 "마음에 할지니… 율법 조문에 있지 아니한 것"이다. 또한 "영에 있고" 사람에 의한 것이 아니다(29절). 겉으로 할 수 있는 것이 아니며 스스로 할 수도 없다.

그렇다면 희망은 어디에 있을까? 그것은 할례가 의미하는 바에 있다. 왜 할례여야 했는가 하고 물을 수 있다. 하나님이 아브라함에게 당신과의 인격적이고 친밀한 내적인 관계에 대한 표시를 주셨을 때, 왜 하필 "너는 할례를 받을 것이다"라

---

29 오직 이면적 유대인이 유대인이며 할례는 마음에 할지니 영에 있고 율법 조문에 있지 아니한 것이라 그 칭찬이 사람에게서가 아니요 다만 하나님에게서니라

고 말씀하셨을까?(창 17:9-14). 할례가 상징하는 바가 무엇일까?

그것은 언약을 깨뜨리는 것에 대한 처벌을 보여 주는 표시였다. 고대에는 계약을 맺을 때 서명을 하지 않았다. 대신 언약을 깨뜨릴 경우 받게 될 저주를 연기하였다. 그래서 모래를 한 움큼 집어 자신에 머리에 뿌리며 이렇게 말하곤 했다. "오늘 맺은 약속을 어기면 나는 이 먼지처럼 될 것입니다." 혹은 동물을 반으로 가르고 그 사이로 지나가면서 말했다. "만약 내가 이 언약을 어기면 이 동물같이 죽을 것입니다." 이것은 하나님이 아브라함과 언약을 맺을 때 보여 주신 방법이기도 하다(창 15:9-21).

할례는 매우 친밀하고 개인적이고 부드러운 방식으로 포피를 자르는 행위다. 따라서 하나님은 아브라함에게 다음과 같이 말씀하신 것이다. "나와 관계를 맺고 싶다면 네가 언약을 깨뜨릴 경우 완전히 단절되리라는 것을 너 자신과 다른 모든 사람들에게 보여 주는 표시로 할례를 받아야 한다. 언약이 깨지면 너는 다른 사람들로부터, 생명으로부터, 나로부터 단절된다. 너는 정말로 떨어져 나가게 될 것이다."

하지만 누구도 언약을 지키지 못했다(바울은 로마서 2장 전체를 할애해서 이것을 명백히 했다!). 그렇다면 하나님께 나아올 수 있는 사람은 누구인가? 도대체 누가 하나님과 올바른 관계를 맺을 수 있는가?

할례가 의미하는 '단절'은 이미 일어났다. 바울은 (육체적

103

으로 할례 받지 않은) 골로새의 이방인 그리스도인들에게 십자가에 대해 말하고 있다. "그 안에서 너희가 손으로 하지 아니한 할례를 받았으니… 그리스도의 할례니라"(골 2:11). 바울은 그들이 십자가 위의 그리스도 안에서 실제로 할례를 받았다고 말한다.

예수님은 죽음을 통해 모든 것으로부터 끊어지셨다. 당신의 아버지로부터 버림받아 그분으로부터 단절되었다(막 15:34). 그리고 "살아 있는 자의 땅에서 끊어졌다"(사 53:8). 그분은 참으로 할례되었다. 언약을 깨뜨린 자가 받는 저주를 받으신 것이다. 그는 종교적이든 비종교적이든 율법을 지키지 않은 자들이 받아 마땅한 저주를 대신 받으며 고통을 당하셨다. 그분 안에서 우리도 할례를 받았다.

성령이 우리 안에서 일할 때 그분은 우리에게 예수님의 할례를 주신다. 우리가 종교적인 행위를 하든 말든 그것은 문제가 되지 않는다. 우리에게 예수님의 구원을 덧입히시는 성령의 사역을 통해서, 하나님 아버지는 우리를 정죄의 대상이 아닌 칭찬의 대상으로 보신다(롬 2:29). 우리 스스로 칭찬할 필요도 없고 다른 사람들의 칭찬을 받기 위해 살아갈 필요도 없다. 하늘에 계신 우리 아버지가 우리를 아름다운 존재로 보신다!

율법의 조문은 우리를 언약의 저주에 빠뜨릴 뿐 언약의 축복을 받게 하지는 못한다. 우리의 '단절들'을 짊어질 누군가

104

가 필요하다. 오직 하나님만이 우리를 위해 이 일을 하실 수 있다. 당신 아들이 완성한 구원 안에서, 그리고 당신 영의 내적인 역사를 통해서 말이다.

04

●

예외는 없다 모두 죄인이다

롬 3:1-20

●

유대인이나
헬라인이나
다 죄 아래에 있다

지금까지 바울은 하나님 앞에서 우리가 옳다고 여길 만한 모든 근거들을 제거해 버렸다. 따라서 비종교적인 사람들은 물론이고 신앙을 고백하는 그리스도인들도 바울의 글이 거북하기는 마찬가지다. 3장에서는 가차 없이 이렇게 결론 내린다. "율법의 행위로 그의 앞에 의롭다 하심을 얻을 육체가 없나니"(롬 3:20).

:: 바울, 질문에 답하다

바울은 3장 1-8절에서 로마서 2장을 읽고 화가 났을 유대인 출신의 로마 교인들이 제기할 법한 몇 가지 반대 의견에 답한다. 사실 이것은 바울의 주장에서 중요한 부분이 아니고,

오늘날 종종 제기되는 그런 반대도 아니다. 하지만 위대한 복음주의자인 바울은 청중들의 관점으로 자신을 볼 줄 안다. 사도행전 17장 22-31절을 보면 바울은 아테네에서 설교하면서도 청중들이 자신의 가르침에 어떻게 반응할 것인가를 심사숙고해서 그들을 상당히 존중해 주었다. 로마서 3장 1-8절에서 우리는 바로 그 사실을 배우게 된다.

이 구절들을 가장 잘 이해하기 위해 바울과 가상의 독자들 간의 질문과 답변 형식으로 살펴보도록 하자.

> 질　문: 바울 씨, 당신은 성경에 기초한 종교에 아무런
> 　　　　이점도 없다고 말하는 겁니까?(1절)
>
> 답　변: 아닙니다. 나는 그렇게 말한 것이 아닙니다. 하
> 　　　　나님의 말씀을 소유하고 그 말씀을 아는 것은 엄
> 　　　　청난 가치가 있습니다(2절).
>
> 질　문: 알겠습니다. 하지만 많은 사람들이 하나님의 아
> 　　　　들 예수 안에 나타난 의의 복음을 믿지 않았기
> 　　　　때문에 그 말은 공허하게 된 것이 아닌가요? 하
> 　　　　나님이 하신 약속은 어떻게 된 겁니까?(3절)
>
> 답　변: 그 백성들은 약속을 믿지 못하고 멈추었지만, 하
> 　　　　나님의 구원의 약속은 더 나아갔습니다. 우리의

---

1 그런즉 유대인의 나음이 무엇이며 할례의 유익이 무엇이냐

불성실함은 성실하게 약속을 지키는 하나님만 더 돋보이게 할 뿐입니다. 약속을 지키기 위해 하나님이 하신 일을 생각해 보십시오(3-4절).

질 문: 하지만 하나님의 의로움을 돋보이게 하려고 불의가 필요하다면, 하나님이 우리를 심판하시는 것은 부당하지 않습니까?(5절)

답 변: 그런 이유 때문이라면 이 세상 누구도 심판받지 않을 것입니다. 그리고 우리(바울과 종교적인 유대인)는 하나님이 심판하셔야 한다는 것에는 모두 동의합니다(6절).

질 문: 만약 죄를 짓는 것이 하나님을 더 선한 분으로 보이게 한다면, 죄를 더 많이 지어서 하나님의 영광이 더 뚜렷이 드러나게 해야 하지 않을까요?(7-8절)

답 변: 저도 그런 이유 때문에 비난을 받아 왔지만 절대로 그렇게 생각하지 않습니다. 하나님의 사랑을 더 받기 위해 죄를 계속 짓는다는 태도야말로 심판받아 마땅합니다(8절).

---

2 범사에 많으니 우선은 그들이 하나님의 말씀을 맡았음이니라

:: 예외 없이 죄 아래 있다

"그러면 어떠하냐?"(9절). 1장 18절부터 펼쳐온 주장을 결론지을 때가 되었다. 바울은 모든 사람이 '죄 아래' 있다고 말한다. "의인은 없나니"(3:10). '죄 아래'와 '불의한'은 같은 말이다. 불의하다는 것은 위치와 관계된 말이다. 우리가 하나님과 다른 사람에게 잘못을 범했기 때문에 하나님과 다른 사람 앞에 똑바로 서 있지 못하다는 것이다. '죄 아래'는 법률 용어로, 우리가 죄의 시민들이라는 의미이기도 하다. 마치 우리에게 영적인 여권이 있어서, 그것이 우리의 법적인 시민권을 증명해 준다는 것이다. 여권에는 '죄 아래' 혹은 '은혜 아래'라는 도장이 찍혀 있다. 그런데 바울은 어처구니없게도 유대인이나 이방인이나, 종교적이든 비종교적이든 모두 죄 아래 있다고 선언한다. 로마서 1장 18-32절에 묘사된 그대로 소름끼칠 만큼 부도덕하고 방탕한 삶을 사는 사람이나 양심적이고 도덕적으로 사는 사람이나 똑같이 죄 아래 있는 것이다.

이것은 모든 사람이 다른 모든 사람들과 똑같이 나쁘다는 말은 아니다. 오히려 우리가 처한 법적 상태가 같다는 말이다. 우리는 모두 길을 잃었고, 그 면에서만큼은 정도의 차이가 없는 것이다.

하와이에서 일본까지 헤엄쳐서 가려고 하는 세 사람을

---

3 어떤 자들이 믿지 아니하였으면 어찌하리요 그 믿지 아니함이 하나님의 미쁘심을 폐하겠느냐

떠올려 보자. 한 사람은 수영을 전혀 할 줄 모르기 때문에 바닷물에 들어가자마자 버둥대다 가라앉는다. 다음 사람은 수영을 조금 할 줄 알아서 자신의 키 높이까지 허우적거리다 결국은 빠져 버린다. 마지막 사람은 수영 대회 우승자로 오랜 시간 동안 수영을 잘할 수 있다. 하지만 4.8킬로미터 지점에서 지치기 시작해서 6.4킬로미터 지점에서는 모든 힘이 소진되어 8킬로미터 지점에서 익사했다. 이들 중 누가 다른 이들보다 물에 더 많이 빠졌다고 말할 수는 없다! 누가 더 멀리까지 갔는지도 중요하지 않다. 일본 근처에는 아무도 가지 못했고 모두가 물에 빠져 죽고 말았다. 마찬가지로 도덕성에 기대는 종교적인 사람들이나 관능적인 것에 탐닉하는 이교도들 모두 의로운 마음에 도달하지 못했다는 점에선 매한가지다. 모두가 똑같이 길을 잃었고 똑같이 정죄를 받아 멸망할 운명이다. 우리는 예외 없이 모두 "다 죄 아래에 있다"(3:9).

:: 죄가 가진 일곱 가지 효력들

이제 바울은 죄가 우리에게 미치는 영향들을 길게 열거한다. 우리는 자신이 죄인이라는 사실을 인정할 뿐 아니라, 그

---

4 그럴 수 없느니라 사람은 다 거짓되되 오직 하나님은 참되시다 할지어다 기록된 바 주께서 주의 말씀에 의롭다 함을 얻으시고 판단 받으실 때에 이기려 하심이라 함과 같으니라

죄성이 실제로 야기하는 문제들을 파악해야 한다. 바울이 켜켜이 증거를 제시할 때마다 우리는 자신이 누구인지 또 이것이 우리에게 무엇을 의미하는지 냉혹한 현실에 직면하게 된다. 다음은 죄가 지닌 일곱 가지 효력들이다.

첫 번째, '우리의 법적인 상태'이다. 법적으로 의로운 사람은 아무도 없다. 그리고 어떤 행위로도 그 사실을 바꾸지는 못한다. 우리는 죄를 지었고 죄인이라 선고받았다(10절).

두 번째, '우리의 마음'이다. "깨닫는 자도 없고"(11절). 우리의 본성이 죄로 더럽혀졌기 때문에 우리는 하나님의 진리를 이해하지 못한다. "총명이 어두워지고… 그들 가운데 있는 무지함과 그들의 마음이 굳어짐으로 말미암아"(엡 4:18). 무지로 인해 마음이 강퍅해지는 것은 아니다(우리는 하나님을 모르기 때문에 그분을 사랑하지 않는다). 오히려 마음이 강퍅해져서 하나님을 모르게 된다. 죄로 가득한 자기중심성 때문에 우리는 있는 그대로의 실재를 제대로 보지 못한다. 다양한 진실들을 알아보지 못할 뿐 아니라 우리의 생각도 원래의 기능을 하지 못하는 것이다.

세 번째, '우리의 동기'이다. "하나님을 찾는 자도 없고"(롬 3:11). 우리 중 누구도 진정으로 하나님을 찾지 않는다. 도리어

---

5 그러나 우리 불의가 하나님의 의를 드러나게 하면 무슨 말 하리요 [내가 사람의 말 하는 대로 말하노니] 진노를 내리시는 하나님이 불의하시냐

우리가 하는 모든 일 안에서, 심지어 종교나 도덕적인 부분에서조차 하나님으로부터 도망치고 숨는다.

네 번째, '우리의 의지'이다. "다 치우쳐"(12절). 이사야 53장 6절이 떠오르는 부분이다. "우리는 다 양 같아서 그릇 행하여 각기 제 길로 갔거늘." 우리는 고의로 방황한다. 죄를 이렇게 정의할 수도 있겠다. '자신의 길을 스스로 선택할 권리와 자기 결정권에 대한 요구.'

다섯 번째, '우리의 입'이다. "그들의 목구멍은 열린 무덤이요"(롬 3:13). 우리의 입술은 거짓말을 일삼고, 독을 품었으며, 저주와 악독이 가득하다(13-14절). 이것은 마치 시체가 썩고 있는 무덤의 모습과 같다. 입에서 나쁜 말이 나온다는 것은 속이 부패하고 있다는 증거다. 우리는 자신의 이익을 지키고 다른 사람들의 이익에 손상을 주려고 거짓 혀를 사용한다.

여섯 번째, '우리의 관계들'이다. "피 흘리는 데 빠른지라, 파멸과 고생이 그 길에 있어 평강의 길을 알지 못하였고"(15-17절). 이것은 죄가 우리의 관계에 어떤 영향을 끼치는지를 말해 준다. 죄는 서로에게 피해를 입히게 한다. 가끔은 말 그대로 서로 피를 흘리게도 하지만, 대개는 우리가 원하는 길에 걸림돌이 되는 사람들을 밀쳐 내는 방식으로 그렇게 한다. 왜 우리는

---

6 결코 그렇지 아니하니라 만일 그러하면 하나님께서 어찌 세상을 심판하시리요

113

사람들을 향해 화를 낼까? 우리가 원하는 것을 얻으려고 우상에게 나갈 때 그 길을 막았기 때문이다. 그들은 우리를 불편하게 했고, 승진을 막았고, 자제력을 잃게 만들었고, 우리가 맺어야 할 관계까지 대신 누리고 있다. 복음 안에서 하나님이 우리를 용납하신 것을 누리지 못하면, 자신과는 물론이고 다른 사람과도 평화롭게 지내지 못한다.

일곱 번째, '하나님에 대한 우리의 관계'이다. "그들의 눈앞에 하나님을 두려워함이 없느니라"(18절).

이것은 우리를 우울하게 만드는 목록들이다. 여기에는 두 가지 충격적인 주장과 한 가지 뚜렷한 결론이 담겨 있다. 바울은 "하나님을 찾는 자도 없고" "선을 행하는 자"도 없다고 주장한다. 그리고 이 둘에 대한 요약이자 우리 죄를 해결할 수 있는 단서이기도 한 명확한 결론을 내린다. '하나님을 두려워하는 마음이 없다.'

:: 하나님을 찾는 자가 없다?

하나님을 찾는다(3:11)는 의미는 보다 분명하게 이해되어야 한다. 이것은 참된 하나님을 알고 싶고, 찾고 싶고, 그분을

---

7 그러나 나의 거짓말로 하나님의 참되심이 더 풍성하여 그의 영광이 되었다면 어찌 내가 죄인처럼 심판을 받으리요

기뻐하고 싶은 열망과 그 안에서 경배하고 감사하며 즐거워하고 싶은 갈망이다.

많은 사람들은 이같이 말할 것이다. "바울의 주장은 너무 과하다. 교회에 다니지 않는 사람들 중에도 기도하거나 진지한 생각을 가진 사람들이 얼마나 많은데. 그들은 깊이 있게 진리를 찾는 사람들이다. 다른 종교에도 이런 사람들이 있다. 나도 한때는 찾는 자였고, 결국 하나님을 찾았다!"

하지만 바울이 "그 아무도 영적인 축복을 구하지 않고, 자신들의 기도에 응답해 주는 하나님을 찾지 않으며, 영적인 경험과 능력, 평화를 구하지 않는다"라고 말하는 것은 아니다. 사실 너무나 많은 사람들이 그것을 찾고 있기 때문이다. 바울이 말하고 싶은 것은 "그 누구도 자발적으로 또는 자기 자신의 힘으로 하나님을 찾지는 않는다"는 것이다.

바울의 말이 의미하는 바는 이렇다. 어떤 사람이 하나님이 계신지에 대해 지적인 호기심을 가지거나 철학적으로 하나님이 있다고 확신할 수는 있다. 그러나 그것은 하나님을 만나려는 참된 열정이 아니다. 사실 그런 접근들은 모두 참 하나님을 만나는 것을 막을 수도 있다. 우리가 하나님을 지적인 논쟁이나 철학적인 구조의 영역에 국한시켜 버린다면, 실제로는

---

8 또는 그러면 선을 이루기 위하여 악을 행하자 하지 않겠느냐 어떤 이들이 이렇게 비방하여 우리가 이런 말을 한다고 하니 그들은 정죄 받는 것이 마땅하니라

참된 하나님과 만나지 못할 수도 있다.

어떤 사람들은 살면서 문제가 생길 때, 자신의 죄책감을 해결할 용서나, 자신의 근심을 덜어 줄 영적인 평화나, 앞으로 어떻게 살아야 할지 알게 해주는 능력 및 지혜나, 혹은 공허함을 채워 줄 신비한 경험이 필요하다는 것을 깨닫는다. 하지만 그것은 거룩하고 살아 계신 인격적인 하나님을 알고, 또 그분도 나를 알게 되기를 진심으로 구하는 것과는 전혀 다르다. 그것은 하나님이 우리에게 주실 수 있는 것을 구하는 것이지, 하나님 자신을 찾는 것은 아니다.

바울에 의하면, 죄로 얼룩진 자기중심성은 모든 의미와 경험에 관한 우리의 영적 탐구를 통제한다. 따라서 그것은 단지 하나님으로부터 축복을 얻어내려고 애쓸 뿐이다. 나 자신이 삶의 주인이 되어, 하나님이 우리를 섬기고 우리의 필요에 맞추어 주시길 기대한다(혹은 요구한다). 그러면 살아 계신 하나님 앞에 무릎 꿇지 않아도 되고, 우리 삶과 미래의 주도권을 드리지 않아도 되며 그분을 섬기는 만큼 그 관계에서 오는 축복을 즐기게 되는 것이다.

이 말은 진실하게 하나님을 찾는 사람이라면 누구나 자신이 하나님을 찾은 것이 아니라 오히려 발견되었다는 것을

---

9 그러면 어떠하냐 우리는 나으냐 결코 아니라 유대인이나 헬라인이나 다 죄 아래에 있다고 우리가 이미 선언하였느니라

의미한다. 어느 누구도 하나님을 찾을 수 없다면, 분명 자기 스스로가 아닌 하나님의 영으로 말미암아 내면의 변화를 경험한 것이 틀림없다. 예수님은 "나를 보내신 아버지께서 이끌지 아니하시면 아무도 내게 올 수 없으니"(요 6:44-45)라고 말씀하셨다. 바울은 불경건한 자들을 위해 "혹 하나님이 그들에게 회개함을 주사 진리를 알게 하실까"(딤후 2:25) 희망했다. 그분이 어떤 존재이고 우리가 누구인지 알게 되면, 하나님이 우리 안에서 일하시도록 우리가 힘쓴 것이 아니라, 우리가 하나님을 찾을 수 있도록 하나님이 우리 안에서 일하신 것임을 알게 된다.

하나님을 찾는 길을 생각할 때, 우리가 깨달아야 할 것은 우리 자신이 그 길을 찾으려고 애쓴 것이 아니라 하나님이 우리를 오게 하셨다는 것이다. 하나님이 먼저 우리에게 믿음을 주시기로 결심하셨기에, 우리가 믿기로 결단한 것이다. 이 차이를 통해 달라질 것이 있는가? 있다. 우리는 하나님이 우리로부터 숨지 않으셨다는 사실에 기뻐할 수 있다. 우리가 그분에 대해 알고 있는 모든 것들이 실은 하나님이 드러내 주신 것들이라는 사실에 감사할 수 있다. 우리가 먼저 하나님을 찾았다는 그 어떤 증거도 없다는 사실 앞에 우리는 겸손해진다. 우리가 가진 것 중에서 받지 않은 것은 아무것도 없다(고전 4:7). 그리고 "너희 안에서 착한 일을 시작하신 이가 그리스도 예수의

---

10 기록된 바 의인은 없나니 하나도 없으며

날까지 이루실 줄을 우리는 확신하기"(빌 1:6) 때문에 위로를 얻는다. 구원과 관계된 모든 것은 처음부터 끝까지 하나님으로부터 온 것임을 알기에 더욱 감사하며 찬양할 수 있다. 구원은 우리가 하나님을 찾으려고 결심하면서 시작된 것이 아니다. 그것은 하나님이 우리를 선택하시면서 시작된 일이다. 우리의 존재와 소유는 순전히 은혜이다. 그래서 우리는 다음과 같이 노래할 것이다.

"주님, 제가 주를 선택한 것이 아닙니다.
그럴 수는 없습니다.
주님이 절 택하지 않으셨다면 저는
여전히 당신을 거부할 것입니다.
당신의 은혜에 목말라하는 이 마음,
당신 앞에서 아무것도 가진 게 없습니다.
저는 압니다. 만약 제가 당신을 사랑한다면,
그것은 당신이 먼저 사랑하셨기 때문이라는 것을."

:: 선이 늘 선하지 않은 이유

하나님을 찾는 사람이 아무도 없다는 바울의 말이 과장

---

11 깨닫는 자도 없고 하나님을 찾는 자도 없고

되어 보인다면, "선을 행하는 자가 없다"(롬 3:12)는 다음 주장은 터무니없어 보일 것이 분명하다.

어떻게 바울은 이렇게 말할 수 있는가? 어찌 되었건 많은 비그리스도인들은 다양한 모습으로 좋은 일들을 하고 있다. 세상을 보다 좋은 곳으로 만들기 위해 자신의 재능과 물질을 아끼지 않고 베푼다. 예수님 또한 "착한 행실들"(마 5:16)을 하라고 우리에게 명령하셨다.

하지만 이 대목에서 바울이 어떤 종류의 '선함'을 이야기하고 있는지 기억할 필요가 있다. 그의 초점은 하나님과 우리의 관계에서, 우리의 선한 행위들이 어떻게 깨어진 관계를 복원하고 우리 자신의 의를 입증하는지에 맞추어져 있다. 바울은 궁극적으로 우리의 행위들이 우리를 구원하는 데 아무런 소용이 없다고 가르친다. 사실상 선한 행위들은 우리를 의에 가까이 가게 하기는커녕 오히려 의로부터 멀어지게 한다.

성경이 말하는 참되고 선한 행위는 겉모습뿐 아니라 동기까지도 선한 것이다. 만약 당신이 길을 건너는 할머니를 도와준다면, 그것은 하나님의 뜻에 부합하는 행동이다. 그런데 '왜' 할머니를 도와주었는가? 만약 건너편이 어두워서 할머니의 돈을 훔치기 좋아서라거나, (덜 극단적이고 개연성이 있는) 할머니가 고마워하며 당신에게 사례할 것 같아서라거나, 길 저편

---

12 다 치우쳐 함께 무익하게 되고 선을 행하는 자는 없나니 하나도 없도다

에 서 있던 친구가 당신의 행동을 보고 감동받기를 원해서라고 한다면 당신의 착한 행동은 이기적인 마음과 동기에서 나온 것이다. 하나님 보시기에 선한 행동은 자신의 영광이 아닌 하나님의 영광을 구한다(고전 10:31).

19세기 설교가 C. H. 스펄전은 이 문제의 핵심을 꿰뚫는 유명한 이야기를 종종 했다.

아주 오래 전 어떤 왕국의 한 정원사가 엄청나게 큰 당근을 키웠다. 그는 왕을 사랑하는 마음으로 그 당근을 드리기로 결심했다. 당근을 받은 왕은 정원사가 답례로 아무것도 원하지 않는다는 데서 그의 사랑과 헌신을 알아보았다. 그래서 정원사가 돌아가려고 할 때 다음과 같이 말했다. "나의 아들아, 네가 훨씬 더 많은 작물을 재배할 수 있도록 내 땅의 일부를 하사하고 싶구나. 그 땅은 이제 너의 것이다." 정원사는 기뻐하며 집으로 돌아갔다. 어떤 귀족이 이 일에 대해 듣고서 생각했다. "왕께서 고작 당근을 선물로 받고도 땅을 하사하셨다면 멋진 말을 드린다면 과연 무엇을 주실까?" 그래서 왕에게 준마를 선물로 바쳤다. 하지만 그의 속마음을 알아본 왕은 이렇게 말했다. "그대는 내가 정원사에게 그랬던 것처럼 선물을 주

13 그들의 목구멍은 열린 무덤이요 그 혀로는 속임을 일삼으며 그 입술에는 독사의 독이 있고

기를 기대하고 있소. 나는 그리 하지 않겠소. 그대는 정원사와 다르오. 정원사는 나에게 당근을 주었지만 그대는 자기 자신에게 그 말을 주었소."

당신이 그리스도 안에 있는 하나님의 사랑을 알고 그분의 완전한 의를 받아들이는 것 외에는 할 수 있거나 해야 할 일이 없음을 안다면 하나님께 드리는 선물로서 배고픈 사람에게 먹을 것을 주고, 아픈 사람을 찾아가고, 헐벗은 사람을 입혀 줄 수 있다. 하지만 이러한 선한 행위들로 구원을 얻으려 한다면 당신이 먹이고 입히고 찾아가는 사람은 사실 당신 자신이다. 중요한 것은 우리 마음으로 누구를 섬기는가 하는 것이지, 우리 손으로 어떻게 섬기는가가 아니다. 그리스도에 대한 믿음 없이 선한 행위들을 한다면 그것은 하나님을 위한 것이 아니라 우리 자신을 위한 것일 뿐, 진실로 선한 것은 아니다.

그래서 우리의 선함은 그 어떤 것이든 결국에는 부패한다. 하나님의 호의와 축복, 구원을 얻기 위해서 선하게 행동하면, 우리는 잘난 체하고, 자만하고, 자기만족에 빠지게 된다. 반대로 잘못 행동하게 되면 우리는 근심하고 자기연민에 빠져 화가 날 것이다. 복음을 믿는 것과 관계없이 '선한 행위'를 하면 우리 영혼은 부패하게 된다.

---

14 그 입에는 저주와 악독이 가득하고

구원받지 못한 종교적인 사람들이 아니라 구원받은 그리스도인이 되기 위해서 모두가 이것을 이해해야 한다. 그리스도인과 종교적인 사람들의 가장 큰 차이는 죄가 아니라 '착한 행위'에 대한 태도에 있다. 둘 다 죄를 회개하지만 그리스도인만이 잘못된 동기에서 비롯된 착한 행위들을 회개하고, 종교적인 사람들은 오히려 그것들에 의존한다. 18세기의 설교가 조지 휫필드(George Whitefield)는 이렇게 말했다.

> 우리의 훌륭한 의무들은 수없이 찬란한 죄들과 같다. … 우리는 죄에 넌더리를 낼 뿐만 아니라… 우리의 의와 모든 의무와 성과들까지도 메스꺼워야 한다. 먼저 마음의 깊은 회심이 있어야만 당신 마음에서 마지막으로 꺼내야 할 우상인 자기 의(義)로부터 벗어날 수 있다.[1]

:: 경외함이 없다

18절은 바울이 3장 10절부터 말한 바를 요약한 것이다. 하나님에 대한 무지(11절), 하나님으로부터 의도적으로 독립하는 것(12절), 자기중심적인 선한 행위들(12절), 악독한 말들(13-14절)과 행동들(15-17절)은 어디에서 나오는 것일까?

---

15 그 발은 피 흘리는 데 빠른지라

하나님을 경외하는 것은 성경의 중심 개념이다. 성경은 반복해서 말한다. "여호와를 경외함이 지혜의 근본이라"(시 111:10). 이것은 다른 모든 것의 시발점이자, 다른 모든 것을 가로막는 걸림돌이기도 하다. 하나님을 경외한다는 것은 무엇일까? 시편 기자는 놀라운 사실을 이야기한다. "여호와여 주께서 죄악을 지켜보실진대 주여 누가 서리이까 그러나 사유하심이 주께 있음은 주를 경외하게 하심이니이다"(시 130:3-4). 하나님이 죄를 용서하시기 때문에 그는 하나님을 '경외'한다! 따라서 '하나님을 경외함'은 벌 받는 것이 무서워서 비굴하게 움츠리는 것이 아니다. 오히려 하나님의 위대하심 앞에서 마음속의 경외감과 진지하고도 떨리는 기쁨이 드러난 것이다. 이것을 시편 16편 8절은 다르게 묘사하고 있다. "내가 여호와를 항상 내 앞에 모심이여." 시편 기자는 다음과 같이 고백한다. "나의 비밀은 하나님의 위대하심 앞에서 늘 살아가는 것이다. 나는 항상 그분의 영광과 사랑, 능력을 생각한다. 내 인생을 언제나 하나님의 통치 아래 두어, 그분의 빛 가운데 살아간다."

따라서 하나님을 경외함은 바울이 말하는 모든 죄에 대한 해결책이다. 죄가 끼치는 영향 두 가지를 생각해 보자.

첫 번째, 하나님을 찾는 자도 없고(롬 3:11)이다. 죄의 특징은 하나님으로부터 달아나는 것이다. 죄는 하나님을 가공된 것으로 인식하게 해서, 당신이 하나님을 잊게 한다. 이것은 하나님께 가까이 가는 것과 늘 그분을 생각하는 것에 열심인 "하나님을 경외함"과는 반대되는 태도이다. 이것이 우리 앞에 놓인 삶의 두 가지 길인데, 곧 하나님의 실재를 망각할 수도 있고, 알아차릴 수도 있다.

두 번째, "그들의 목구멍은 열린 무덤이요"(13절)이다. 거짓말하고 험담하거나 다른 사람들과 다투거나 제멋대로일 수 있는 것은 하나님의 영광과 사랑이 당신에게 실재하지 않을 때뿐이다.

:: 율법을 깨달을수록 침묵하게 된다

바울은 1장 18-32절에서 하나님의 진노를 받아 마땅한, 죄에 빠진 이교도들을 설명할 때조차도 줄곧 '종교적인' 사람들을 대상으로 말했다. 다시 말해 그는 율법을 지키고, 성경을 믿고, 스스로 의롭다고 생각하는 사람들에게 말하고 있다. 그래서 바울은 3장 10-18절에서 죄의 효력을 묘사하면서 구약 성경을 인용했다. 곧 '율법'이 사람은 모두 같다고 했는데, 바울은 율법이 말하는 사람 속에 이방인뿐만 아니라 유대인도 포함된다는 것을 보여 준다. "무릇 율법이 말하는 바는 율법

---

17 평강의 길을 알지 못하였고

아래에 있는 자들에게 말하는 것이니"(19절). 이것은 율법을 모르거나 율법에 개의치 않는 사람뿐 아니라 율법을 알고 그것을 지키려는 사람에게도 해당한다.

따라서 내가 율법을 잘 안다는 사실이 내가 율법을 잘 지켜서 하나님 앞에 바로 서 있다고 자신 있게 주장할 수 있는 근거가 될 수는 없다. 율법을 잘 알면 도리어 이렇게 된다. "이는 모든 입을 막고 온 세상으로 하나님의 심판 아래에 있게 하려 함이라"(19절). 우리에게 율법이 주어진 것은 우리가 율법을 행함으로써 "의롭다 하심을 얻기"(20절) 위한 것이 아니다. 왜냐하면 우리는 모두 죄에 물들어 있기 때문이다. 율법은 우리가 점검해야 할 표가 아니라 우리가 결코 도달하지 못할 기준이다. "율법으로는 죄를 깨달음이니라"(20절). 아무리 충성스럽고, 친절하고, 사려 깊고, 관대하고, 애정이 깊은 사람도, 하나님의 율법을 읽을 때 이렇게 반응할 수밖에 없다. "나는 죄인이다. 하나님께 나를 변호하거나 내놓을 것이 아무것도 없다. 나는 절망적인 곤경에 처했다."

이것은 암담한 진실이다. 그래도 냉혹한 진실이 달콤한 속임수보다는 낫다. 사실 이것은 우리 자신과 세상에서 일어나는 일들을 더 잘 설명해 준다. 17세기의 수학자이자 철학자인 블레이즈 파스칼(Blaise Pascal)은 이렇게 말했다.

---

18 그들의 눈앞에 하나님을 두려워함이 없느니라 함과 같으니라

이 교리만큼 우리에게 무례한 것은 없다. 하지만 이 신비를 모르고서는 모든 불가해한 것들 가운데 가장 불가사의한 존재인 우리 자신을 이해할 수 없다.[2]

그래서 자기 스스로 구원할 수 없다는 것을 아는 사람은 침묵한다. 존 걸스터너(John Gerstner)는 이렇게 설명한다.

하나님께 가는 길은 넓디넓다. 죄인과 하나님 사이에는 아무것도 서 있지 않다. 죄인은 아무것에도 방해받지 않고 구원자에게 곧바로 나아간다. 방해받을 것은 전혀 없다. 하나님이 불경건한 자들을 의롭다 하셨기에, 어떤 죄도 그를 물러서게 하지는 못한다. 이제 죄인의 '선한 행위들'만이 하나님과 죄인 사이를 가로막을 수 있다. 그를 그리스도께 나아오지 못하게 막는 것은 하나님을 만족시킬 만한 선한 행위들을 자신이 했다는 자기기만 외에는 없다. …그들에게 필요한 것은 결핍밖에 없다. 그들이 반드시 가져야 하는 것은 아무것도 가지지 않는 것이다. …그러나 어떡하랴, 죄인들은 자신의 '선행'과 떨어질 수 없다. 그들이 가진 것 중 실재하는 것은 아무것도 없지만, 그들에게는 모두 실재하는 것이다. 그래서 그들에게

---

19 우리가 알거니와 무릇 율법이 말하는 바는 율법 아래에 있는 자들에게 말하는 것이니 이는 모든 입을 막고 온 세상으로 하나님의 심판 아래에 있게 하려 함이라

은혜는 실재하지 않는 것이 되고 만다. 그들은 선행을 했다는 환상에 사로잡혀 하나님의 참된 은혜를 차갑게 거절한다. 그들은 신기루에 눈이 멀어서 진짜 물을 마시지 못할 것이다. 온 천지에 물이 넘치는데도 그들은 목말라서 죽어 간다.[3]

"복음에는 하나님의 의가 나타나서"(1:17). 우리가 해야 할 전부는 빈손으로 그리스도께 가서 그분의 의를 받는 것이다. 사람들을 구원에서 멀어지게 하는 것은 그들의 죄라기보다는 그들의 선한 행위들이다. 만약 우리가 스스로 선하다고 하면서 자신의 의로서 자기가 한 선행을 하나님께 드린다면, 우리는 하나님이 은혜로 주시는 의를 받을 수 없다. 우리는 우리의 선함을 포기하고, 우리의 반역만이 아니라 종교성도 회개해야 한다. 우리는 말없이 빈손으로 가서 주님이 주시는 것을 받을 필요가 있다.

---

20 그러므로 율법의 행위로 그의 앞에 의롭다 하심을 얻을 육체가 없나니 율법으로는 죄를 깨달음이니라

::

Part 3

복음은
'의가 필요한 당신'을
위한 것이다

ROMANS 1-7
FOR YOU
TIMOTHY KELLER

01

●

하나님의 의는 '값없이' 주어진다

롬 3:21-31

●

모든 믿는 자에게 미치는
하나님의 의니
차별이 없느니라

"그러나 이제"는 바로 전에 한 진술을 번복하는 말로, 절망 밖에 없는 상황에 한 줄기 희망을 비쳐 준다. 그래서 로마서 3장 21절을 시작하는 말로 "그러나 이제"보다 영광스러운 말은 없다. "의롭다 하심을 얻을 육체가 없나니 율법으로는 죄를 깨달음이니라"(20절). …그러나 …이제 바울은 복음의 찬란한 다이아몬드를 높이 들기 위해서 죄로 물든 인간의 검정색 옷으로부터 눈을 돌린다.

:: 완전한 하나님의 의가 주어지다

1장 17절부터 보았듯이 복음은 "하나님으로부터의 의"(3:21) 혹은 "하나님의 의"(ESV)를 드러낸다. 그것은 '보여지는' 복음이기도 하지만 '주어진' 복음이기도 하다. 가끔 번역 때문에 모호해지기도 하는데, 이 절들에서 "의"와 "의롭다 함"은 둘 다 원어가 디카이오수네(*dikaiosune*)로 똑같은 말이다. 따라서 21절은 "그러나 이제 하나님으로부터 한 의가 나타났으니" 혹은 "그러나 이제 하나님의 한 의가 나타났으니"로, 24절은 "값없이 의롭게 되다"로 읽어도 된다.

의란 정당성을 입증하는 일종의 이력서로 인생의 문을 열어 준다. 일자리를 구할 때 우리는 그 자리에 적합하다고 생각하는 모든 경험과 기술을 기록한 이력서를 보낸다. 그러면서 "이것을 보고 나를 뽑아 주세요"라고 말한다. 당신의 경력은 그 자리에 못 미치는 자격이 없으며 당신이 가장 적임자임을 보여 주는 것이다.

모든 종교와 문화는 하나님과의 관계도 이와 똑같다고 믿는다. 단 직업이 아니라 도덕과 영혼에 관련된 경력이다. 제출한 이력서가 좋은 평가를 받으면 당신은 받아들여진다. 그런데 바울이 등장해서 이렇게 말한다. "그러나 이제…" 역사상 처음이자 마지막으로 하나님께 나아가는 한 번도 들어본 적이 없는 길이 나타났다. 하나님의 의, 완전무결한 기록인 하나님의 의가 우리에게 주어졌다.

어떤 철학이나 종교도 이것을 주지 못한다. 복음 바깥에

---

21 이제는 율법 외에 하나님의 한 의가 나타났으니 율법과 선지자들에게 증거를 받은 것이라

서는 우리의 의를 쌓고, 그것을 하나님께 바치면서 "나를 받아 주십시오"라고 해야 한다. 그러나 복음이란, 하나님이 완전무결한 의를 만드신 후에, 그 의를 우리에게 주셔서, 그 의로 말미암아 우리가 하나님께 받아들여지는 것이다. 이것이야말로 복음의 유일무이한 면으로 다른 모든 종교와 세계관, 그리고 인간이 믿는 모든 것을 무효로 만든다.

:: 의는 어떻게 왔는가

22-25절은 의가 죄인에게 어떻게 왔는지 가르쳐 준다.

첫째, "곧 예수 그리스도를 믿음으로 말미암아 모든 믿는 자에게 미친다"(22절). 우리 믿음의 대상은 그리스도이다. 아이젠하워 대통령은 미국이 "그것이 무엇인지는 중요하지 않지만, 내면 깊이 느껴지는 종교적인 믿음의 토대 위에 세워졌다"고 언젠가 말한 것으로 알려져 있다. 이처럼 모호한 태도는 오늘날의 종교에 대한 전형적인 관점으로 종교에 대해 확실한 입장을 취하는 것을 독단적이고 비민주적이라고 폄하한다. 하지만 결정적인 문제는 믿음 자체가 아니라 믿음의 대상이다. 예를 들어 내가 팔에 깃털을 묶은 채 미국에서 영국까지 날아

---

22 곧 예수 그리스도를 믿음으로 말미암아 모든 믿는 자에게 미치는 하나님의 의니 차별이 없느니라 23 모든 사람이 죄를 범하였으매 하나님의 영광에 이르지 못하더니

갈 수 있다고 추호도 의심하지 않을 수 있지만, 그것은 잘못된 믿음이다. 믿음으로 구원받는 것이 아니다. 하나님을 믿는 것으로 구원받는 것도 아니다. 오직 예수 그리스도를 믿음으로 구원받는 것이다.

둘째, 의는 우리 자신의 행위나 노력으로 받을 수 없다. "모든 사람이 죄를 범하였으매 하나님의 영광에 이르지 못하더니"(23절). 우리는 하나님께 영광을 바치고 그분을 찬양하는 영광을 누리게끔 하나님의 형상대로 창조되었다(2:29). 하지만 우리의 죄 때문에 이러한 영광을 상실해서, 하나님께 인정받으며 함께 사는 삶을 누릴 수 없게 되었다.

셋째, 의는 "값없이" 주어졌다(3:24). 이것은 매우 중요한데 사람들이 믿음을 일종의 '행위'나 하나님에 대한 어떤 심리적인 느낌을 깨우는 것으로 오해할 수 있기 때문이다. 어떤 사람들은 믿음을 진지한 항복의 태도나 확실성이나 확신의 상태로 생각한다. 하지만 바울은 의가 "값없이" 온다고 유의해서 말한다. 이것은 예수 그리스도가 "그들이 이유 없이 나를 미워하였다"(요 15:25)고 했을 때 사용된 바로 그 단어다. "값없이"는 완전히 그리고 전적으로 부당하게, 아무런 이유 없이 주어지거나 행해진 것을 의미한다. 우리는 마치 구약 성경에서 하나님이 구원을 위해 율법에 대한 복종을 원하신 것처럼, 이제는

---

24 그리스도 예수 안에 있는 속량으로 말미암아 하나님의 은혜로 값없이 의롭다 하심을 얻은 자 되었느니라

그 요구 사항을 바꾸어 믿음만을 원하시므로, 우리의 믿음이 우리를 구원한다는 교묘한 생각에 빠져서는 안 된다. 이것은 신약과 구약, 율법과 믿음의 역할에 대한 오해에서 기인한 것이다! 신구약 모두 우리에게 구원을 주기에 합당한 것은 그리스도의 사역이라고 말한다. 성경에서 믿음이란 그리스도의 구원 사역을 어떻게 받느냐에 관한 것이다. 믿음은 빈손으로 하나님께 나오는 태도일 뿐이다. 어린아이가 엄마가 줄 것을 믿으며 원하는 것을 달라고 할 때, 아이의 요구 자체에 엄마에게 받을 만한 어떤 자격이 포함되어 있는 것은 아니다. 그것은 엄마의 관대함을 얻는 방법에 불과한 것이다.

이것은 매우 중대한 문제다. 만약 당신이 믿음 때문에 구원받았다고 생각하게 된다면 그리스도를 응시하는 것을 그치고 당신의 믿음에 주목할 것이기 때문이다. 의심에 사로잡히면 삶은 덜컹거릴 것이고, 기분이 들뜨거나 확신이 없으면 근심에 휩싸일 것이다. 그렇게 되는 것은 당신이 믿음을 '행위'로 바꾸는 잘못을 저질렀기 때문이다! 믿음이란 구원을 받게 하는 이유가 아니라 도구일 뿐이다. 이 점에 유의하지 않으면 '내가 구원받은 이유는 내가 예수님을 믿었기 때문이다'라고 생각하여 자랑할 것이 자신에게 있다고 여길 것이다. 이것은 우

---

25 이 예수를 하나님이 그의 피로써 믿음으로 말미암는 화목제물로 세우셨으니 이는 하나님께서 길이 참으시는 중에 전에 지은 죄를 간과하심으로 자기의 의로우심을 나타내려 하심이니

리의 확신을 갉아 먹고, 교만을 드높이는 교묘한 오해다. 27절
은 복음이 어떤 자랑거리도 남겨두지 않는다고 말한다.

넷째, 바울은 우리가 무엇을 믿어야 하는가에 대해서
는 더더욱 구체적이다. 우리는 예수님을 위인이나 영감을 주
는 귀감으로서 존경하는 것이 아니다. 우리는 십자가 위에서
예수님이 이루신 일을 믿는다. 의는 "그의 피를 믿을 때에"(롬
3:25) 오는 것이다. 구원하는 믿음이란 "예수 그리스도와 그가
십자가에 못 박히신 것"(고전 2:2)을 믿는 것이다.

그래서 "모든 믿는 자"(롬 3:22)는 의롭다 함을 받는다. 거
기에는 "차별이 없다." 왜냐하면 모두가 죄인이라서 의를 받을
필요가 없는 사람이 없고, 그리스도가 죄인을 위해 죽으셨기
에 의를 받지 못할 사람이 없기 때문이다.

마틴 로이드 존스(Martyn Lloyed-Jones)는 이렇게 요약했다.

믿음이 있는 사람은 더 이상 자신을 바라보거나 자신에
게 기대를 거는 사람이 아니다. 그는 더 이상 과거와 현
재, 미래의 자기 모습에 주목하지 않는다. 그는 주 예수
그리스도와 완성된 구원만 바라보고 의지한다.[1]

---

26 곧 이 때에 자기의 의로우심을 나타내사 자기도 의로우시며 또한 예수 믿는 자를
의롭다 하려 하심이라

:: 의는 어떻게 오는가

하지만 어떻게 의로운 하나님이(그 존재와 행위가 항상 완전 무결하신) 심판받아 마땅한 죄인들을 의롭게 만드시는 것일까? 어떻게 하나님의 의와 하나님으로부터 오는 의가 동시에 있을 수 있는 걸까? 어떻게 공의의 하나님이 죄인인 우리를 의롭다 할 수 있는가?

"그리스도 예수 안에 있는 속량으로 말미암아 가능하다"(24절). 속량이란 구약 성경에서 사용되던 말이다. 당시 농경 사회에서는 빚을 갚기 위해 자신을 노예로 팔아야 하는 경우가 다반사였다. 하지만 평생 일해도 빚을 다 갚아서 다시 자유인이 되기는 결코 쉽지 않았다. 그래서 하나님은 채무와 노예 상태에 빠진 사람을 사서 다시 자유롭게 해 줄 친족인 고엘 (goel)의 의무를 법으로 제정하셨다(레 25:25). 죄와 죽음과 심판의 노예가 된 우리에게, 빚 진 것을 결코 갚을 수 없는 우리에게, 이제 예수님을 통해 채무에 대한 속량과 자유가 왔다.

아버지는 아들의 구원 사역을 통해 당신의 백성들을 죄 없다고 하신다. 하나님은 "예수를 화목제물로 세우셔서"(25절) 우리를 구속하셨다. 이것이 공의로운 하나님이 죄인들을 옳다고 하시는 방법이며, 불의한 자를 의롭다 하시는 방법이다.

---

27 그런즉 자랑할 데가 어디냐 있을 수가 없느니라 무슨 법으로냐 행위로냐 아니라 오직 믿음의 법으로니라

바울이 여기서 사용한 힐라스트리온(*hilastrion*)이란 단어를 어떻게 번역할 것인가에 대해 학자들 사이에 많은 논의가 있었다. NIV 성경은 "속죄 제물(sacrifice of atonement)"로, KJV, ESV 성경은 "속죄(propitiation)"로 옮긴다. 그런데 RSV와 NEB 같은 몇몇 최근의 성경들은 "죄 값을 치르기(expiation)"라고 번역함으로 바울이 사용한 말의 명백한 의미를 모두 담아내지는 못하고 있다. 죄 값을 치르는 것은 잘못된 행위를 씻는 것이다. 속죄(propitiation)에는 죄 값을 치른다는 의미뿐 아니라 하나님의 진노로부터 벗어난다는 의미까지 담겨 있다. 곧 우리를 대신해서 하나님의 진노를 감당한 예수님의 희생에 의해서, 하나님의 진노가 죄 값을 마땅히 치를 우리를 피해 갔다는 의미다.

따라서 십자가는 심판관인 하나님이 심판받는 곳이다. 이것은 아버지의 계획이었고 아들의 자발적인 희생이기도 하였다. 아들은 어쩔 수 없어서가 아니라 아버지와 우리를 사랑하셔서 이 고난을 겪었다. 그는 피할 수도 있었지만, 그렇게 하지 않았다(막 14:35-36).

만약 하나님이 죄에 무관심함으로써 우리를 용서했다면, 혹은 하나님의 백성을 의롭게 하는 유일한 방법이 심판관으로서의 역할을 포기하는 것이었다면, 그것은 하나님의 완전한

---

28 그러므로 사람이 의롭다 하심을 얻는 것은 율법의 행위에 있지 않고 믿음으로 되는 줄 우리가 인정하노라

의로움에 부합하지도 않을 뿐더러 우리에게 미래에 대한 어떤 확신도 줄 수 없었을 것이다. 하나님이 자신의 아들을 통해 우리를 심판했다는 것은 놀라운 일이다. 존 머리(John Murray)는 이렇게 말한다.

> 하나님은 당신의 진노를 없애기 위해 아들을 죽음에 내몰아 그 피를 흘리게 하실 만큼 진노의 대상인 인간들을 지독히 사랑하셨다.[2]

하나님은 심판을 제쳐 두지 않고, 오히려 당신 자신에게로 돌리셨다. 십자가는 하나님의 진노와 사랑을 절반씩 만족시키는 타협이 아니다. 오히려 똑같은 일을 통해 진노와 사랑 모두를 완전히 충족시킨다. 십자가 위에서 하나님의 진노와 사랑은 둘 다 옳다고 밝혀졌고, 확실히 나타났고, 완벽하게 표현되었다. 둘 다 눈부시게 빛나며 완전하게 이루어졌다. 십자가는 하나님의 심판과 하나님의 의롭다 하는 사랑 모두를 확실히 보여 준다(롬 3:25-26).

---

29 하나님은 다만 유대인의 하나님이시냐 또한 이방인의 하나님은 아니시냐 진실로 이방인의 하나님도 되시느니라

십자가를 깨달으면 바울이 25절에서 말한 "전에 지은 죄를 간과하심으로"의 의미를 이해할 수 있다.

만약 하나님이 구약의 백성들이 지은 죄를 참으로 완전히 용서했다면, 죄에 대해 더 이상 해야 할 일은 없다. 하지만 사실 하나님은 구약 백성들을 위해 아들을 십자가에서 처벌하시기까지, 처벌을 유보하시고 있었을 뿐 용서하시지는 않았다. 달리 말해 하나님은 오래 참으시며 그 죄들에 대한 처벌을 늦추셨다. 구약 성경의 제사와 의식들은 항상 그리스도를 가리키는 예표에 지나지 않았고, (신약 성경의 갈라디아서와 히브리서가 자세히 설명하듯이) 그것들이 빚을 실제로 갚지는 못했다. 하나님은 아브라함과 모세, 다윗과 구약의 인물들이 회개하고 당신의 긍휼을 신뢰했을 때 모두 받아 주셨지만, 장차 있을 그리스도의 구원 사역에 근거해서 그렇게 하신 것이다. 하나님은 이미 당신의 백성을 의롭다 하는 공의로운 심판관이셨다.

:: 의나 의롭다 함을 놓치게 될 때

만약 하나님이 '공의로운' 분이라는 것이나 '의롭게 하는

---

30 할례자도 믿음으로 말미암아 또한 무할례자도 믿음으로 말미암아 의롭다 하실 하나님은 한 분이시니라

분'이라는 사실을 잊어버리면 어떻게 될까? 만약 하나님이 악에 대해 거룩하게 분노만 하시거나 자신을 희생하시는 사랑의 하나님이 아니시라면 우리의 삶은 뒤틀리고 말 것이다.

한편으로 만약 당신이 엄격한 기준을 고수하는 하나님의 관념에 반대한다면, 부모가 만든 한계선들에 완강하게 저항하는 어린아이와 같은 것이다. 그가 부모로부터 독립하는 데 성공하면, 본인은 자유를 만끽한다고 느끼며 살겠지만 실상은 주변 어디에도 의지할 데 없이 혼란스럽게 살아갈 것이다. 자기 자식에게 사랑을 보여 주지 않고 권위를 남용하는 고압적인 부모에 관한 수많은 이야기를 듣는다. 하지만 모든 것을 허용해서 아무 한계선도 정해 주지 않고, 어떠한 본도 보여 주지 않고, 아이들과 결코 대면하지 않는 부모도 사랑이 없거나 파괴적이기는 마찬가지다.

많은 현대인들이 하나님에 대해 사랑하고 무엇이든 허용하는 분이라는 계몽된 관점으로 교육받아서 어떤 확신이나 사랑도 없이 영적으로 고아와 같이 느끼며 실제로 그렇게 살아간다. 그들은 하나님이 냉담하고 무관심하다고 여기다가, 결국에는 존재하지 않는다고 결론짓는다.

다른 한편으로는 하나님이 용서하지 않는, 화가 난 분이

---

31 그런즉 우리가 믿음으로 말미암아 율법을 파기하느냐 그럴 수 없느니라 도리어 율법을 굳게 세우느니라

라고 오해하며 살 수도 있다. 이런 생각 역시 올바른 삶을 살아갈 수 있는 동기부여를 해주지 못할 것이다. 두려움은 사랑을 낳지 못한다. 따라서 자신이 늘 찌그러져 있거나 절망적인 생각, 또는 분노나 반항에 사로잡혀서 항상 사랑 받지 못하고 있다고 느낄 것이다. 엄격한 기준과 심판밖에 없는 하나님을 모시고 산다면, 스스로에게 채찍질하면서도 그 기준에 맞게 살 수 없어서 결국은 하나님으로부터 도망치고 말 것이다.

십자가의 신비는 단번에 하나님의 사랑과 공의를 모두 충족시킨다는 것이다. 하나님은 당신이 만드신 세계가 당신의 기준에 도달하고 우리가 그것에 책임질 수 있도록 해결해 주시는 심판관이다. 또한 우리를 용서하시고 회복시키기 위해 필요한 모든 것을 하시며 우리를 의롭다 하시는 분이다. 그분은 우리의 아버지가 되시기 합당하며, 우리는 그분을 아버지로 삼을 수 있다. 영광스럽고 자유롭게 해주는 십자가에서 우리는 하나님이 "의로우시며 또한 예수 믿는 자를 의롭다 하시는" 분임을 본다(롬 3:26).

:: 자랑할 것이 없다

복음에 대한 바울의 설명은 과연 우리의 감탄을 자아낸다. 그가 이끌어내고 있는 교훈은 무엇인가? "자랑할 데가… 있을 수가 없느니라"(27절).

"자랑"이라는 말은 전쟁터에서 온 말이다. 군인들이 적진을 향해 돌격할 수 있는 확신을 가지려면 어떻게 해야 할까? 그들은 용기를 내기 위해 마음속으로, 그리고 적들을 향해서 이렇게 외친다. "우리는 너희보다 크고 강하다. 군사의 수도 많고 무기도 월등하다. 반드시 너희를 무찌르고 말 것이다." 바로 사무엘상 17장 8-11절에서 골리앗이 이스라엘 진영 앞에서 했던 말이다.

자랑거리는 우리가 하루하루를 확신 속에서 살 수 있게 해준다. 우리는 곧잘 이렇게 말하곤 한다. "나에게는 그것이 있으니까 나는 특별한 사람이야. 그리고 내가 특별하기 때문에 오늘 나를 대적해 오는 것들을 잘 이길 수 있어." 따라서 정체성과 자긍심의 기반은 자신의 자랑거리에서 나온다.

그런데 복음 앞에서는 자랑할 것이 '아무것도 없다.' 왜 그런가? 바울이 말하는 바를 제대로 이해하는 방법은 바울 자신이 겪었던 일들을 살펴보는 것이다. 바울은 빌립보서 3장 5-11절에서 그리스도인이 되기 전에 자신이 어디에 확신을 두었는지, 곧 무엇을 자랑했는지 말해 주고 있다. "나는 팔일 만에 할례를 받고 이스라엘 족속이요 베냐민 지파요 히브리인 중의 히브리인이요 율법으로는 바리새인이요 열심으로는 교회를 박해하고 율법의 의로는 흠이 없는 자라." 이것은 꽤 대단한 자랑거리들이다! 바울의 자랑거리는 명문 집안과 인종적인 배경, 전문직과 교육적인 성취, 탁월한 종교성 및 도덕성을 포함한다.

그러고 나서 바울은 말한다. "나는 그것들을 배설물로 여긴다"(8절). 그것들을 신뢰하지도 자랑하지도 않고, 오히려 부끄러워한다. "나는 이들 중 어떤 것도 필요 없다. 어느 것 하나도 나를 도울 수 없다!" 그러면 바울은 무엇을 위해 그것들을 포기했는가? 바울은 "그리스도를 얻기 위해서"라고 대답한다. 바울은 자랑하는 것과 믿는 것이 정반대여서 동시에 둘 다 가질 수는 없다고 말한다. 믿음의 원칙은 자랑하는 것을 전혀 용납하지 않는데(롬 3:27), 믿음이란 우리를 의롭게 하는 어떤 것도 우리 스스로 할 수 없다는 것을 아는 것이기 때문이다(28절). 예수님을 받아들이려면 자랑거리들을 포기해야 한다.

이것은 얼핏 보는 것보다 훨씬 거슬리고 간단하지 않은 문제다. 바울은 우리가 지닌 모든 정체성과 안전감, 모든 자존감과 자긍심의 근거를 '전혀 용납하지 않고' 모조리 포기해야 한다고 말한다. 왜 그런가? "사람이 의롭다 하심을 얻는 것은 율법의 행위에 있지 않고 믿음으로 되기 때문이다"(28절). 하나님은 당신의 의가 유대인뿐 아니라 이방인에게도 유효하게 하셨다(29절). 그분은 할례자(종교적인 사람들)뿐 아니라 무할례자(비종교적인 사람들)까지도 믿음 안에 있으면 의롭다 하시는 분이다(30절).

우리가 이룬 최고의 성취들도 우리를 의롭게 하지는 못한다. 그것을 깨달을 때 우리는 비로소 자랑을 멈추게 된다!

자신의 것을 자랑하는 것은 물에 빠져 죽어 가는 사람이 한 뭉치의 돈다발을 움켜쥐고서 이렇게 외치는 것과 같다. "괜찮아! 나한텐 이 돈이 있으니까!"

우리에게 주어진 의의 복음을 정말 이해한다면 결코 자랑이 있을 수 없다. 우리는 자신을 자랑하기보다 도리어 그리스도와 그의 십자가를 자랑할 것이다. 바울은 "우리 주 예수 그리스도의 십자가밖에는 아무것도 자랑할 것이 없습니다"라고 말했다(갈 6:14). 그리스도인들은 자신의 힘이 아니라 전적으로 그리스도의 사역만으로 구원받은 존재들이다. 따라서 하나님과의 관계에서나 하나님으로부터 오는 축복에 대해서 내세울 만한 공로가 전혀 없다.

그리스도인의 자랑거리는 자기 자신에서부터 구원의 주님에게로 옮겨간다. 왜냐하면 누구나 자신들이 믿는 대상을 자랑으로 삼고, 그 대상으로부터 확신과 희망을 얻기 때문이다. 십자가로 말미암는 구원의 깨달음은 우리에게 엄청난 확신을 준다. 자신의 행위가 아니라 우리의 죄를 대속해 주신 그리스도에 대한 확신이기 때문이다. 당신은 오늘 하루뿐 아니라 생의 마지막 날까지 이렇게 말할 수 있을 것이다. "나에게는 그리스도가 있어. 그리스도가 나를 대신해서 죽으셨다는 것은 하나님이 나를 보실 때 당신의 아름다운 아들을 보신다는 것을 의미하지. 세상아, 난 네게서 그 어떤 것도 원하지 않아. 너도 내게서 그 무엇도 가져갈 수 없어."

:: 자랑이 사라지면 만족과 자유가 온다

이처럼 우리의 자랑이 행위에서 그리스도로 옮겨 가면 우리는 완전히 변화된다. 실로 사람들의 잘못된 자랑거리들은 수많은 사회 문제들을 만들어낸다. 세 가지 예를 들어 보겠다.

첫 번째, 사람들 간의 분열이다. 모든 편견과 거들먹거림, 적대감은 인종과 사회적 신분, 업적에 대한 자랑에서부터 비롯된다. 자신감을 갖기 위해서는 다른 계급에 속한 사람들보다 자기 자신이 더 낫다고 인식해야 한다.

두 번째, 불쾌한 사실에 대한 부정이다. 우리의 자신감이 인종이나 민족에서 온 것이라면 우리 민족의 악과 흠결에 대해서는 눈을 감아야 할 것이다. 이때 그 모습을 드러내는 것이 인종주의와 계급주의다. 그리고 만약 우리의 자신감이 도덕적인 성취에서 비롯되었다면 자신의 죄나 이기심은 못 본 척해야 한다. 누군가 우리의 종교나 도덕적인 자질에 대해 비판하면 극도로 과민하게 반응할 수밖에 없는데, 이는 도덕적인 순수성이야말로 유일한 장점이라고 자처하기 때문이다. 그것을 상실하면 모든 것을 잃는 것과 같다. 그리고 우리의 자신감이 부모와 자식, 배우자나 동거자의 사랑으로부터 나온다면 우리는 사랑하는 사람의 죄나 그들과의 관계에서 생긴 문제에 대해서도 모른 척할 수밖에 없다. 따라서 필요할 때 '사랑의 매'를 절대 들 수 없다.

세 번째, 불안이다. 우리가 자랑하는 어떤 것이 위협받을 때 우리의 근본적인 안정감은 위기에 직면한다. 우리는 엄청난 공포에 휩싸이기 쉽다.

복음은 우리의 마음가짐을 완전히 새롭게 바꾼다. 다음과 같은 마음이다.

첫 번째, 우리의 마음은 의롭게 되는 교리에 깊이 만족한다. 우리는 이렇게 말한다. "참으로 믿기 어려운 소식이다! 예수님이 내 죄에 대한 값을 대신 지불하셨다니!" 이 얼마나 놀라운 일인가! 완전히 이해할 수는 없지만, 아무리 생각해도 질리지 않는 신비다. 그것은 단지 기계적으로 이해하는 무미건조한 교리가 아니다. 그것은 기쁨의 원천으로 우리 마음을 노래하게 하는 진리다. 우리 자신과 우리가 얻게 된 의, 그리고 우리의 자유와 확신에 관한 것이기 때문이다.

두 번째, 부정에서 오는 새로운 자유이다. 복음은 우리에게 비판과 나쁜 소식, 부정적인 평가를 감당할 수 있는 근거를 준다. 나쁜 소식이나 참담한 실패 때문에 더 이상 흔들릴 필요가 없다. 이제 우리의 과실과 부족함을 더 많이 볼수록 하나님의 사랑이 더 놀랍고 귀하며 그분이 우리를 더욱 사랑하고 있다고 느낀다. 이것은 결정적인 시험이다! 만약 우리가 십자가와 그 대속 제물이신 예수님에 대한 생각을 근본적으로 거부한다면, 그래서 우리의 가치와 용납됨이 행위에 달려 있다고 마음속 깊이 생각한다면, 우리의 죄가 드러났을 때 그 죄가 하나님을 더 가깝게 느끼게 하기보다는 하나님으로부터 도망치게 할 것이기 때문이다.

세 번째, 근심으로부터의 새로운 자유이다. 우리는 서서히 더욱 더 용감해져서 죽음이나 미래, 혹은 다른 사람을 두려워하지 않게 될 것이다. 하나님이 우리 편이라는 것을 알게 되었기 때문이다. "자기 아들을 아끼지 아니하시고 우리 모든 사람을 위하여 내주신 이가 어찌 그 아들과 함께 모든 것을 우리에게 주시지 아니하겠느냐?"(롬 8:32). 우리 안에 있는 가장 큰 두려움을 그분 손에 맡기고, 고난과 위험에 직면할 때 이렇게 말할 것이다. "하나님이 내 편이시기에 죽음도 두렵지 않다. 나의 앞날도 그분의 손에 있다. 하나님은 이 모든 환란을 통해 나에게 필요한 것들을 반드시 주실 것이다." 죽음이 찾아와도 우리 주님이 마지막으로 하셨던 말을 기쁘게 고백할 수 있을 것이다. "아버지, 제 영혼을 아버지 손에 맡깁니다"(눅 23:46).

:: 율법이 무용한가

율법은 우리를 구원할 수 없다. 율법은 우리에게 자랑거리와 자긍심 혹은 자신감에 대한 어떤 근거도 주지 못한다. 하나님의 의와 하나님으로부터 오는 의는 "율법과는 상관없이" 나타났다(롬 3:21). 그래서 "그러면 믿음으로 말미암아 우리가 율법을 폐합니까?"(31절)라고 물으면 확실히 바울은 "그렇다"고 대답할 것 같다. 이제 정답은 십자가에서 주어진 의를 믿음으로 받는 것밖에 없는 것 같다.

하지만 바울은 '전혀 그렇지 않다'고 대답하면서, 율법을 파기하거나 무효로 만들기는커녕 "도리어 율법을 굳게 세우느니라"라고 덧붙인다. 율법에 의해 구원받으려고 애쓰는 사람들보다, 율법과는 상관없이 구원받은 사람들이 '훨씬 더' 율법을 이해하고 사랑하게 된다고 말한다.

어떻게 그럴 수 있는가? 구원의 수단으로 율법을 지키는 것은 파기되고 무효가 되었을지라도, 율법 자체가 파기되거나 율법의 요구 사항이 바뀐 것은 아니기 때문이다. 하나님의 법은 여전히 존재하며 준수되어야 한다. 하나님의 현존 앞에 서기 원하는 사람은 누구나 그것을 지켜야 한다.

복음은 율법이 소용이 없는 것이 아니라 매우 중요한 것이라고 선포한다. 그리스도를 믿는 사람들이 이제까지 그랬듯 율법은 반드시 지켜져야 한다. 구약 시대에 그리스도의 죽음을 어렴풋이 보여 주는 "속죄 제물"이 되기 위해서는 "흠이 없는" 동물이 필요했다(레 4:3, 16:3, 6-17). 왜 그랬을까? 궁극적인 속죄 제물이신 그리스도는 그의 백성의 죄를 떠맡았을 뿐 아니라 율법의 요구를 모두 충족시킨 자신의 의를 그의 백성들에게 전가했기 때문이다. 우리가 그리스도에게 우리의 믿음을 드릴 때 우리의 죄성도 동시에 그리스도에게 주어진다. 그는 바로 이것을 위해 죽으셨다. 그리스도는 하나님의 율법에 대한 자신의 완전한 순종을 우리에게 넘겨주셨다. 그것을 통해 우리를 살리신 것이다. "하나님이 죄를 알지도 못하신 이를 우리를 대신하여 죄로 삼으신 것은 우리로 하여금 그 안에서 하나님의 의가 되게 하려 하심이라"(고후 5:21).

따라서 복음은 율법을 어기는 것이 죽음과 심판을 가져올 정도로 심각하다는 사실과 누군가 대신 율법을 지키지 않으면 어느 누구도 심판을 통과할 수 없다는 사실을 분명히 한다. 이처럼 그리스도의 삶과 죽음 안에서 율법은 파기되는 것이 아니라 굳게 세워진다.

만약 그리스도가 그의 의를 우리에게 전가하기만 한다면 그리스도인의 삶에서 율법은 무효가 되지 않는가? 바울의 말처럼 전혀 그렇지 않다! 그리스도에 대한 믿음 밖에서, 우리가 율법에 대해 마음껏 자유롭게 말한다면, 율법은 아름다우면서도 끔찍한 것이다. 우리는 율법을 통해 보게 되는 완벽한 인물상을 사랑한다. 값없이 용서하고, 원수를 축복하고, 한결같이 너그럽고, 생각이나 행동이 순전한 그런 사람들을 우리는 사귀고 싶어 한다. 인간이 도달할 수도 있고, 또한 그렇게 되어야만 하는 아름다운 인간상이다. 하지만 일상의 모든 면에서 우리는 그 수준에 도달할 수 없기 때문에 그것은 우리를 소름끼치게 만드는 기준이기도 하다.

따라서 당신이 구원받기 위해서 율법에 순종한다면 다음 둘 중의 한 가지를 행하고 있는 것이 틀림없다.

하나는, 율법을 더 쉽게 지킬 수 있도록 율법의 요구를 완화시킨다. 당신이 지켜야 할 율법의 명령이 가볍고 지킬 수 있는 것이길 원한다. 당신이 원하는 것은 "네 이웃을 네 자신과 같이 사랑하라"가 아니라 "술을 마시지 마라"와 "교회에 출석하라"이다.

또 다른 하나는, 율법의 요구에 도달하지 못할 것을 알기 때문에 율법에 짓눌려 있다. 부족한 자신을 미워하거나 하나님의 요구를 만족시킬 수 없기 때문에 회심하기 전의 루터처럼 하나님을 미워하게 될 것이다.

위의 둘 중 어떤 것을 취하든 율법을 무효화하는 것이다! 우리는 복음을 통해서만 율법의 완전한 기준들을 인식하고 굳게 세우게 된다. 왜냐하면 우리는 율법이 죽음을 가져올 만큼 하나님께 매우 중요하지만, 또한 율법이 더 이상 우리에게 죽음을 의미하지 않는다는 사실을 잘 알기 때문이다. 그러므로 우리는 지킬 수 없는 율법을 무시하거나 그것에 짓눌릴 필요가 없다. 우리는 얼마든지 율법의 절대적인 도덕성에 경의를 표할 수 있으며, 율법이 요구하는 정의에 대해서도 깊은 관심을 가질 수 있다. 우리는 스스로 안전할 수 있고, 다른 사람들을 판단하지 않을 수 있고, 우리에게 잘못한 사람들을 용서할 수 있고, 우리 자신의 결점이나 실패에 짓눌리지 않을 수 있다. 왜냐하면 복음이 율법을 굳게 세우도록 우리를 자유롭게 하기 때문이다.

02

●

하나님은 '믿는 자'를 의롭다 하신다

롬 4:1-25

●

일을 아니할지라도
경건하지 아니한 자를
의롭다 하시는 이를 믿는 자에게는
그의 믿음을 의로 여기시나니

바울은 그리스도를 믿음으로만 의롭다 함을 받는다고 단
언했다. 이 믿음은 율법을 자랑하거나 내세우는 것을 조금도
허용하지 않는다. 이제 바울은 자신의 주장을 뒷받침하기 위
해서 아브라함과 다윗을 증인으로 신청한다. "그런즉 육신으
로 우리 조상인 아브라함이 무엇을 얻었다 하리요"(1절). "다윗
이 말한 바"(6절).

이것은 아주 절묘한 한 수다. 아브라함은 유대인의 조상
이다. 하나님이 이스라엘의 선조인 아브라함에게 그의 후손들
을 큰 민족으로 만들고 하나님이 주신 땅에서 하나님의 복을
받게 하겠다는 약속을 주셨을 때, 이스라엘이라는 민족이 시

---

1 그런즉 육신으로 우리 조상인 아브라함이 무엇을 얻었다 하리요

작되었다(창 12:1-3). 또한 다윗은 이스라엘의 가장 위대한 왕으로 그가 통치할 당시 이스라엘은 최고의 전성기를 구가하였다. 한편 바울은 1장에서 3장까지 줄곧 행위로 의로워진다고 주장하는 민족주의적인 유대인들에 맞서 왔다. 그렇다면 바울과 유대인 중에 누가 아브라함과 다윗의 의견에 일치할 것인가? 이것이 로마서 4장이 던지는 질문이다.

:: 자랑할 것이 아무것도 없다

첫 번째 가능성은 "아브라함이 행위로써 의롭다 하심을 받았다"(2절)인데, 이 말에서 아브라함은 구원받는 믿음과 순종이 같은 것임을 보여 주었다. 그렇다면 아브라함은 "자랑할 것이 있었을 것입니다"가 논리적으로 맞는 결론이다. 믿음과 순종이 같다면 구원받은 우리들은 하나님과 다른 사람들 앞에서 우리의 순종을 자랑할 것이다. 왜냐하면 구원의 진짜 장본인은 순종을 행한 우리 자신이기 때문이다.

하지만 바울은 곧바로 그런 결론을 내릴 수 없다고 말한다. 왜냐하면 아브라함이라 할지라도 "하나님 앞에서는 자랑할 것이 없기" 때문이다(2절). 하나님 앞에서 자신이 한 일을 자

---

2 만일 아브라함이 행위로써 의롭다 하심을 받았으면 자랑할 것이 있으려니와 하나님 앞에서는 없느니라

랑하고 자신이 순종한 모든 것들을 이야기하는 아브라함의 모습은 상상하기 어렵다. "결단코 누구도 이렇게 하지 못한다"고 바울은 말한다.

실제로 성경도 아브라함이 자랑할 것이 없었다고 증언한다(3절). 3절은 4장 전체에 걸쳐 지극히 중요한 단어인 로기조마이(*logizdomai*)로 시작한다. 이것은 "여겨지나니"(3, 4, 5, 6, 9, 10, 11, 22, 23, 24절) 또는 "인정하는"(8절)으로 번역된 말로 회계에서 "~으로 치다"라는 의미를 가지고 있다. 다시 말해 무엇으로 여긴다는 것은 이전과 다른 신분을 새롭게 부여하는 것이다. 한가지 예로 부동산 거래 중에 '구입하기 위해서 월세를 내는' 집이 있다. 월세를 내지만 집을 구입하기로 결정되면 이전에 낸 월세들을 주택융자금 납입으로 친다. 전에 낸 월세에 주택 융자금이라는 새로운 지위가 부여되는 것이다.

3절에서 바울은 창세기 15장 6절을 인용하면서 아브라함의 믿음이 "그에게 의로 여겨진바 되었느니라"라고 말한다. 이것은 무엇을 뜻하는가? 하나님이 살아 계시고, 순종과 예배를 받으시기 합당하시다는 것을 믿는 데서 의로운 삶이 나오는 것은 맞지만, 그렇다고 단지 믿음이 의를 낳는 것은 아니다. 왜냐하면 아브라함의 믿음이 그 자체로 의로운 것이어서 하나

---

3 성경이 무엇을 말하느냐 아브라함이 하나님을 믿으매 그것이 그에게 의로 여겨진 바 되었느니라

님의 은혜와 복을 받기에 합당한 것은 아니기 때문이다.

이것보다 훨씬 대단한 것이 있다. 믿음이 의로운 것으로 여겨진다는 말은 마치 아브라함이 의로운 삶을 사는 것처럼 하나님이 대하신다는 의미다. 아브라함의 믿음은 의롭지 않지만, 하나님은 그가 마치 의로운 것처럼 여기신다. 더글러스 무 (Douglas J. Moo)는 이렇게 말했다.

> 창세기 15장 6절과 같은 문법 구조로 쓰인 다른 절들을 비교하면 아브라함의 믿음을 의롭다고 여기는 것은 본질적으로 그에게 없는 의를 그에게 돌리는 것이라고 결론 내리게 된다.[1]

아브라함 자신은 의롭지도 완벽하지도 않았지만, 하나님은 마치 그런 것처럼 그를 대하셨다. 지금도 하나님은 죄로 물들고 불완전한 우리를 여전히 사랑하시고 받아 주신다. 이것을 마르틴 루터는 그리스도인은 의로우면서도 동시에 죄로 물들었다고 표현했다.

로마서 4장 5절의 "경건하지 아니한 자를 의롭다 하시는 이"라는 너무나 놀라운 진술은 이러한 해석을 뒷받침한다. 곧

---

4 일하는 자에게는 그 삯이 은혜로 여겨지지 아니하고 보수로 여겨지거니와

우리가 의롭다고 여겨질 때도 우리는 여전히 불의하다는 것이다.

따라서 의롭다 함과 의롭다고 여겨짐은 같은 것이다. 의롭다 함을 받는 것은 의롭다고 여겨짐을 받는 것이다. 바로 이 것을 마르틴 루터는 '수동적인 의'로, 그리고 신학자들은 '전가 된 의'로 해석하였다.

바울이 4절에서 설명하듯이 우리의 의는 행위에 대한 보상이든지 행위와는 무관하게 인정받는 것이든지 둘 중 하나다. 누군가 돈을 받는다면 그것은 일한 대가로 받는 임금이거나 일과 무관한 선물일 것이다. 임금이 공짜라고 여겨지지 않는 것은 '의무'를 포함하고 있기 때문이다. 구원이 선물이 아니라면 당신의 고용주가 당신에게 임금을 지불하듯이 하나님도 우리를 구원해야만 한다. 물론 이것은 창세기 15장 6절을 포함한 성경 전체의 대의에 어긋난다.

:: 구원받는 믿음이란

"믿음은 순종과 같다"는 주장과 대조적으로 바울은 믿음이 하나님이 구원을 위해 베푸신 것을 신뢰하는 것이라고 단

---

5 일을 아니할지라도 경건하지 아니한 자를 의롭다 하시는 이를 믿는 자에게는 그의 믿음을 의로 여기시나니

언한다. 로마서 4장 5절은 구원받는 믿음이 다음과 같이 이루어졌다고 한다.

- 한 종류의 믿음이 끝나고
- 다른 종류의 믿음이 시작되는 것

첫째, 구원받은 사람은 일하지 않는다(5절). 이것은 구원받은 사람이 율법을 무시한다는 의미가 아니다(3:31). 다만 순종을 구원의 방편으로 더 이상 신뢰하지 않는다는 것이다. 그리스도인이란 순종하기를 멈추는 것이 아니라 구원받기 위한 순종을 그만두는 사람이다!

둘째, 구원받은 사람은 불의한 자를 의롭게 하시는 하나님을 믿는다(5절). 그리스도인이란 자신의 노력과는 상관없이 하나님께 구원받는 길이 있다는 것을 믿는 사람이다.

따라서 구원받는 믿음은 '신뢰하는 대상의 전환'을 의미한다. 다른 것들 대신 하나님을 구원자로 바라고 신뢰하는 것이다. 5절은 우리가 의롭게 되기 위해 자신을 신뢰하는 것을 멈추고, 하나님을 신뢰하기 시작하면, 우리가 의롭다 인정받게 된다고 결론 내린다.

지금도 많은 유대인 주석가들은 이러한 믿음에 대한 바울의 정의에 당혹스러워한다. 한스 요하힘 쇱스(Hans-Joachim Schoeps)는 이렇게 적고 있다. "믿음이란 율법의 요구를 충족시

6 일한 것이 없이 하나님께 의로 여기심을 받는 사람의 복에 대하여 다윗이 말한 바

키기 위해 열심을 다해 순종하는 것이다. …믿음과 순종을 완전히 대립해서 보는 바울의 입장은 유대교 사상가들에게는 늘 알아들을 수 없는 것이었다."

:: 아브라함이 하나님을 믿으니

아브라함이 하나님을 단순히 믿었기 때문에 구원받지는 않았다. 5절은 아브라함이 "경건하지 아니한 자를 의롭다 하시는 하나님을 믿는 자"였음을 상기시켜 준다. 구원받는 믿음이란 하나님이 저기 계신다고 믿는 것이 아니다. 더욱이 구원하시는 하나님을 믿는 것도 아니다. 그것은 하나님이 은혜로 구원하시는 길을 약속하실 때 그분을 믿는 것이다.

당신은 하나님이 계시고 그분이 사랑이시며 거룩하시다는 것을 매우 굳세게 믿을 수 있다. 그리고 성경이 하나님의 거룩한 말씀이라는 것을 믿을 수 있다. 하나님을 몹시 경외할 수도 있다. 그럼에도 불구하고 당신은 자신의 종교적인 성취와 도덕적인 인격, 직업, 부모에 대한 공경으로 스스로를 구원하고 의롭게 하려고 할 수 있다.

구원받는 믿음을 '신뢰하는 대상의 전환'이라고 하는 이유는 당신이 무엇을 신뢰하고 있는지 확인하고서, 당신이 바

---

7 불법이 사함을 받고 죄가 가리어짐을 받는 사람들은 복이 있고

라고 신뢰하는 대상을 (일반적인 하나님에 대한 관념을 포함한) 다른 모든 것에서 구원자이신 하나님께로 옮겨 가는 것이기 때문이다.

D. 제임스 케네디(D.James Kenndy)는 다른 사람들과 복음을 나누고 싶다면 다음과 같은 질문으로 시작해 보라고 제안한다.

> 오늘 밤 죽어서 하나님 앞에 선다고 가정해 봅시다. 만약 하나님이 "왜 너를 천국에 들여보내야 하지?"라고 물으신다면 무엇이라고 대답할 것인가요?[2]

질문을 이렇게 바꾸어도 된다. "천국이 바로 앞에 있다고 잠깐 가정해 보자. 천국에 들어가기 위한 요구 사항이 무엇이라고 생각하는가? 왜 누구는 들어가고, 누구는 못 들어가는가?"

이런 질문을 받은 교회 출석자들 가운데 대다수가 다음 중 한 가지로 대답하는 것은 놀라운 일이다.

(a) 왜냐하면 나는 좋은 그리스도인이 되기 위해서 최선을 다했기 때문이다.

(b) 왜냐하면 나는 하나님을 믿었고 그분의 뜻을 행하기

---

8 주께서 그 죄를 인정하지 아니하실 사람은 복이 있도다 함과 같으니라

위해 노력했기 때문이다.

(c) 왜냐하면 나는 내 마음을 다해서 하나님을 믿었기 때문이다.

이것은 교묘한 질문이 아니다. 이 대답들은 믿는다는 것과 믿음을 가지고 있다는 것이 무엇을 의미하는지에 대해 사람들이 흔히 잘못 생각하고 있는 것을 잘 보여 준다. (a)는 '행위에 의한 구원'이라고 대답한다. (b)는 '믿음 위에 행위를 더한 구원'이라고 대답한다. (c)는 '믿음이 행위가 된 구원'이라고 대답한다. 이들 모두 종교적이긴 하지만, '일하지 않는' 사람들은 아니다(5절). 모두가 참된 신뢰의 전환을 이루지 못했다. (c)의 경우는 심지어 자신의 신뢰를 신뢰하고 있다! 이들 모두 복음으로 인한 영광스러운 해방을 놓치고 있다. 구원받는 믿음에 대한 이러한 오해로 말미암아 불안과 근심, 자신감의 결여, 영적인 교만, 비판에 대한 과민 반응, 그리고 도덕적인 일탈로 망연자실하게 된다.

따라서 믿음에 대한 이러한 정의는 종교적인 사람들과 비종교적인 사람들 모두에게 상처를 입힌다. 겉보기에 종교적인 사람들은 믿음이 있는 것 같고 비종교적인 사람들은 믿음이 없는 것 같다. 하지만 종교적인 사람들도 자신이 스스로 만든 의를 신뢰한다는 사실과 한 번도 직면해 보지 않았기 때문

---

9 그런즉 이 복이 할례자에게냐 혹은 무할례자에게도냐 무릇 우리가 말하기를 아브라함에게는 그 믿음이 의로 여겨졌다 하노라

에, 다른 이들과 마찬가지로 길을 잃고 말았다.

구원받는 믿음은 완전한 변화를 일으킨다. 만약 믿음이 순종과 같다면, 우리는 자신과 자신의 능력을 믿는 것과 같다. 그래서 성공하면 교만에 빠지거나 자랑하고, 실패하면 자신을 혐오하거나 절망하게 된다. 하지만 믿음이 구원에 대한 하나님의 약속을 신뢰하는 것이라면, 우리가 믿는 것은 하나님과 하나님의 능력이다. 그렇게 되면 우리는 '아브라함이 발견했던' 겸손과 확신을 가지게 된다.

:: 죄인이지만 의롭다고 인정받다

바울은 "다윗도 같은 것을 말하였다"고 한다(6절). 다윗은 자랑할 만한 것들이 많았다. 가령 그는 왕이었고, 영토를 확장해서 평화를 가져 왔고, 하나님의 임재인 언약 궤를 중심으로 예루살렘을 자신의 수도로 건설했다. 하지만 다른 한편으로는 자신의 죄성에 짓눌렸다. 그는 간음을 했고, 음모를 꾸며 살인을 저질렀다(삼하 11장). 강력한 권력을 누렸지만 또한 죄로 물들었던 다윗은 "일한 것이 없이 하나님께 의로 여기심을 받는 사람의 복"을 발견했다. 로마서 4장 7-8절에서 바울은 다윗이 쓴 시편 32편을 인용한다. 다윗이 '범죄하지 않는 사람들, 순종

---

10 그런즉 그것이 어떻게 여겨졌느냐 할례시냐 무할례시냐 할례시가 아니요 무할례시니라

하여 죄를 짓지 않은 사람들은 복이 있다'라고 하지 않은 것에 주목하자. 다윗은 자신이 범죄자이며 죄인이라는 것을 알았지만, "주께서 그 죄를 인정하지 아니하실 사람"이기 때문에 자신이 복 받은 사람이라고 고백했다(롬 4:8). 의롭다고 인정받는 상태란 당신의 죄가 당신에게 불리하게 여겨지지(logizdomai) 않는 것을 의미한다. 당신은 죄를 짓지만 죄가 당신을 정죄하지 못해서, 하나님 앞에서 당신의 신분에 영향을 주지는 않는다.

의롭다고 인정받는 복을 안다는 것은 진실하게 자기 자신을 보고, 또한 자유롭게 되는 유일한 길이다. 우리가 그것을 모른다면 하나님은 의로우시고 의로운 사람만 용납하신다는 진리에 무지하거나 바로 그 진리 때문에 짓눌리게 될 것이다. 또한 우리는 자신의 범죄에 눈을 감고, 변명을 늘어놓거나 체념할 것이다. 하지만 우리에게 구원받는 믿음이 있으면 우리는 자신의 흠결과 실패를 제대로 볼 수 있다. 우리는 죄가 죄인에게 불리하게 인정되지 않는 죄인, 곧 의로운 죄인이 되는 복을 알기 때문에 실패할지라도 자신을 일으켜 세울 수 있다.

:: 구원과 할례, 그리고 율법

9절에서 바울은 논의의 주제를 "아브라함이 무엇을 얻었

---

11 그가 할례의 표를 받은 것은 무할례시에 믿음으로 된 의를 인친 것이니 이는 무할례자로서 믿는 모든 자의 조상이 되어 그들도 의로 여기심을 얻게 하려 하심이라

다 하리요"(1절)로 바꾸면서 여전히 용서의 복에 대해 고찰하고 있다(7-8절). 이 복이 "할례자에게냐 혹은 무할례자에게도 냐"(9절). 바울은 아브라함의 '믿음'에 할례가 포함되어 있다고 넌지시 말하는 관점을 반박하려는 듯하다. 유대인들은 할례를 유대 민족의 일원이라는 표시로 여겼다. 할례는 하나님의 백성이자 유대인으로서 일치감을 표현하는 종교적이고 문화적인 상징이었다.

따라서 아브라함이 "할례를 받고 나서"(10절) 의롭다고 여겨졌다면, 아브라함은 자신의 의로움의 근거가 되는 하나의 행위, 곧 할례를 '알아냈다'고 주장할 수 있을 것이다. 하나님의 옛 백성인 유대인에게만 유효한, 의롭게 되는 행위 말이다.

하지만 사실은 아브라함이 의롭다고 여기진 것은 "할례 시가 아니요 무할례시"다(10절). 아브라함은 창세기 17장에 이르러서야 할례를 받는데, 이미 그는 창세기 15장 6절에서 의롭다고 인정을 받았다. 할례는 그를 의롭다고 간주하는 조건이 아니라 그가 이미 의롭다 함을 받았다는 것의 "표와 인침"이었다(롬 4:11). 할례는 영적인 실재에 대한 육체적인 표시다. 하지만 영적인 실재는 육체에 표시가 있느냐 없느냐에 좌우되지 않는다.

따라서 바울은 11-12절에서 만약 아브라함이 할례가 없

---

12 또한 할례자의 조상이 되었나니 곧 할례 받을 자에게뿐 아니라 우리 조상 아브라함이 무할례시에 가졌던 믿음의 자취를 따르는 자들에게도 그러하니라

이 믿음만으로 구원받았다면, 할례 받지 않은 비유대인들도 할례가 없이 같은 믿음으로 구원받을 것이라고 추론한다. 아브라함의 삶의 연대기는 하나님이 유대인과 이방인 모두 "같은 믿음을 통하여" 의롭다 하신다고 바울이 이미 3장 29-30절에서 설명했던 원리를 증명해 준다.

4장 13-17절에서 바울은 믿음에 관한 두 가지 주장을 비교한다. 아브라함이 세상의 상속자가 될 것이라는 약속을 받은 것은 "율법으로 말미암은 것이 아니다." 왜 그런가? "율법" 은 아브라함이 살았고 구원받았던 때보다 약 오백년 후에 모세를 통해서 주어진 것이기 때문이다. 아브라함은 율법을 몰랐기 때문에 율법에 순종할 수 없었다. 그러면 아브라함은 어떻게 구원을 받았을까? 하나님의 약속을 신뢰했기 때문에 구원받았다.

사실 율법은 구원에 이르는 경로일 수 없다. "만일 율법에 속한 자들이 상속자이면 믿음은 헛것이 되고 약속은 파기되었느니라 율법은 진노를 이루게 하나니"(14-15절). 율법으로 살아가면 (선물이 아니라 율법을 지킨 대가를 신뢰하는 것이므로) 약속된 것을 받지 못한다. 약속이 어떤 형태든 율법의 준수에 의존한다면 (바울이 이미 2장과 3장에서 상세히 설명했듯이) 누구도 율법을 지킬 수 없기 때문에 그것은 아무 소용이 없다. 율법이 할 수

---

13 아브라함이나 그 후손에게 세상의 상속자가 되리라고 하신 언약은 율법으로 말미암은 것이 아니요 오직 믿음의 의로 말미암은 것이니라

165

있는 것은 우리에게 부족한 것이 무엇인지 보여 주는 것밖에 없다. "율법이 없는 곳에는 범법도 없느니라"(15절). 바울이 율법을 모르면 죄책감도 못 느낀다고 말하는 것은 아니다. 범죄란 알면서도 의도적으로 경계선을 넘어 가는 것이다. 만약 내가 모르고 사유지를 침입하면 불법 침입에 해당하지만, 내가 '사유 재산, 출입 금지'라는 팻말을 보고서도 침입하면 명시적으로 법을 알면서도 깨뜨렸기 때문에 나는 불법 침입에 범법자가 된다. 따라서 율법을 아는 것은 우리를 상속자로 만드는 것이 아니라 오히려 이중으로 죄를 짓게 만든다.

그러므로 그 약속이 은혜가 되기 위해서는 믿음의 방법 밖에는 없다(16절). 왜냐하면 구원받는 믿음이란 우리에게 구원이 "보장되었다는"(16절) 하나님의 약속을 신뢰하는 것이어서 우리의 순종이 아닌 하나님의 약속을 의지하기 때문이다. 그 약속은 율법을 받은 유대인뿐만 아니라 아브라함의 믿음에 속한 이방인에게도 마찬가지로 유효하다. 3절에서와 같이, 바울은 하나님이 아브라함을 "많은 민족의 조상"(17절, 창 17:5 참조)으로 삼으실 것을 약속한 구약 성경으로 자신의 주장을 입증한다. 아브라함은 믿음 안에서 우리의 조상이고, 이제 전 세계에 걸쳐 그의 자녀들이 있다. 구원의 선물을 이스라엘에게만 제한하는 것은 하나님의 약속과 모순된다.

---

14 만일 율법에 속한 자들이 상속자이면 믿음은 헛것이 되고 약속은 파기되었느니라

:: 아브라함 : 믿음에 대한 사례 연구

바울은 로마서 4장 17-25절에서 아브라함의 삶을 고찰하며 이를 '자녀'인 우리가 따라야 할 참되고 살아 있는 믿음의 사례로 소개하고 있다. '하나님을 믿는 것'이 무엇을 의미하는지 아브라함은 세 가지로 보여 주고 있다.

첫 번째, 진실은 우리가 느끼거나 보게 되는 것보다 더 위대하다. "그는 자기 몸이 죽은 것 같고"(19절). 하나님은 아브라함에게 후손을 약속하셨지만(창 12:2,7) 그에게는 자식이 없었다. 그는 백세나 되었고 그의 아내 사라의 태는 죽은 것 같았다(롬 4:19). 다른 곳에서 바울은 이렇게 말하고 있다. "이는 우리가 믿음으로 행하고 보는 것으로 행하지 아니함이로라"(고후 5:7). 믿음이 이성과 반대되는 것은 아니지만, 가끔씩 감정이나 겉모습과 맞지 않을 때가 있다. 아브라함은 자신의 몸에서 아무런 희망도 가질 수 없었다. 하지만 그는 보이는 것으로 판단하지 않았다. 이것은 믿음이 인생 전반에 대한 순진한 낙관주의도 아니고 자기 자신을 믿는 것도 아니라는 것을 말해 준다. 오히려 정반대다. 믿음이란 우리의 연약함이나 감정, 인식에도 불구하고 무엇인가에 근거해서 나아가는 것이다.

두 번째, 하나님에 관한 사실들에 집중하는 것이다. 아브라함의 눈에는 약속이 이행될 수 없다는 것이 빤히 보였지

---

15 율법은 진노를 이루게 하나니 율법이 없는 곳에는 범법도 없느니라

만 "하나님께 영광을 돌리며 능히 이루실 줄을 확신하였다"(롬 4:20-21). 이것은 믿음이 다만 생각 없이 상황에 반응하는 것이 아니라, 심사숙고한 것을 끈덕지게 행동으로 옮기는 것임을 보여 준다. 아브라함은 하나님의 능력에 대해 깊이 생각했다. 그는 자신에게 후손을 약속한 하나님이 "죽은 자를 살리시며 없는 것을 있는 것으로 부르시는 이"(17절)라는 것을 믿었다. 우리는 이렇게 답을 찾아 가는 아브라함을 상상해 볼 수 있다.

'창조주 하나님이 살아 계신다면 그분은 무슨 일이든 못 할 것이 없다. 비록 나와 사라 모두 나이가 많긴 하지만, 그분 은 하늘에 태양과 달을 매다시고 두 손으로 모래처럼 많은 별 들을 하늘에 뿌리신 분이다! 어리석게도 우리의 나이가 그분 께 장애물이 되리라고 생각했구나!'

믿음은 하나님에 관해 생각하고 그분에 관한 사실들에 집중하는 것이다. 물론 지금 우리에게는 하나님에 관한 훨씬 더 많은 사실들과 그분의 사랑과 능력에 관한 더 위대한 증거 들이 있다. 우리는 하나님이 사라의 불임의 태를 생명의 태로 바꾸셨다는 것을 안다(창 21:1-2). 그 능력은 당신의 아들을 다 시 살리시는 모습에서 절정에 이른다. 하나님이 어떤 분이시

---

16 그러므로 상속자가 되는 그것이 은혜에 속하기 위하여 믿음으로 되나니 이는 그 약속을 그 모든 후손에게 굳게 하려 하심이라 율법에 속한 자에게뿐만 아니라 아브라 함의 믿음에 속한 자에게도 그러하니 아브라함은 우리 모든 사람의 조상이라 17 기록 된 바 내가 너를 많은 민족의 조상으로 세웠다 하심과 같으니 그가 믿은바 하나님은 죽은 자를 살리시며 없는 것을 있는 것으로 부르시는 이시니라

고 무엇을 하실 수 있는지 깊이 생각한다면 우리는 아브라함보다 훨씬 더 많은 것을 근거로 나아갈 수 있다!

세 번째, 하나님의 말씀을 있는 그대로 믿는다. 아브라함은 "약속하신 그것을 또한 능히 이루실 줄을" 확신했다(롬 4:21). 하나님을 '믿는' 것은 하나님에 관해 생각만 하는 것이 아니라 그분의 말씀을 믿는 것이다. 감정과 평판, 그리고 상식이 하나님의 약속과 상반되어서 앞으로 나아갈 만한 어떤 근거도 없을 때조차 말씀 안에서 하나님을 붙잡는 것이다. 믿음은 하나님이 약속하신 것을 바라보면서 그것이 당신을 위한 진실이되게 하는 것이다.

아브라함이 우리에게 제시하는 믿음을 굳세게 하는 방법들을 살펴보도록 하자.

첫 번째, 하나님에 대해 더 많이 안다! 하나님에 대해 공부하고 고찰하고 묵상한다. 아브라함은 하나님에 대해 자신이 아는 것을 토대로 자신의 연약한 감각을 극복할 수 있었다. 우리도 아브라함과 같이 할 필요가 있다.

두 번째, 힘들 때도 하나님의 약속과 말씀 위에 서서 행동한다. 이러한 약속들을 실재라고 여기면, 우리의 믿음은 살아 있게 된다. 예컨대 우리는 너그럽게 베푸는 자를 돌보아 주

---

18 아브라함이 바랄 수 없는 중에 바라고 믿었으니 이는 네 후손이 이같으리라 하신 말씀대로 많은 민족의 조상이 되게 하려 하심이라 19 그가 백세나 되어 자기 몸이 죽은 것 같고 사라의 태가 죽은 것 같음을 알고도 믿음이 약하여지지 아니하고

신다는 하나님의 약속을 믿기 때문에 경제적으로 힘들어도 관대하게 베풀 수 있다(말 3:9-10). 당신이 진실을 말하면 친구를 잃거나 어떤 모임에서 소외당할지도 모르지만, 그것이 역사의 주인이며 사람의 마음을 다스리는 하나님을 기쁘게 해드린다는 것을 알기 때문에 그렇게 한다.

아브라함의 삶은 참된 믿음의 삶이 어떤 것인지 우리에게 보여 준다. 바울은 아브라함이 "믿음이 없어 하나님의 약속을 의심하지 않았다"고 한다(롬 4:20). 하지만 창세기에 나오는 아브라함의 이야기는 그가 동요했다는 것을 암시하고 있다! 그는 하나님의 약속에 대해 의문을 제기했고(창 15:2), 사라의 정체에 대해 속였고(창 12:10-16), 더욱이 사라의 여종인 하갈과 동침하여 약속 받은 후손을 직접 가지려고 했다(창 16장).

아브라함은 늘 믿음대로만 살지 않았다. 그의 순종은 불완전했고 신뢰도 수시로 오락가락했다. 그러나 믿음이 완전히 식는 법은 없었다. 자신의 흠결과 실패에도 불구하고 하나님의 약속을 붙잡았다. 그는 실제로 "믿음으로 견고하여졌다"(롬 4:20). 아브라함은 실수한 후에도 이렇게 말했다. "이제 다시 생각하니 약속을 이루기 위한 나의 유일한 희망은 하나님의 약속과 그분을 신뢰하는 것밖에는 없구나."

믿음의 삶은 완벽하지 않다. 다만 하나님이 하시겠다고

---

20 믿음이 없어 하나님의 약속을 의심하지 않고 믿음으로 견고하여져서 하나님께 영광을 돌리며 21 약속하신 그것을 또한 능히 이루실 줄을 확신하였으니

한 말씀을 붙잡고 약속을 지키시는 하나님께 더욱 가까이 나가는 것이다. 그 과정에서 인생의 분투와 기쁨, 실패를 맛보는 것이다. 믿음이란 우리가 하나님의 약속을 신뢰하는 그때, 우리가 "의롭다고 여겨"질(22절) 것을 아는 것이다.

바울은 창세기 15장 6절의 아름다운 말들이 "아브라함만 위한 것이 아니요 의로 여기심을 받을 우리도 위함이니"(롬 4:23-24)라고 말한다. 우리에게 구원받는 믿음이란 무엇인가? "곧 예수 우리 주를 죽은 자 가운데서 살리신 이"(24절)를 믿으며, 아들의 죽음과 부활이 "우리가 범죄한 것 때문에… 우리를 의롭다 하시기 위하여"(25절)라는 하나님의 약속을 신뢰하는 것이다. 아브라함의 믿음은 한 후손에 대한 약속에 있었고, 우리의 믿음은 그의 자손 가운데 한 사람이 그것을 성취한다는 하나님의 말씀에 있다. 이것이야말로 우리가 누구인지를 정의하고 우리의 삶을 분명하게 해주는 약속이다.

:: 의롭다 함이 차이를 만든다

바울은 아브라함과 다윗을 증인으로 불러 할례와 율법이 있기 전 '믿음으로 의롭다 함'이 먼저 있었다는 자신의 주장을

---

22 그러므로 그것이 그에게 의로 여겨졌느니라 23 그에게 의로 여겨졌다 기록된 것은 아브라함만 위한 것이 아니요

입증했다. 구원받는 믿음이 있는 사람이라면 과거에 이미 의롭다고 인정받았고, 지금도 그렇고, 앞으로도 그럴 것이다.

바울은 이어지는 다음 장에서 우리가 믿음으로 의롭다 함을 받을 때 나타나는 몇 가지 특징들을 말하고 있다.

- '자랑하지 않음.' 우리의 의는 주어진 것이므로 하나님께 영광을 돌리게 되고 우리 자신에 대해서는 희망과 겸손함을 지니게 된다(2-3, 20절).

- '움츠리지 않음.' 우리 자신은 비록 죄로 물들었지만 이미 그 죄 값이 치러졌다는 것을 안다. 이제 우리에게 불리한 죄는 사라졌고, 오히려 우리의 것이라 인정되는 의가 자리하고 있다. 따라서 감사하고 기뻐하며, 깊은 안정감의 복을 누리게 된다(6-8절).

- '위대한 정체성.' 아브라함의 자손인 우리는 그가 지녔던 믿음을 통해 하나님이 인류 역사에서 행하시는 위대한 계획 가운데 일부로 포함되었다(12-17절). 이를 통해 우리가 이 세상에서 하는 일을 이해하고 인생의 목적의식을 가진다.

- '완전한 확신.' 이 세상에서 기업을 받고 새로운 세상에서 영생을 누릴 것이라는 약속은 은혜로 주어진 것이며 우리의 성취가 아닌 약속을 지키시는 하나님의

---

24 의로 여기심을 받을 우리도 위함이니 곧 예수 우리 주를 죽은 자 가운데서 살리신 이를 믿는 자니라

능력에 달려 있다(16절). 그래서 우리는 실패로 인한 절망감이나 미래에 대한 두려움 없이 살아갈 수 있다.

- '희망이 사라졌을 때 희망함.' 아브라함과 사라에게는 하나님의 약속에 대한 희망밖에는 없었다. 그리고 그것은 그들에게 필요한 모든 것이었다(18절). 그리스도 안에서 우리가 의롭게 될 수 있다는 하나님의 약속 외에는 영생에 대한 어떠한 희망도 우리에게는 없다. 비록 살아가면서 우리를 즐겁게 하는 것을 잃을 수도 있고 사랑하는 것을 빼앗겨서 슬픔에 빠질 수도 있지만, 인생이 살 만한 가치가 없다고 희망을 잃거나 절망하지는 않는다. 하나님을 믿는 사람은 무엇에든 맞서서 이렇게 말할 수 있다. "나에게는 하나님의 약속이 남아 있다. 그것으로 충분하다."

---

25 예수는 우리가 범죄한 것 때문에 내줌이 되고 또한 우리를 의롭다 하시기 위하여 살아나셨느니라

03

●

의롭다 여김 받은 사람의
넘치는 유익들

롬 5:1-11

●

우리 주
예수 그리스도로 말미암아
하나님과 화평을 누리자

의롭다 함은 변화를 가져 온다. 우리의 삶이 어디를 지향하는지 뿐만 아니라 좋을 때와 (더 놀랍고 불가사의하게) 나쁜 때도 어떻게 행동하고 느끼는지에 모든 차이를 만들어 낸다. 바울은 의롭다 함이 현재에 주는 유익들로 로마서 5장을 시작하고 있다.

:: 우리가 의롭다 함을 받았기 때문에

1절은 이중의 도입부로 구성되어 있다. 바울은 5장의 처음을 그가 이제까지 설명한 진리들의 결과라는 의미에서 "그러므로"란 말로 시작한다. "우리가 믿음으로 의롭다 하심을 받았으니." 아브라함과 다윗은 믿음으로 의롭다 함을 받는다는 위대한 교리에서 나오는 유익들을 알았고 그 안에서 살았다. 그것은 마침내 십자가 위에서 나타나 영원히 확증되었다. 바울은 이렇게 말한다. "우리가 보아 온 모든 것들에 비추어 볼 때 의롭다 함은 다음의 세 가지 실제적인 변화를 가져 온다."

첫째, 하나님과 화평하다(1절). 이것은 하나님의 평강과 같은 말이 아니다(빌 4:7). 하나님의 평강은 환난이나 절박함 가운데서도 마음이 고요하고 흔들리지 않는 것이다. 하나님의 평강이 있으면 세상의 걱정거리가 있어도 그 평강이 사라지지 않는다. 그것은 주관적인 것이다. 하지만 하나님과 화평이 있다는 것은 하나님과 우리 사이의 적대적인 상태가 이제 끝났다는 의미다. 하나님과 화평한 것은 하나님을 향하여 화평한 것이다. 그것은 객관적이어서 내가 행복하고 안전하다고 느끼는 것과 무관하다.

'하나님과 화평함'은 구원이 이루어질 때까지 하나님과 우리 사이에 전쟁이 계속된다는 의미이기도 하다. 우리가 하나님께 불순종하면 두 가지 일이 벌어진다. 우선 당신이 죄를 지으면 당신은 그분의 법을 어겼을 뿐 아니라, 자기 자신과 세상에 대한 주권을 주장한 것이 된다. 하지만 하나님도 같은 것에 대한 주권을 요구하신다. 두 세력이 동시에 한 영토에 대한 통치권을 주장하는 곳에는 언제나 전쟁이 있다. 또 하나 우

---

1 그러므로 우리가 믿음으로 의롭다 하심을 받았으니 우리 주 예수 그리스도로 말미암아 하나님과 화평을 누리자

리의 불순종은 하나님과 우리 사이에 문제가 있다는 것을 의미한다. 단지 우리가 그분께 적대적이라는 의미가 아니다. 이미 바울은 하나님의 진노가 우리에게 임했다고 말했다(롬1:18). 로마서 1장에 나오듯이 하나님의 진노는 우리의 분노와는 그 성질이 다르다. 그것은 앙심이나 복수심에서 나오는 것이 아닌 법적인 것이다. 그 법에 따라 우리에게 형이 선고되었고 그것은 폐기될 수 없다. 우리가 원한다고 해서 죄 값이 없어지는 것이 아니다.

이것은 법적인 문제이기 때문에 우리가 하나님과 화평하기를 원한다고 해서 그렇게 될 수 있는 것도 아니다. 우리가 "하나님과 화목하게 되었은즉 화목하게 된 자"(9-10절)가 되기 위해서는 하나님께서 우리를 향한 진노를 거두셔야만 가능하다. 이렇듯 하나님과 더불어 화평하게 되는 것은 우리가 이룰 수 있는 일이 아니다.

둘째, "우리가 서 있는 이 은혜에 들어감"이 있다(2절). 여기에 사용된 그리스어 프로사고게(*prosagoge*)는 '가까이 가져가다' 혹은 '소개하다'라는 의미다. 누군가 소개를 해주어야 친분을 만들 수 있듯이, 은혜에 들어간다는 것은 고위인사와 친분을 형성하기에 유리한 위치가 우리에게 주어졌다는 말이다. 그러므로 그리스도 안에 있다는 것은 우리가 왕실 보좌로 안내 받아 그곳에 머문다는 의미이며, 세상 어디를 가든 천국 왕실 안에 늘 머물러 있게 된다는 뜻이다.

'하나님과 화평'하다는 것은 불화가 끝났다는 것 이상의 의미가 있다. 의롭다 함은 부정적인 적대감을 없애는 것만이 아니라 좋은 관계가 형성된다는 긍정적인 측면도 포함하고 있다. 이것은 하나님과 친밀한 관계가 된다는 의미이다. 이제 우리는 어려움과 실패 속에서도 언제나 간구하며 하나님께 나아갈 수 있다.

셋째, 하나님의 영광을 바란다(2절). 이것은 장차 있을 하나님의 영광에 참여할 것이라는 확실한 기대다. 영어의 '소망'은 의미를 전달하기에 다소 부족하다. '소망한다'는 것은 확신 없이 무엇인가를 원한다는 의미다. 하지만 그리스어 엘피스(*elpis*)에는 확신이라는 숨은 뜻이 있다. 그리스도인의 소망은 희망이 포함된 기원이 아니라 희망으로 채워진 확신이다.

이러한 유익이 세 번째로 오는 이유는 우리가 하나님과 화평을 누리고 그분께 다가갈수록, 하나님과 대면하기를 더욱 갈구하고 천국의 영광에 대한 기대로 확신에 차서 더욱 전율하게 되기 때문이다. '천국' 그 자체로는 추상적이고 시시해 보일 수도 있다. 하지만 하나님께 다가가서 실제로 그분의 임재를 조금이라도 경험한다면, 아마도 영원히 하나님의 천국 보좌 앞에 머물기를 갈망하게 될 것이다. 이러한 천국에 대한 갈망과 집중, 그리고 기쁨에 찬 확신을 "영광에 이르게 될 소망"이라고 부른다.

이 같은 세 가지 유익은 구원의 과거, 현재, 미래의 모습이기도 하다. 그리스도 안에서 우리는 과거로부터 자유롭게 되었다(반역과 죄로 얼룩진 우리의 옛 기록들은 지워졌고 우리는 하나님과 화평을 누린다). 지금 우리는 하나님과 개인적 친분을 누리며 자유롭다. 장차 우리는 하나님의 영광의 충만하고 놀라운 임재 가운데 확실히 자유로운 삶을 살게 될 것이다.

:: 환난 가운데 즐거워하다

이처럼 하나님의 의 안에는 매우 놀라운 유익들이 있다. 하지만 인생은 복잡해서 즐거운 만큼 슬픔도 함께 있다. '잘 나갈' 때는 이러한 유익들을 맛보고 즐거워할 수 있겠지만 '힘들 때'는 어떨까? 화평과 하나님께 나아감, 그리고 미래의 영광이 어떤 차이를 만들어 내는 것일까?

바울은 모든 차이를 만들어 낸다고 말한다. 우리는 영광의 소망 안에서 즐거워한다(2절). 이뿐 아니라 환난 중에도 즐거워한다(3절). 바울은 이렇게 말하고 있다. "우리에게는 이러한 기쁨이 있을 뿐 아니라, 이 기쁨은 슬플 때도 여전히 우리 안에 남아 있고, 심지어 그 슬픔 속에서도 기쁨을 발견하게 해 준다."

바울의 이 말이 환난을 즐기라는 뜻은 아니다. 그것은 자기학대일 뿐이다. 하지만 실제로 어떤 사람들은 자신의 무가치함과 죄책감을 극복하기 위한 수단으로 환난을 겪는 것이 대가를 지불하는 방법이라 여기며 환난을 즐기기도 한다. 이들은 평탄하게 살아 온 사람들을 보면서 그들이 환난을 겪지 않았기 때문에 피상적이고 감사할 줄 모른다고 생각하며 우월감을 느낀다.

행위로 의롭게 된다는 또 다른 형태로서 환난이 이용되기도 한다! 어떤 사람들은 자신들이 힘든 삶을 살았기 때문에 하나님의 인정과 은혜를 받을 자격이 있다고 느낀다. 요컨대 자신의 환난을 은혜의 복음으로 '통과시키지' 못한 사람은 우쭐대거나 회의감에 빠져들 수 있다.

하지만 그리스도인들은 환난 가운데 즐거워한다. 실제로 환난 자체에는 어떠한 기쁨도 없다. 하나님은 세상의 고통과 환난을 미워하시기 때문에 우리도 그렇게 해야 한다. 하지만 그리스도인은 환난이 유익한 결과를 가져 온다는 것도 안다. 그리스도인은 이를 악물고 환난을 맞아들이는 금욕주의자가 아니다. 오히려 환난을 통해 더욱 확신 가운데 나아간다. 이것은 환난이 기쁨과 확신에 대한 그들의 감사를 더욱 증폭시킬 것을 알기 때문이다.

환난이 주는 긍정적인 결과에는 어떤 것들이 있을까? 행위가 아닌 은혜로만 의롭다 함을 받는 것을 아는 사람들에게 환난이 어떤 영향을 끼치는지 바울이 말하는 바를 살펴보자.

---

2 또한 그로 말미암아 우리가 믿음으로 서 있는 이 은혜에 들어감을 얻었으며 하나님의 영광을 바라고 즐거워하느니라

바울은 환난이 연쇄작용을 일으킨다고 한다.

첫 번째, 환난은 "인내"를 이룬다(3절). 인내란 실제로 '한 마음'을 뜻한다. 환난은 참으로 중요한 것에 '집중하도록' 우리를 돕는다. 진정으로 지속될 것을 기억하게 만들어 우선순위를 다시 정하게 한다. 환난은 우리를 산만하게 만드는 것을 없애 준다.

두 번째, 인내는 "연단"을 이룬다(4절). 연단의 참 의미는 '시험을 거쳤다'는 뜻이다. 이것은 어떤 경험을 겪은 후 가지게 되는 흔들리지 않는 확신이다. 이런 확신은 어떠한 어려움에도 불구하고 자신의 의무를 다했을 때 오는 것이며 우리를 더욱 침착하게 만들기도 한다. 예를 들면 결승전에 처음 올라가는 스포츠 팀은 이전에 결승전에 올라가 본 경험이 없기 때문에 경기를 어렵게 풀어갈 수 있다. 하지만 지난 시즌에 결승전을 치러 본 '시험을 거친' 팀은 덜 초조할 것이다. 이전에 결승전에 올라가 봤기 때문에 경기를 잘 해낼 수 있는 것이다. 첫 번째 단계 없이는 두 번째 단계도 없다는 것을 명심하자. 올바른 우선순위에 집중하게 되었다면 환난을 지나고 나서 더 큰 확신을 가지게 될 것이다.

세 번째, 이 모든 것이 "소망"을 자라게 하는데, 소망은 자기 안의 평강과 하나님께 나아감, 그리고 장차 있을 영광에

---

3 다만 이뿐 아니라 우리가 환난 중에도 즐거워하나니 이는 환난은 인내를,

대한 확신을 더 강하게 보증해 준다. 환난은 자신과 앞날에 대한 불안 때문에 내면 깊은 곳에 만들어 놓은 우리의 우상들을 제거하게 한다. 그리고 환난은 참된 소망과 확신을 발견하게 해주는 하나님께로 우리를 몰아간다.

바울이 3-4절 바로 다음에 5절의 내용을 첨가한 것은 한 마음으로 하나님께 기도하고 순종하며 확신 가운데 자라는 그리스도인이라면 환난 가운데서도 오히려 하나님의 큰 사랑을 경험할 것이라는 의미인 것 같다. 많은 그리스도인들이 환난 가운데 더 큰 하나님의 임재와 사랑을 느꼈다고 증언하는데, 환난이 더욱 하나님께 집중하고 그분을 신뢰하게 만들었기 때문일 것이다.

바울이 주장하는 요지는 환난이 (의롭다 함의 열매 중 하나인) 소망에 이르는 연쇄작용을 일으키는 것을 볼 때, 의롭다 함의 유익이 환난에 의해 줄어들기는커녕 더 커진다는 놀라운 사실이다. 달리 말해 은혜로 의롭다 함을 받는다는 것을 명확히 이해하고서 환난을 맞는다면, 그 은혜 가운데 우리의 기쁨이 깊어진다는 것이다. 반면 행위로 의롭게 된다는 생각으로 환난을 맞이한다면 그 환난으로 인해 성장하는 것이 아니라 오히려 무너지게 될 것이다.

자신을 의롭다고 여기는 사람은 스스로 만든 기준만큼

---

4 인내는 연단을, 연단은 소망을 이루는 줄 앎이로다

자신이 살지 못한다는 것을 알아도 결코 그것을 인정할 수 없기 때문에 내면 깊은 곳이 늘 불안하다. 그래서 환난이 닥치면 즉시 자신의 죄 때문에 벌을 받는다고 느낀다. 그들은 하나님의 사랑을 확신할 수 없다(5절). 하나님이 그들을 사랑한다는 믿음은 기반이 불안하여 환난이 올 때 흩어져 버린다. 환난은 그들을 하나님께로 몰아가지 못하고 오히려 멀어지게 한다. 그러므로 환난을 겪을 때 비로소 우리가 참으로 신뢰하고 바라는 것이 우리 자신인지 하나님인지 드러나게 된다.

:: 나의 경우는 어떠한가

이런 사실이 당신이 겪고 있는 특정한 상황에 도움을 주는가? 그리스도인으로서 당신이 지금 경험하고 있는 특별한 어려움이나 시험에 대해 생각해 보자. 아래의 질문들을 자신에 대한 '사례 연구'로 삼아 스스로에게 물어보자.

- 환난이 올 때 한 마음으로 집중하게 되는가? 그것이 중요하지 않은 것에서 중요한 것으로 시선을 옮기도록 도와주는가? 그것이 하나님이 하신 일과 기도에 더욱 집중하게 도와주는가?
- 자신이 겪었던 환난이 연단을 낳았는가? 당신은 자신의 두려움에도 불구하고 끝까지 해내었는가? 그 모든

것을 겪음으로 인해 성숙하고 확신을 가지게 되었는
가? 불안과 두려움이 줄어들었는가?

- 환난으로 인해 당신은 더 깊은 하나님의 임재와 사랑
을 경험했는가? 하나님과 더 친근하게 되었는가?

이러한 변화들이 없다면 왜 그런지 분석해 보자.

그것은 당신 의지의 실패인가? 아니면 단지 하나님을 찬
양하고 묵상하며 시간을 보내는 데 실패한 것인가? 아니면 어
려운 상황을 모면하기 위해 하나님께 불순종했는가?

복음을 이해하는 데 실패했는가? 고통 때문에 하나님의
사랑을 의심하게 되었는가? 의심하는 것은 인간으로서 자연스
러운 반응이지만, 어쨌든 당신은 의심을 해결했는가? 얼마나
빨리 의심을 떨쳐버리는지가 당신이 얼마만큼 '믿음으로 의롭
다 함'을 이해하는지 보여 주는 표시가 될 것이다.

하나님은 환난을 이용하셔서 한 사람이 특정한 죄에 대
해 '깨어나도록' '개입'하실 수 있다는 것을 기억하자. 사실 사
랑하는 마음이 있어야 개입하게 된다. 마치 사랑하는 부모가
걱정 가운데 고집불통인 자식을 대하듯이 하나님도 필요하다
면 우리를 따끔하게 대하실 수 있다. 당신이 그리스도인이라
면 하나님은 당신이 받을 모든 형벌을 이미 그리스도께 전가
시키셨다. 당신이 받을 모든 진노는 예수의 가슴에 떨어져서
거기서 삼켜지고 흡수되었다. 그것은 영원히 사라졌다. 하나님

은 당신이 받을 진노를 남겨 두지 않으셨다. 이제 환난을 대할 때 하나님이 짓누르기 위해서가 아니라 당신이 누리는 유익들에 더욱 감사하게 하기 위해서 주시는 것으로 보아도 된다. 환난으로 인한 기쁨이란 당신의 건강과 재산, 그리고 안락함을 잃는 것이 당신의 기쁨이 되는 것이 아니라, 이러한 환난에도 불구하고 당신의 기쁨이 사라지지 않는다는 사실이다. 이것은 복음에 대한 믿음으로만 얻을 수 있다.

:: 참된 확신은 성령을 통해서 온다

로마서 5장 5절에서 바울은 다음과 같은 예상 질문을 던지고 있다. "이 영광의 소망이 옳다는 것을 어떻게 확신할 수 있는가? 그것이 단지 바람(wish)일 수도 있지 않는가? 그것이 진리라고 어떻게 확신하는가?"

바울은 그리스도인이 가지는 이중적인 확신에 대해 말한다. 하나는 내적이고 주관적이며 다른 하나는 외적이고 객관적인데, 둘 다 필요하다.

첫째, 5절은 우리가 하나님의 사랑을 경험하기 때문에 하나님이 우리를 사랑하신다는 것을 알 수 있다고 한다. "소망이 우리를 부끄럽게 하지 아니함은 하나님의 사랑이 우리 마음에 부은 바 됨이니." 이것은 성령을 통해서 온다. 따라서 모든 그리스도인은 하나님의 사랑을 내적으로 경험한다. 바울은 성령

의 역사가 대체로 온화하고 부드럽지만 꽤 강력한 경험일 수
도 있다는 것을 보여 준다.

내적인 하나님의 사랑을 강하게 경험할수록 우리의 확신
과 소망, 능력은 점점 더 커진다. 이러한 내적 확신이 강한 사
람들은 기도와 묵상, 삶의 균형과 순종을 많이 경험하고 훈련
한 사람들이다.

몇몇 그리스도인들은 매우 강력하게 이런 내적 확신을
경험했다. 17세기 초 잉글랜드의 청교도 리처드 십스(Richard
Sibbes)는 성령의 역사에 대해 매우 감동적으로 표현하고 있다.
다음은 그것을 쉽게 풀어 쓴 글이다.

> 때때로 우리 영혼은 시험을 견디지 못한다. 따라서 가끔
> 성령의 즉각적인 증언이 필요하다. 성령이 '내가 너의 구
> 원이다' 하시며 임하면 우리의 마음은 말할 수 없는 기쁨
> 으로 요동치며 위로를 받는다. 이 기쁨에는 정도의 차이
> 가 있다. 어떤 때는 매우 명확하고 강력해서 아무것도 묻
> 지 않게 되지만, 다른 때는 곧 이어 의심이 일어나기도
> 한다.[1]

그와 같은 시대에 살았던 윌리엄 거스리(William Guthrie)는
다음과 같이 묘사하고 있다.

목소리를 들을 수는 없지만, 그것은 우리 영혼을 생명과 사랑, 자유로 채우는 영광의 광채이다. 다니엘에게 '큰 은총을 받은 사람이여!'라고 한 것과 같다. 혹은 부활의 아침에 막달라 마리아에게 들렸던 음성과 같다. 주님은 '마리아야' 하시며 그녀의 이름을 부르셨고 그녀가 주님의 것이라는 사실을 더 이상 의심하지 않도록 그녀의 영혼을 채우셨다! 아, 성령의 임재란 얼마나 영광스러운가!²

둘째로 6-8절은 예수님의 죽음 때문에 하나님이 우리를 사랑하시는 것을 알 수 있다고 말한다. "우리가 아직 연약할 때에," 아직 죄인일 때, "그리스도께서 경건하지 않은 자를 위하여 죽으셨도다"는 말씀은 역사적인 사실이다(6절). 하나님이 보내신 약속의 왕은 자신을 거부한 사람들을 위해서 모든 것, 심지어 목숨까지도 포기하셨다. 바울은 우리 모두가 선명하게 지니고 있는 마음속 생각들을 다음과 같이 말하고 있다.

- 7절 : 다른 사람을 구하기 위해 죽는 사람은 매우 사랑이 많은 사람일 것이다. 의로운 누군가를 위해 대신 죽어 줄 사람은 지극히 드물다. 만약 그 사람이 따뜻하고 친절하고 착한 사람이라면 가능할 수도 있겠지만 말이다. 하지만 매우 사랑이 많은 사람도 악한 사

---

5 소망이 우리를 부끄럽게 하지 아니함은 우리에게 주신 성령으로 말미암아 하나님의 사랑이 우리 마음에 부은 바 됨이니

람을 위해서 죽지는 않는다. 매우 선한 사람을 위해서
라면 혹시 모를까 악하거나 나쁜 사람을 위해서 대신
죽는 사람은 없다.

- 8절 : 따라서 여기에 하나님이 우리를 사랑하신다는
  것을 완전히 증명하는 단 하나의 행위가 있다. 우리가
  죄인이었을 때 그리스도는 아버지의 뜻에 따라 우리
  를 위해 죽으시기로 선택하셨다.

바울이 말하는 바는 이런 것이다.

"따라서 당신의 감정이나 삶의 환경에서 드러나는 모습
이 비록 의심과 동요를 일으킬지라도 하나님이 당신을 사랑하
신다는 사실만은 객관적으로 알 수 있다."

:: 반드시 천국에 갈 것이다

1-2절을 본 사람은 이런 질문을 던질 수도 있다. "내가
지금 하나님과 화평하다는 것과 천국에서 그분과 함께 영광을
얻게 될 것을 안다. 하지만 내가 정말 천국에 갈 것을 어떻게
알 수 있지? 그때까지 과연 내가 잘해 낼 수 있을까?"

9-10절에서 바울은 확신을 가지고 그리스도의 구원 사

---

6 우리가 아직 연약할 때에 기약대로 그리스도께서 경건하지 않은 자를 위하여 죽으
셨도다 7 의인을 위하여 죽는 자가 쉽지 않고 선인을 위하여 용감히 죽는 자가 혹 있
거니와

역이 우리의 궁극적인 미래뿐 아니라 가까운 장래에도 소망을 준다고 말한다. 우리의 일생을 통해서 그리고 마지막 심판의 그날까지 우리는 "구원 받은" 자들로 보증 받았다.

바울의 주장은 매우 강하다. 그는 두 개의 주장을 9-10절에서 엮어 놓는다. 첫째, "우리가 원수 되었을 때에(10절)" 예수님이 십자가에 달려 우리를 구원하셨다면 "더욱…그의 피로 의롭게 된"(9절) 우리를 구원받은 상태로 유지시키지 않으시겠는가? 우리가 원수 되었을 때도 우리를 구원해 주실 수 있었다면, 이제 친구가 되었는데 하나님이 우리를 실패하게 내버려 두시겠는가? 우리가 원수일 때도 포기하기 않으셨다면, 이제 화평케 된 우리를 하나님이 왜 포기하시겠는가?

9절에 나오는 하나님의 진노는, 이미 진노를 피한 그리스도인들에게가 아니라(롬 3:25-26), 장차 있을 심판 날의 진노를 의미한다.

게다가 예수님이 죽으셨을 때 우리의 구원을 이루셨다면, "더욱" 그가 살아 계실 때는 구원받은 우리를 보전하실 것이 아닌가?(10절) 로마서 8장이 되어서야 바울은 '구원의 상실'이라는 쟁점을 보다 철저하게 다루는데 여기서는 질문에 간접적으로만 답한다. 바울은 그리스도가 끝까지 우리를 구원하실 것이며 실패하시는 것은 있을 수 없다고 확신한다. 로마서 8장

---

8 우리가 아직 죄인 되었을 때에 그리스도께서 우리를 위하여 죽으심으로 하나님께서 우리에 대한 자기의 사랑을 확증하셨느니라

32절 말씀처럼 말이다. "자기 아들을 아끼지 아니하시고 우리 모든 사람을 위하여 내주신 이가 어찌 그 아들과 함께 모든 것을 우리에게 주시지 아니하겠느냐?" 우리를 믿음으로 이끄신 하나님은 우리가 믿음 가운데 계속 나아가게 하실 것이다. 우리를 위해 천국을 열어 주신 하나님은 우리가 그곳에 도착할 것까지 보증해 주신다.

:: 우리의 기쁨은 성취와 무관하다

5장 1-10절은 의롭다 함이 가져오는 일련의 놀라운 유익들을 보여 준다. 의롭다 함으로 인해 현재와 미래에 열리게 될 열매를 안다는 것은 우리 안에 어떤 작용을 일으키는가? "우리 주 예수 그리스도로 말미암아 하나님 안에서 또한 즐거워하느니라"(5:11). 우리가 즐거워할 수 있는 것은 하나님과 "화목하게 되었기" 때문이다.

기쁨은 의롭다 함을 받은 사람에게서 나타나는 두드러진 특징이다. 이것은 기독교에서만 볼 수 있는 독특함으로 상황이나 성취와는 무관하다. 하나님 외에 다른 것에 마음을 주면서 행복을 찾고 있는 사람들은 아마 실망하게 될 것이다. 조만간 자신의 행복이 매우 덧없고 불안정하다는 것을 깨닫게 될

---

9 그러면 이제 우리가 그의 피로 말미암아 의롭다 하심을 받았으니 더욱 그로 말미암아 진노하심에서 구원을 받을 것이니

것이기 때문이다. 그들은 자신이 추구하던 것들이 영원한 행복을 주지 못한다는 것을 깨닫고 이렇게 말한다. "다시는 마음을 주지 말아야지." 하지만 얼마 안 있어 또 다른 무언가를 찾아 나서게 된다. 그러다가 이내 실망하거나 포기하여 외톨이가 되고는 아무것도 누릴 수 없게 된다. 결국 복음이 없으면 우리는 세상의 즐거움을 숭배하든지 세상의 즐거움으로부터 도피하게 된다.

하지만 복음은 변함없는 하나님과 만날 수 있게 해준다. 4세기의 주교였던 어거스틴은 이렇게 기도했다고 한다. "오 주님, 우리는 당신을 위해 만들어진 존재들이라, 당신 안에서 쉴 때까지는 우리 마음이 쉼을 얻지 못합니다." 설혹 우리가 소중한 것들을 잃을지라도, 우리는 하나님을 알고 그분과 더불어 화평과 친교를 누리는 데서 기쁨을 찾을 수 있다. 우리는 변하지 않는 확신 속에서 영광 가운데 있는 우리의 집을 소망한다. 우리 안에서 역사하시는 성령이 우리에 대한 하나님의 사랑을 주관적으로 가르쳐 주시기 때문에, 마치 프랑스 요리에서 주 요리 전에 나오는 전채 요리처럼 그것을 미리 맛볼 수 있다. "우리 주 예수 그리스도로 말미암아 하나님 안에서 즐거워하기 때문에" 실망하거나 회피하지 않고 세상의 모든 선한 것을

---

10 곧 우리가 원수 되었을 때에 그의 아들의 죽으심으로 말미암아 하나님과 화목하게 되었은즉 화목하게 된 자로서는 더욱 그의 살아나심으로 말미암아 구원을 받을 것이니라

누릴 수 있다.

그렇다면 어떻게 이런 기쁨을 얻을 수 있을까? 5장 1-11절에 나오는 진리들을 사랑하고, 믿음으로 의롭다 함을 받는다는 교리를 알고, 그것을 묵상하고, 또한 그대로 살아감으로써 가능하다. "우리가 믿음으로 의롭다 함을 받았으니(1절)", 우리가 무엇을 가졌고, 누구이며, 어디에 서 있는지 우리는 더 깊이 알게 된다. 그것은 우리가 하나님과 함께하는 소망 속에서 즐거워하고, 환난 가운데서 즐거워하며, 하나님 안에서 즐거워하는 자신을 발견하게 될 것이기 때문이다.

:: 기쁨의 사인들

당신이 하나님 안에서 즐거워한다는 표시들은 무엇인가?

첫 번째, 당신의 마음은 믿음으로 의롭다 함을 받는다는 교리에 깊이 만족한다. 당신은 그것을 공부하고 다른 사람들에게 말하면서 즐거워한다.

두 번째, 당신은 그것의 관점에서만 당신의 과거를 생각한다. 당신은 "내가 망쳤구나!"라고 말하는 대신 "나는 그리스

---

11 그뿐 아니라 이제 우리로 화목하게 하신 우리 주 예수 그리스도로 말미암아 하나님 안에서 또한 즐거워하느니라

도인이야! 내게 심한 오점이 있고, 내 과거가 변변찮아도 말이야! 그래 그건 틀림없는 사실이야!"라고 한다.

세 번째, 두려움이 많다거나 절제가 모자라거나 하는 성격상의 결함을 발견하더라도, 그것 때문에 하나님의 사랑을 의심하지 않는다. 오히려 하나님을 더 친밀하게 느끼게 되고 그 은혜가 더 소중하게 다가온다.

네 번째, 당신의 양심이 당신을 고소하며 "네가 이런 일을 했는데 어떻게 하나님이 사랑할 수 있겠니?"라고 말해도 변명하려고 하지 않는다. "일진이 사나왔어!"라거나 "내가 압박감에 시달렸어!"라고 하지 않고, "내가 그런 짓을 하지 않았더라도, 하나님이 나를 더 잘 용납하시도록 하지는 못했을 거야! 예수님은 나를 위해 죽으셨고 그분의 보혈은 나보다 천 배는 못한 사람들로 채워진 천 개의 세상도 감당할 수 있어!"라고 말한다.

다섯 번째, 비판에 직면해서 이렇게 대꾸하지 않는다. "전적으로 불공평해." 오히려 다음과 같이 생각하며 속으로 즐거워한다. "그래, 나는 사실 그들이 아는 것보다 훨씬 더 악한 죄인이야. …나를 고소하는 자가 내 죄를 외치고 있구나. 내게는 수천 가지나 더 많은 죄가 있는데… 하지만 주님은 모두 모른다 하시지!"

여섯 번째, 우리의 친구 되신 주님께 갈 것을 알기 때문에 평온하게 죽음을 맞이한다.

04

●

왜 그리스도를 통해서만 구원이 오는가

롬 5:12-21

●

한 사람이 순종하지 아니함으로
많은 사람이 죄인 된 것 같이
한 사람이 순종하심으로
많은 사람이 의인이 되리라

5장 후반부는 두 아담, 곧 에덴의 첫째 아담과 타락, 그리고 천국의 둘째 아담인 예수 그리스도와 십자가를 서로 비교하며 소개한다. 이것은 의롭다 함을 받는 것이 어떤 의미인지 밝혔던 전체 내용의 결론에 해당하는 내용이다. 로마서 자체의 기준에서 보더라도, 바울은 이 짧은 분량 안에 매우 조심스럽고 세밀한 솜씨로 상당히 많은 의미를 담아내고 있다.

존 스토트는 이에 대해 다음과 같이 말하고 있다.

12-21절을 공부하는 사람이면 누구나 그것이 극히 함축적이라는 것을 발견한다. 어떤 사람은 바울이 함축한 내용을 마치 명료하지 않은 것으로 잘못 생각한다. 하지만 거의 모두가 바울의 빼어난 솜씨에 넋을 잃고 만다. 그것

은 마치 잘 다듬어진 조각이나 주의 깊게 구성된 음악과
도 같다.[1]

시작하기 전에 앞으로의 여정에서 기억해야 할 이정표로
이 부분의 구조를 미리 살펴보는 것이 도움이 될 것 같다.

- 12-14절 : 첫째 아담의 경력
- 14-17절 : 둘째 아담의 경력 - 아담과 예수님은 어떻게 다른가?
- 18-21절 : 둘째 아담의 경력 - 아담과 예수님은 어떻게 같은가?

:: 죄와 죽음, 그리고 우리들

바울은 예수님이 하나님과 우리 사이의 장벽을 없애 주
셨기 때문에 우리가 영광에 대한 확신을 가질 수 있게 되었다
고 단언한다. 그는 이것이 깜짝 놀랄 만한 주장인 것을 안다.
그리고 '현실주의자들'이 던질 법한 다음의 질문들을 예상했
을 것이다. "지금 세상에 엄연히 존재하고 있는 죽음과 죄의
엄청난 세력을 보면서도, 당신은 어떻게 그리 대담한 주장을
할 수 있나요?" 혹은 "아무리 고귀하더라도 어떻게 한 사람의
희생으로 그리도 많은 사람에게 믿을 수 없는 혜택이 돌아갈
수 있는가요?" 혹은 "어떻게 그 하나의 행위가 나의 현재의 상

황과 영원한 미래를 바꿀 수 있는가요?"

따라서 이 대목에서 바울은 예수님의 희생이 어떻게 악을 극복하고 인류 역사의 모든 행로를 뒤집을 수 있는지 보여 준다. 5장 12-21절에서 바울은 어느 누구도 생각할 수 없는 깊이로 인류의 죄로 인한 결과를 묘사한다. 하지만 그는 그리스도 안에 있는 화해가 우리로 하여금 그 고비마다 죄로 인한 재앙을 극복할 수 있는 능력을 준다고 한다.

12절은 3단계의 연쇄 반응을 우리에게 제시한다. 다시 말해 인간의 역사를 3단계로 묘사한다. 1단계에는 아담 한 사람으로 말미암아 죄가 세상에 들어왔다. 2단계에는 죄에 대한 형벌로서, 죽음이 세상에 들어왔다. 3단계에는 모두가 죄를 지었기 때문에 죄가 모든 인간에게 퍼졌다. 차례대로 죄의 등장, 죽음의 등장, 죄로 인한 보편적인 죽음으로 확장된다.

바울은 어떤 의미에서 "모든 사람이 죄를 지었으므로"라고 말했을까? "죄를 지었다"는 그리스어 동사에서 부정과거 시제다. 부정과거는 항상 과거에 일어난 한 가지 행위를 가리킨다. 바울은 모든 인류가 과거에 일어난 단 하나의 행위로 죄를 지었다고 말하고 있다. 집단 명사인 '모든 사람'을 이렇게 특정한 동사 시제와 함께 사용하는 것은 상당히 어색한 것이므로

---

12 그러므로 한 사람으로 말미암아 죄가 세상에 들어오고 죄로 말미암아 사망이 들어왔나니 이와 같이 모든 사람이 죄를 지었으므로 사망이 모든 사람에게 이르렀느니라

의도적으로 쓰인 것이 틀림없다. 만약 바울이 '모든 사람이 지속적으로 개인적으로 죄를 지었다'라는 의미를 말하려 했다면 현재시제나 미완료시제를 사용했을 것이다. 스코틀랜드의 성경학자인 윌리엄 바클레이(Willaim Barclay)는 이에 대해 다음과 같이 설명하고 있다.

> 이 논점에서 반드시 그렇게 해야겠지만, 여기에 부정과 거 시제의 진가를 그대로 인정한다면, 모든 사람이 하나의 범죄 때문에 죄인이 되었고 그 때문에 세상에 죄와 죽음이 들어왔다는 의미가 보다 명확해질 것이다.[2]

:: 아담 안에서 모두 죽다

바울은 (우리가 아담과 같은 죄를 지어) 아담처럼 되었기 때문이 아니라, (우리가 죄를 지을 때) 아담 안에 모두 있었기 때문에 모든 인류가 죽는다고 말한다.

13-14절은 바울이 뜻하는 바를 명백히 설명한다. 13절에서 바울은 아담과 모세 시대 사이에 공식적인 율법이 공표되지 않았다고 지적한다. 그리고 나서 "율법이 없었을 때에는

---

13 죄가 율법 있기 전에도 세상에 있었으나 율법이 없었을 때에는 죄를 죄로 여기지 아니하였느니라

죄를 죄로 여기지 아니하였느니라"라고 한다. 로마서 2장에서 우리는 공식적인 율법이 없는 사람들에게도 죄가 있다는 것을 보았다. 여기서 바울과 전적으로 모순되지 않도록 충분히 바울을 신뢰해 보자. 바울이 모세의 율법 이전에 살다가 죽은 사람에게 어떠한 죄도 없었다고 말할 리는 없다. 왜냐하면 그들에게도 원초적인 형태로 하나님의 법이 마음속에 새겨져 있었기 때문이다(2:12-15).

따라서 바울은 지식과 지각이 늘면 죄와 책임도 훨씬 커진다고 지적한다. 모세 이전에 살았던 사람들은 율법을 형식적이고 명시적으로 알았던 사람들처럼 확실한 명령을 어기지는 않았다. 하지만 "아담의 범죄와 같은 죄를 짓지 아니한 자들까지도"(5:14) 죽었다. 물론 모세 이후에 있었던 사람의 죄가 그 전에 살았던 사람들의 죄보다 훨씬 크지만, 모세 이전의 사람들에게도 "사망이 왕 노릇하였다"고 말한다(14절). 다시 말해 그들의 죄가 아무리 작았어도 죽음을 피할 수는 없었다.

그것은 마치 이런 논리와 비슷하다. 질병과 죽음은 악한 사람만큼이나 선한 사람에게도, 유식한 사람만큼이나 무식한 사람에게도, 어른들만큼이나 (고의로 불순종한 적이 없는) 어린 아이들에게도 군림하고 있다.

---

14 그러나 아담으로부터 모세까지 아담의 범죄와 같은 죄를 짓지 아니한 자들까지도 사망이 왕 노릇하였나니 아담은 오실 자의 모형이라

바울은 "죽음이 범죄의 대가라면, 개별적인 죄와 관계없이, 왜 죽음은 이리도 보편적으로 왕 노릇을 하고 있는가?" 하고 질문한다. 그리고 그 답은 "아담의 범죄와 같은"(14절)에서 찾아볼 수 있다. 이런 의미다. "아마도 모든 인류가 하나님의 명령을 어기지는 않았겠지만, 아담이 범죄했고 우리는 아담 안에서 모두 죄인이다. 그가 지은 죄로 우리가 죄인이 되었다."

존 스토트는 이에 대해 다음과 같이 역설하고 있다.

우리는 모두 아담의 죄에 참여하고 있기 때문에 자신이 의롭다거나 결백하다며 그에게 손가락질할 수는 없다. 오늘날 우리가 죽는 것은 아담 안에서 우리가 죄를 지었기 때문이다.[3]

:: 언약적 대표성과 서구의 개인주의

이 가르침은 '현대의' 서구인들에게는 이상하게, 아니 불쾌하게 들릴 수 있다. 어째서 그런가? 서구인들은 몹시 개인주의적이다. 서구에서는 각 개인이 하나의 섬과 같아서, 연결은 되어 있지만 자신의 행위와 결정과 능력에 따라 출세하거나 낙오하고, 성공하거나 실패한다. 서구인들은 다양한 사람들만큼이나 많은 독립적인 집단들로 인류가 구성되어 있다고 생각한다.

반면 성경은 근본적으로 다른 접근을 한다. 인간을 연대와 연합이라는 측면에서 보는 것이다. 이 진리는 지난 시대의 사람들이나 비서구권의 사람들이 훨씬 더 잘 받아들인다. 다른 많은 문화권에서는 개인이 전체 가족과 종족 그리고 부족의 한 부분일 뿐, 전부가 아니라고 여긴다.

연합이란 다른 사람의 성취가 나의 성취가 되고 다른 사람의 실패가 나의 실패가 되는 관계를 정당하다고 여기는 개념이다. 이것은 대표성이라는 개념이다. 대표자는 자신의 행위로 인한 열매를 그것이 좋든 나쁘든 그가 대표하는 사람들과 함께 나눈다. 철학자들과 신학자들은 이것을 '언약적 대표성'이라고 지칭하곤 했다. '언약적'은 라틴어 페두스(*foedus*) 혹은 '언약'(covenant)에서 온 말이다. 언약적 대표성이란 언약 관계를 통해 다른 누군가를 대표하거나 대신하는 사람이다.

오늘날 동양에서는 출생이나 지위에 의해 누군가 당신과 이런 관계를 맺는 것이 정당하다고 생각한다. 하지만 서구에서는 자발적으로 그런 관계에 들어가기를 선택할 때만 대표자의 정당성이 인정된다. 몇 가지 예를 들어 보자.

첫 번째, 단체 교섭에서의 대표자다. 노동조합이 대표에게 조합을 대신해서 교섭하고 협약서에 서명할 권한을 주면, 그는 '언약적 대표'가 된다. 또는 한 국가의 수반이 자국의 대사에게 협상 권한을 주면, 그 국가는 그가 다른 국가와 합의한 조건에 구속받게 된다.

두 번째, 선출된 대표에게 주어진 권한이다. 국가의 지도 자(혹은 입법부)는 선전포고를 할 수 있다. 대다수 민주주의 국 가들에서조차 전쟁 선포권은 국민에게 속하지 않는다. 전쟁을 선포해야 할지 말지의 여부에 대해 일반 국민이 투표하지는 않는다. 이렇게 하는 것은 납득할 만한 이유가 있다. 신속한 결 정을 내리기 힘들 뿐더러, 빈틈없는 결정을 내리기에 충분한 정보를 모든 국민들 간에 공유하기도 어렵기 때문이다. 대표 자가 대신 행동하는 것을 허락하고 기대하기에, 우리는 그 행 위의 결과도 받아들인다. 연방정부의 대표가 다른 나라에 전 쟁을 선포하면 "나는 그 나라와 전쟁 중이 아닌데!"라며 발뺌 하지 못한다. 당신은 전쟁을 하는 중이다! 당신의 대표가 전쟁 을 선포하면, 당신이 전쟁을 선포한 것이다. 그들이 평화를 이 루어 내면, 당신도 평화롭게 살 게 된다.

세 번째, 피고가 변호사와 법적인 관계를 맺을 경우다. 변호사는 법정에서 의뢰인을 대표한다. 말 그대로 '대행 권한' 을 가지고, 의뢰인을 위해서 다양한 방법으로 그의 미래에 극 히 중요한 결과를 가져올 활동을 한다. 신학자인 찰스 호지 (Charles Hodge)는 우리를 위한 그리스도의 사역을 언약적 대표 의 일로 묘사했다.

그의 백성에 대한 그리스도의 관계는 마치 의뢰인에 대 한 변호사의 (법적인) 관계와 같습니다. 변호사는 의뢰인

의 입장이 되어서 의뢰인으로서 법정에 섭니다. 이 관계
는 최종 판결이 내려질 때까지는 가장 밀접한 관계입니
다. 법정에 의뢰인이 나타나지 않을 수도 있습니다. 그는
진술하지 않습니다. 주목받지도 않습니다. 그는 당분간
자신을 대표하는 자신의 옹호자 안으로 사라집니다. …
우리가 아니라 우리의 변호사인 예수님이 눈앞에 보이고
들리며 주목을 받습니다.[4]

로마서 5장 12-21절에서 서구인들은 두 가지 골칫거리
를 만난다. 첫째, 누군가 자신을 대신한다는 관념 자체가 불편
하다. 그들은 이렇게 말한다. "다른 사람이 한 일로 내가 판단
받다니 불공평해! 에덴동산에서 바로 나에게도 기회가 주어졌
어야 하는데!" 둘째, 언약적 대표성을 가끔은 인정해 준다 하
더라도, 자신들에게 대표를 선택할 권한이 없다는 것이 싫다.
자신이 아담을 대표로 뽑은 것이 아니기 때문에 불공평하다는
생각이 바로 머리를 스치고 지나간다. 우리에게는 거부권이
없었다. 누군가에게 '대행 권한'이나 '단체 교섭권'을 부여하고
자 할 때, 우리는 관점과 전망을 공유하는 딱 우리 같으면서도
탁월한 재능으로 우리를 잘 변호할 사람을 고를 수 있기를 원
한다.

이런 식으로 생각한다는 것은, 이제 우리가 하나님이 하
신 일을 이해하기 시작했다는 의미이기도 하다! 첫째, 어느 누

구도 하나님만큼 우리를 위한 대표를 더 잘 뽑지는 못한다. 우리가 하나님보다 더 똑똑한 선택을 할 수 있었다고 생각해서는 안 된다! 둘째, 하나님은 단지 아담을 선택하신 게 아니라, 우리의 대표로 그를 창조하셨다. 같은 상황에서 우리가 행했을 그대로를 행하도록 아담은 완벽하게 창조되었다. 당신이 "더 잘할 수 있었는데"라고 말하지는 못할 것이다. 이것은 당신이 하나님이 창조하신 것이나 선택하신 것보다 더 나은 대표가 되었을 것이라는 주장이기 때문이다. 아니다, 아담은 우리에게 정당한 언약적 대표였다. 그러므로 우리는 아담 안에서 실제로 죄를 지었고, 아담 안에서 모두 유죄다.

여담이지만, 인습에 얽매이지 않고 개방적이라고 자처하는 사람들이 '언약적 대표성'이라는 이론에 가장 불쾌해하는 경향이 있다. 이들은 로마서의 이 본문에 다가갈 때 자신들의 열렬한 서구식 개인주의에서 한사코 벗어나지 않으려고 한다. 이렇게 우리 중 누구도 생각만큼 자신의 문화와 사회에서 분리되지는 못한다.

:: 왜 언약적 대표성이 좋은 소식인가

하나님이 우리의 대표 안에서 또한 대표를 통해서 우리와 상대하신다는 진리야말로 우리를 자유롭게 만드는 매우 좋은 소식이다. 만약 우리 각자가 그분의 천국 보좌 앞에서 개별적으로 자신을 대표해야 한다면, 우리를 지켜줄 만한 것이 아무것도 없을 것이기 때문이다(3:20). 우리는 우리의 죄로 인해 죽게 될 것이다. 하지만 아담이 우리를 대표했다. 아담 안에서 우리는 범죄했고, 그의 안에 있는 우리의 죄로 인해 죽게 되었다. 아담 안에서 모든 인간이 하나님의 명령을 어겼기 때문에 죽음이 왕 노릇하게 되었다(5:14).

이것이 어떻게 좋은 소식인가? 그 이유는 아담의 불순종이 우리의 불순종이라고 치면, 순종하는 인간인 완전한 둘째 아담도 우리의 언약적 대표가 될 수 있기 때문이다. 둘째 아담은 하늘 보좌 앞에서 우리를 대표할 수 있고, 그를 통하여 아담 안에서 누렸을, 혹은 우리 스스로 결코 누리지 못했을 생명을 가지게 되었다. 하나님이 언약적 대표를 통해 우리를 상대하시는 것은 놀라운 소식이다. 왜냐하면 "아담은 오실 자의 모형"이기 때문이다(14절). 언약적 대표 밑에서 인간은 한 몸이다. 따라서 우리는 "이제 우리 주 예수 그리스도로 말미암아 화목하게 되었다"(11절). 언약적 대표성은 서구 개인주의가 결코 주지 못하는 하나님과의 화평을 우리가 누릴 수 있다는 것을 의미한다.

:: 아담과 그리스도 : 차이점

바울은 아담을 "오실 자의 모형이라"(14절)고 하면서 곧바로 이 말이 의미하는 바가 무엇인지 밝힌다! "그러나 이 (예수님의) 은사는 그 (아담의) 범죄와 같지 아니하니"(15절), 바울은 예수님과 아담의 차이점 세 가지를 들고 있다.

첫 번째, 각각의 행동에서 마음속 동기가 매우 달랐다. 바울은 아담의 행위를 고의적인 죄라는 의미에서 "범죄"라고 지칭하지만, 예수님이 하신 일에 대해서는 (거저 주시는) 선물이라고 부른다(15절). 예수님의 자기희생과 대조적으로, 아담은 자기 자신을 높이려 했다. 우리를 위해 죽으신 예수님의 일은 하나님을 향한 순종이었을 뿐 아니라, 우리를 향한 분에 넘치는 긍휼이었다. 다시 말해 아담의 행위가 율법을 어기는 것이었다면, 예수님의 행위는 한 "의로운 행위"(18절)이자 "순종"(19절)이어서 율법을 완전히 충족시켰다.

두 번째, 두 행동의 결과 또한 완전히 딴판이었다. 우선, 아담의 행위는 "죽음"을 가져 온 반면(15절), 예수님의 행위는 "생명"을 낳았다. 죄의 두 가지 결과 중 본문에서 먼저 제시되는 것은 육체적 죽음이다. 그리스도의 행동이 주는 효력은 아담의 행동으로 말미암는 효과를 말소하는 것이었다. 또 하나 아담의 행위는 "정죄"를 불러왔지만(16절), 그리스도의 행위는 "의롭다 함"을 낳았다. 마지막으로 아담의 죄로 "사망이 왕 노

---

15 그러나 이 은사는 그 범죄와 같지 아니하니 곧 한 사람의 범죄를 인하여 많은 사람이 죽었은즉 더욱 하나님의 은혜와 또한 한 사람 예수 그리스도의 은혜로 말미암은 선물은 많은 사람에게 넘쳤느니라

릇하지만"(17절), 바울은 그리스도 안에서 "생명이 왕 노릇한다"고 하지 않고 오히려 우리가 "생명 안에서 왕 노릇한다"(17절)고 말했다. 이렇게 바울은 둘 사이의 또 다른 현저한 차이점을 보여 준다. 이전에는 죽음이 왕 노릇해서 우리를 속박했지만 이제는 자유롭게 되었다. 우리가 노역했던 옛 왕국에서 우리는 죽도록 일만 했는데, 우리의 처지가 원래의 노예 상태에서 주인만 바뀐 것이 아니라 오히려 그리스도의 새 왕국에서 우리 자신이 왕이 되었다! 그리스도의 왕권은 우리로 왕이 되게 했고, 죄의 왕권은 우리를 노예로 만들었다. 둘 사이에는 엄청난 차이가 있다.

세 번째, 둘 사이의 능력이 다르다. 바울은 그리스도의 사역으로 말미암는 능력과 범위가 아담보다 훨씬 더 크다는 것을 보여 주기 위해 고심한다. 바울은 두 번이나 "더욱"(15, 17절)이라고 하면서, 그리스도의 사역이 아담의 행위가 가져온 결과를 압도하고, 완전히 메워서, 말소함을 보여 준다. 그것은 "죄"와 "은혜" 혹은 "죄"와 "선물" 사이의 차이다. 우리가 정죄받는 것은 정의를 만족시키는 것이다. 정의는 정확하게 받아야 할 것을 받는 것이다. 하지만 의롭게 된 것은 은혜의 행위다. 은혜는 충만하게 흘러넘쳐 우리가 받아야 할 좋은 것보다

---

16 또 이 선물은 범죄한 한 사람으로 말미암은 것과 같지 아니하니 심판은 한 사람으로 말미암아 정죄에 이르렀으나 은사는 많은 범죄로 말미암아 의롭다 하심에 이름이니라

열 배, 백 배, 천 배 아니 무한하게 부어진다.

아담과 그리스도 사이에는 바울이 5장에서 언급하지 않은 또 다른 네 번째 차이가 있다. 6장에서 살펴보겠지만 여기서 미리 언급하자면, 두 연합이 갖는 특성이다. 아담이 우리의 언약적 대표로서 육체적인 연합을 이루었다면, 그리스도가 우리와 연합하는 방식은 믿음을 통해서 이루어졌다. 하나님은 우리가 그리스도를 믿을 때 그분과 연합하게 하신다. 그래서 바울은 나중에 그리스도와 함께 "우리가 죽었고", 그와 함께 "장사되었으며", 그와 더불어 "우리가 살았다"고 말한다(6:2-4,8). 우리가 믿음으로 그리스도와 연합하기까지는 아담에게 해당하는 모든 것이 우리에게도 해당되었다. 하지만 우리가 믿음으로 그리스도와 연합하고 나면, 그리스도에게 진리인 것은 무엇이든 우리에게도 진리이다! 존 스토트(John Stott)는 이에 대해 다음과 같이 말했다.

> 따라서 이제 우리가 정죄 받았는지 아니면 의롭게 되었는지, 영적으로 살아 있는지 아니면 죽었는지의 여부는 우리가 어떤 인간에게 속하였는가에 달려 있다. 우리가 여전히 아담에 의해 시작된 옛 인간에 속했는지 아니면

---

17 한 사람의 범죄로 말미암아 사망이 그 한 사람을 통하여 왕 노릇하였은즉 더욱 은혜와 의의 선물을 넘치게 받는 자들은 한 분 예수 그리스도를 통하여 생명 안에서 왕 노릇하리로다

그리스도에 의해 개시된 새 인간에 속했는지가 우리가 누구인지를 말해 준다.[5]

:: 아담과 그리스도 : 유사성

그렇다면 이렇게 근본적인 차이점들이 있는데, 어떻게 아담이 그리스도의 "모형"이라는 것일까? 이미 본 바와 같이 둘 다 사람들을 대신하고 대표해서, (좋든 나쁘든) 이들이 한 행위는 이들이 대표하고 있는 사람들에게 전가된다는 것이 가장 닮은 점이다. 이것을 납득시키기 위해서 바울은 몇 가지 다른 말들을 사용한다.

- 16절 : 한 죄는 정죄에 "이르렀으나", 은사는 의롭다 함에 "이르렀다."
- 18절 : 한 범죄의 결과는 정죄였지만, 한 의로운 행위 의 "결과"는 의롭다 함이었다.
- 19절 : 한 사람의 불순종으로 말미암아 많은 사람이 죄인이 되었지만, 한 사람의 순종을 통해 많은 사람이 의롭다 함을 받았다.

---

18 그런즉 한 범죄로 많은 사람이 정죄에 이른 것 같이 한 의로운 행위로 말미암아 많은 사람이 의롭다 하심을 받아 생명에 이르렀느니라

:: 한 사람의 순종으로 생명이 이르렀다

19절은 깊이 묵상해 볼 가치가 있는 말씀이다. 우리는 어떻게 의롭다 함을 받았는가? "한 사람의 순종을 통해서"이다. 우리의 불순종에 대한 형벌을 없애 주신 것도 놀라운 일이지만, 우리를 대표해서 삶과 지고한 죽음으로 순종하셨다는 것 또한 예수님이 이루신 놀라운 일이다. 아담이 하나님께 순종하면 복을 받게 될 것을 알면서도 불순종한 데 반해(창 2:15-17, 3:6-7), 둘째 아담은 순종하면 비탄과 죽음을 맞을 것을 알고서도 아버지께 순종하는 길을 결연히 걸어가셨다(막 14:32-36). 복음서에서 예수님이 아버지에 대한 지속적인 사랑으로 순종하신 것은 우리에게는 삶과 죽음의 문제다. 우리가 아담이 아닌 그리스도 안에 있다면 그 순종이 우리의 것이 되기 때문이다.

필라델피아에 있는 웨스터 민스터 신학교를 설립한 그레샴 메이첸(J. Gresham Machen)은 이렇게 표현했다.

사실상, 그리스도는 아담의 처음 죄와 우리 각자가 지은 죄들에 대한 삯을 지불하신 정도가 아니라, 우리가 넉넉히 영생을 받을 만하게 만드셨다. 그리스도는 우리를 대표해 죄 값을 지불하셨고 시험을 받으셨다. 그는 우리를

---

19 한 사람이 순종하지 아니함으로 많은 사람이 죄인 된 것 같이 한 사람이 순종하심으로 많은 사람이 의인이 되리라

위해 아담이 실패한 시험에 대한 죄 값을 지불하셨고, 우리를 위해서는 시험을 받으셨다. [그리스도는 죽음으로 죄 값을 받으셨을 뿐 아니라] 하나님의 법을 완벽하게 지키심으로 우리가 상급을 받기에 합당한 자들로 만들어 주셨다. 이것은 그가 우리를 위해 하신 두 가지 위대한 행위다.

…아담은 타락하기 전 하나님 보시기에 의로웠지만, 여전히 그에게는 불의하게 될 가능성이 있었다. 주 예수 그리스도에 의해 구원받은 사람은 하나님 보시기에 의로울 뿐 아니라 불의하게 될 가능성이 아예 없다. 그리스도가 그들을 위해서 시험을 받으셨으므로, 그들의 시험도 끝났다.[6]

이것은 메이첸에게는 케케묵은 교리가 아니었다.

[웨스터민스터 신학교] 설립에 관한 구전에 따르면 죽어 가던 메이첸은 존 머리(John Murray)에게 다음과 같은 감동적인 내용의 전보를 보냈다. '나는 그리스도의 능동적인 순종에 정말 감사드리네. 그것이 없었다면 아무 희망도 없었을 것이네.' 이것은 죽음을 앞둔 메이첸에게 큰 위로였다. 그는 구세주의 칭송 받을 행위가 마치 자신이 한 것처럼 자신의 계좌로 셈해졌다는 것을 알았다. 예수님이 그를 위해 하늘의 영광스러운 상을 얻었다. 하나님의 이

름은 공의로워서 틀림없이 하늘의 영광스러운 상을 그에게 베푸실 것이다.[7]

:: 왜 율법이 왔는가

로마서 5장 20절에서 바울은 또 다른 반대를 예상한다. "인간에게 율법이 주어졌으므로 구원과 관련해서 반드시 변화가 있어야 하지 않는가?" 다시 말해 율법을 받은 인류의 또 다른 '대표'인 모세를 위한 자리가 그의 논의 가운데 있어야 한다는 것이다. 바울은 20절에서 율법이 가져 오는 차이에는 동의하지만, 이 가상의 반대자가 기대하듯 긍정적인 의미에서는 아니다.

오히려, "율법이 들어온 것은 범죄를 더하게 하려 함이라"(바울은 갈 3:19에서 유사한 주장을 역설한다)라고 말한다. 모세를 통해 공식적인 법이 들어오자, 더 이상 법을 몰랐다고 변명할 수 없게 되고 죄는 더욱 두드러지고 고약해졌다. 바울은 하나님의 기준을 아는 것이 오히려 그것을 어기도록 우리를 선동했다고 생각하는 것 같다. 로마서 7장에서 살펴보겠지만, 율법은 우리가 하나님께 순종하지 못하고 그분의 기준에 이르지

---

20 율법이 들어온 것은 범죄를 더하게 하려 함이라 그러나 죄가 더한 곳에 은혜가 더욱 넘쳤나니

못하는 것이 지식이 부족해서가 아니라, 오히려 우리의 의지와 능력이 부족하기 때문이라고 증명해 준다. 그러므로 우리에게는 더 많은 노력이 아닌 구조의 손길이 필요하다.

하지만 율법이 드러내고 있는 죄는 우리에 대한 최종 발언권을 갖지 못한다. 우리는 아담 안에서 죽지 않아도 된다. 인간에 대한 하나님의 은혜는 하나님을 거스르는 인간의 반항보다 더욱 크다. "죄가 더한 곳에 은혜가 더욱 넘쳤나니"(5:20) 왜 이렇게 은혜가 넘치는가? 한때 죄가 왕 노릇해서 모든 인간이 죽음을 직면해야 했던 곳에서, 이제는 "은혜도 또한 의로 말미암아 왕 노릇하여 우리 주 예수 그리스도로 말미암아 영생에 이르게 하려"(21절) 하기 때문이다. 십자가에서 우리는 최악의 죄를 목격했다. 곧 주님을 십자가에 못 박은 것이다. 우리 각자는 그 인간의 한 부분이다. 하지만 죄가 할 수 있는 가장 큰 일도 하나님의 구원을 훼방하지는 못했다. 우리는 그것을 십자가에서 보았다. 십자가에서 은혜는 죄를 압도했고 생명은 죽음을 이겼다. 첫째 아담은 인간의 구원을 위한 최후 진술이 아니다. 완벽하게 순종하신 언약적 대표인 둘째 아담만이 최후의 발언자다. 그가 없으면 어떤 희망도 없고, 더불어 그 안에 있으면 확실한 희망이 있다.

바울은 5장 끝에서 믿음으로 의롭다 함을 받는다는 복음의 영광스러운 한 대목에 마침표를 찍는다. 2세기의 교부 터툴리안(Tertullian)은 마치 예수님이 두 강도 사이에서 십자가에 못 박히신 것처럼, 의롭다 함을 받는다는 위대한 교리도 두 상반되는 반론들 사이에서 계속해서 십자가에 못 박힌다고 했다. 복음은 다음의 두 가지 진리를 항상 함께 포함한다.

첫 번째, 하나님이 거룩하시므로, 우리는 우리 죄에 대한 벌을 받아야 한다. 복음은 우리에게 다음과 같이 말한다. "당신은 믿을 수 없을 정도로 심각한 죄에 물들어 있다." 이 사실을 잊어버리면 자유주의를 허락하고 용납하게 된다.

두 번째, 하나님이 자비하시므로, 그리스도 안에서 우리의 죄는 해결되었다. 복음은 이렇게 말한다. "당신은 감히 바라지 못할 만큼 그리스도 안에서 용납되었다." 이 사실을 잊게 되면 우리는 율법주의와 도덕주의에 빠지게 된다.

만약 이 진리들 중 하나라도 놓쳐 버린다면, 율법주의나 자유주의에 빠져 복음이 주는 기쁨과 해방을 놓치게 될 것이다. 우리의 극심한 죄를 모른다면, 복음이 치른 값이 하찮게 보여서 그것으로 감동하거나 변화되지 않을 것이다. 또한 우리의 빚을 완전히 탕감해 주신 그리스도의 삶과 죽음을 모른다면, 죄를 부정하거나 억압하게 되며 죄가 우리를 뭉개 버릴 것이다.

다음은 율법주의와 자유주의라는 두 가지 오류 사이에서 우리가 배운 하나님의 복음을 요약한 것이다.

율법주의	복음	자유주의
하나님은 거룩하시다	하나님은 거룩하시며 사랑이시다	하나님은 사랑이시다
스스로 자신의 의를 얻는다	하나님의 완전한 의를 받는다	완전한 의가 필요 없다
물질은 악하고 우리는 타락했다 - 육체의 즐거움을 의심하거나 멀리한다(금욕주의)	물질은 선하지만 우리는 타락했다 - 육체의 즐거움은 선하지만 지혜롭게 선용해야 한다	물질은 선하고 우리는 타락하지 않았다 - 육체의 욕망을 채운다
죄는 개인에게만 영향을 끼친다 - 개인 전도만 한다	죄는 개인과 사회 구조 모두에 영향을 끼친다 - 개인 전도와 사회 참여 모두 한다	인간의 죄의 깊이에 대해 단순하게 여긴다 - 사회 참여만 한다
사람은 변하지 않는다 하지만 한순간 변할 수도 있다	사람은 변하지만 즉각적인 개선은 없다	사람은 변할 필요가 없다
죄와 맞닥뜨린다 - 그것을 없앤다	죄를 통과한다 - 그리스도 안에서 쉰다	죄로부터 달아난다 - 문제없다고 스스로 확신한다
죄를 회개한다	죄와 자신의 의를 회개한다	죄와 자신의 의 모두 회개하지 않는다

::

Part 4

'예수와
연합함'으로
의를 얻으라

ROMANS 1-7
FOR YOU
TIMOTHY KELLER

01

●

죄에 대하여 죽은 자로 여기라

롬 6:1-14

●

은혜를 더하게 하려고
죄에 거하겠느냐
그럴 수 없느니라

'얻은 의'('일을 해서 받은 의'와는 대조적으로)에 관한 복음은 파격적이고 본질적이다. 그것은 우리의 도덕적인 노력이 구원에 조금도 기여하지 못한다고 말한다. 이런 메시지는 세계의 종교와 철학들 중에서 유일한 것이다.

바울은 복음에 관한 이런 논의에서 사람들이 곧바로 제기하는 한 가지 질문을 경험을 통해 잘 알고 있었다. 만약 우리의 선행이 구원을 얻는 데 무가치하다면, 도대체 왜 우리는 선하게 살아야 할까? 만일 복음이 '당신은 선한 삶이 아니라 은혜로 구원받는다'고 한다면, 그 메시지가 당신을 부도덕하게 살 수 있는 문을 여는 것이 아닌가?

그래서 바울은 6장 1절에서 "우리가 무슨 말을 하리요 은혜를 더하게 하려고 죄에 거하겠느냐"라는 질문을 제기한다.

바울은 이렇게 묻고 있는 것이다. "복음의 메시지가 당신의 삶에서 나쁜 생활방식을 바꾸게 하는가? 만일 그렇다면, 왜 그런가? 복음의 메시지가 우리로 죄를 짓도록 부추겨서, 은혜가 계속해서 죄를 덮게 하지 않겠는가?"

어떤 의미에서 이 질문에 대한 바울의 대답은 우회적이지도 주제에서 벗어나지도 않는다. 의롭다 함을 받는 것을 비판하는 사람 안에는 그 교리에 대한 뿌리 깊은 오해가 자리 잡고 있다. 그래서 바울은 "그럴 수 없느니라"(2절)라며 즉각적으로 대답한다. "가르침을 제대로 이해하지 못할 때 그렇게 질문할 수 있다. 복음의 가르침을 이해한다면, 그런 추론을 내리지 못한다." 이렇게 대답하면서, 바울은 기본적으로 의롭다 함을 받는 것과 그리스도와 우리의 연합을 다시 설명하고 적용한다.

하지만 이것은 앞으로 다루게 될 새로운 내용에 대한 소개이기도 하다. 바울이 1절을 쓴 목적은 복음이 어떻게 삶을 거룩하게 바꾸는지 논의하기 위해서다. 1-5장은 하나님이 복음 안에서 우리를 위해 성취하신 것에 대해 설명했고, 6-8장은 하나님이 복음을 통해서 우리 안에서 성취하실 것에 대해 설명한다. 곧 1-8장은 우리가 어떻게 복음을 경험할 것인가에

---

1 그런즉 우리가 무슨 말을 하리요 은혜를 더하게 하려고 죄에 거하겠느냐

대한 설명이며, 또한 복음이 어떻게 우리의 인격과 행위를 깊고도 넓게 변화시키는 기폭제가 되는지 말해 주고 있다.

:: 당신은 죄에 대해 죽었다

로마서 6장에서 가장 중요한 절은 "죄에 대하여 죽은 우리가"(2절)이다. 바울의 말뜻을 이해하려고 한다면, 그가 말하는 바가 아닌 것을 먼저 가려내면 된다. 따라서 다음과 같이 말한다면 부적절하거나 잘못된 것이다.

첫 번째, "죄에 대해 죽었다"는 우리가 더 이상 죄 짓기 원하지 않는다는 뜻으로 죄가 우리에게 영향을 끼치거나 우리를 지배하지 못한다는 의미다. 하지만 이 주장이 맞는다면, 바울은 12-14절을 쓰지 않았을 것이다. 만일 그리스도인이 죄 짓는 것을 원하지 않는다면, 왜 죄를 짓지 말라고 그리도 다그치고 있겠는가? 7장 18절도 그리스도인에게 여전히 악한 욕망이 있음을 보여 준다.

두 번째, "죄에 대해 죽었다"는 더 이상 죄를 지어서는 안 된다는 뜻으로, 이제 죄는 그리스도인에게 어울리지 않는다는 말이다. 첫 번째 해석이 너무 멀리 갔다면, 이번 것은 충분히

2 그럴 수 없느니라 죄에 대하여 죽은 우리가 어찌 그 가운데 더 살리요

가지 않았다. 바울은 "우리가 죽어야만 한다"가 아니라 "우리가 죽었다"고 단언한다.

세 번째, "죄에 대해 죽었다"는 죄로부터 서서히 떠나간다는 의미로, 죄가 우리 속에서 약해져간다는 것이다. 하지만 바울이 사용한 "죽은"이란 단어는 분명 그것보다 더 강한 의미이다. 게다가 여기에 사용된 그리스어 시제는 부정동사인데, 이것은 한 번에 이뤄진 과거의 단독 행위를 가리킨다. 곧 바울은 지속적인 과정을 말하고 있지 않다.

네 번째, "죄에 대해 죽었다"는 죄를 버렸다는 의미로, 세례 받을 때처럼 어떤 한 시점에 죄 된 행위를 부정하는 것이다. 맞는 말이긴 하지만, 여기서 바울이 이렇게 가르칠 것 같지는 않다. 왜냐하면 6장 3-5절은 이 "죽음"을 우리가 그리스도와 연합한 결과로 설명하기 때문이다. 그것은 우리에게 행해진 어떤 것의 결과이지, 우리가 행한 어떤 것의 결과는 아니다.

다섯 번째, "죄에 대해 죽었다"는 죄의 책임이 더는 우리에게 없다는 의미로, 우리의 죄가 그리스도 안에서 이미 용서받았기 때문에 더 이상 우리를 정죄할 수 없다는 것이다. 맞는 말이긴 한데, 여기서 바울이 말하고자 하는 의미는 아닌 것 같다. 우리에게 더 이상 죄에 대한 책임이 없다면, 왜 우리가 죄

---

3 무릇 그리스도 예수와 합하여 세례를 받은 우리는 그의 죽으심과 합하여 세례를 받은 줄을 알지 못하느냐

를 짓지 않으려고 애쓰는지, 또한 복음이 왜 우리의 죄 된 삶을 변화시키려 하는지에 대해 설명할 필요가 있다. 따라서 우리가 그리스도 안에서 용서받았다는 진리를 다시 말하는 것은 정답이 아니다.

그렇다면 바울의 말은 무슨 의미인가? 6장의 나머지 부분은 그것을 상세히 설명하고 있는데, 여기서 한 마디로 요약하자면, 당신이 그리스도인이 되는 순간 더는 죄의 '지배' 곧 그 세력 아래 있지 않다는 것이다.

5장 21절에서 바울이 "죄가 왕 노릇한 것 같이… 은혜도 왕 노릇하여"라고 했던 것을 기억하자. 달리 말해, 죄는 여전히 영향력을 가지고 있지만, 더는 우리에게 명령하지 못한다. 1장 18-32절에서 바울은 우리가 그리스도 밖에서 우리의 죄 된 욕망에 넘겨졌다고 했다. 이전에는 죄로 물든 욕망을 죄 된 것으로 알지 못할 만큼 그것이 우리를 지배했고, 알았다 하더라도 그것에 저항하지 못했다. 죄 된 욕망은 우리를 완전히 지배했었다. 하지만 이제 더는 죄가 우리를 지배하지 못한다. 이제 우리는 죄에 대항하고 저항할 수 있다.

왜냐하면 우리 삶 속에 새로운 능력이 역사해서 우리를 다스리고 있기 때문이다. "그가 우리를 흑암의 권세에서 건져

---

4 그러므로 우리가 그의 죽으심과 합하여 세례를 받음으로 그와 함께 장사되었나니 이는 아버지의 영광으로 말미암아 그리스도를 죽은 자 가운데서 살리심과 같이 우리로 또한 새 생명 가운데서 행하게 하려 함이라

내사 그의 사랑의 아들의 나라로 옮기셨으니"(골 1:13). 바울이
사도행전 26장 18절에서 말하듯이, 복음은 "그 눈을 뜨게 하여
어둠에서 빛으로, 사탄의 권세에서 하나님께로 돌아오게" 한
다.

　　다음의 예가 그의 말을 이해하는 데 도움이 될 것이다.
적의 군대가 한 나라를 완전히 장악했다. 하지만 아군이 적군
을 공격하고 잘 싸워서 정부 소재지와 통신 수단을 되찾아 국
민들에게 돌려주었다. 하지만 쫓겨난 적의 군인들은 여전히
덤불 속에 살아남았다. 적의 게릴라군은 합법적인 새 정권에
대혼란을 가져 올 수도 있다. 다시 말해 권력을 다시 잡지는
못하겠지만 여전히 일부 지역을 자신들의 의지대로 조종할 수
있는 것이다.

　　따라서 "죄에 대해 죽었다"는 더 이상 죄가 당신 안에 없
다거나, 더 이상 당신을 지배하거나 당신에게 영향을 미치지
못한다는 의미가 아니다. 여전히 그것은 힘을 가지고 있다. 하
지만 더 이상 당신에게 명령하지는 못한다. 당신이 그것에 굴
복할 가능성도 있고 (성경이 예언하듯) 정말 그렇게 될수도 있다.
하지만 더 이상 당신이 죄에 대해 복종할 의무가 없다는 사실
은 변함이 없다. 당신이 죄에 대해 죽었기에, 죄도 당신에 대해

---

5 만일 우리가 그의 죽으심과 같은 모양으로 연합한 자가 되었으면 또한 그의 부활과
같은 모양으로 연합한 자도 되리라

죽을 수 있는 것이다. "죄에 대하여 죽은 우리가 어찌 그 가운데 더 살리요"(2절).

:: 어떻게 죄에 대해 죽었을까

이제 바울은 언제 그리고 어떻게 당신이 죄에 대해 죽었는지 설명한다. 그는 이렇게 질문한다. "그리스도 예수와 합하여 세례를 받은 우리는 그의 죽으심과 합하여 세례를 받은 줄을 알지 못하느냐?"(3절) 바울은 세례를 가라앉은 상태로 생각한다. 그리스어 밥티조(*baptizo*)는 때때로 물에 빠지거나 가라앉는 것을 가리키며 죽음의 의미를 내포하고 있다. 하지만 여기서 물이 실제로 언급되지 않은 점에 유의하자. 바울은 물세례가 가리키는 영적인 실재를 언급하고 있다. 바울은 이미 우리가 그리스도와 연합했다고 가르쳐 주었다(5:12-21). 우리가 믿을 때 우리는 그리스도와 연합해서, 무엇이든 그에게 해당하는 것은 우리에게도 법적으로 해당된다. 그리스도가 죽으셨고, 죽은 사람은 죄로부터 자유롭기에, 우리도 죄로부터 자유롭다.

하지만 그리스도와 우리의 연합은 여기까지가 아니다. 그리스도가 죽으심으로 부활하시고 새로운 생명을 얻으신 것

---

6 우리가 알거니와 우리의 옛 사람이 예수와 함께 십자가에 못 박힌 것은 죄의 몸이 죽어 다시는 우리가 죄에게 종노릇하지 아니하려 함이니

과 같이 우리도 그리스도와 연합함으로써 반드시 새로운 생명에 이르게 된다(4절). 우리가 그리스도를 믿으면, 삶에 변화가 생겨서 더 이상 죄 가운데 살지 않게 될 것이다.

그리스도와의 연합으로 맺어지는 한 가지 열매는 확신이다. 그리스도께 해당하는 것은 우리에게도 모두 해당되는데, 그가 새로운 생명으로 부활하셨기에, 우리도 새로운 삶을 살게 된다. 그리고 이 새로운 삶은 장차 우리가 그와 함께 들어갈 완전한 영광의 상태를 지향한다. "우리가 그의 부활과 같은 모양으로 연합한 자도 되리라"(5절). 우리가 그리스도와 연합한 것을 안다면, 새로운 삶을 산다는 것도 알게 되어, 더는 죄의 지배를 받지 않고 1절과 같은 질문도 하지 않을 것이다.

:: 옛사람과 새사람

6절에서 바울은 그리스도와 연합한 우리 자신에 대해 '알아야' 할 새로운 사실을 소개한다. 그것은 우리의 '죄의 몸'을 죽게 하려고 우리 "옛사람"이 죽었다는 것이다.

여기서 바울이 말하는 바가 무엇인지에 대해서는 최고의 성경 주석가들마저 의견이 분분할 정도로 매우 까다로운 논쟁거리다. 어떤 사람은 '옛사람'과 '죄의 몸'이 같다고 가르친다. 이들은 "옛사람이 십자가에 못 박혔다"를 천천히 죽는다는 의미로 받아들인다. 하지만 "십자가에 못 박힌"이 사용된 로마서의 다른 모든 곳에서는 '죽임을 당하다'라는 의미로만 쓰였다. 따라서 바울은 '죄의 몸'을 없애기 위해서 '옛사람'이 죽었다고 말하는 것 같다. 그러므로 '죄의 몸'과 '옛사람'은 서로 다른 것이다.

"죄의 몸"이란 무엇인가? 어떤 사람은 죄로 물든 마음인 '육(flesh)'을 가리킨다고 말한다. 하지만 6장 후반부에서 바울은 "너희는 죄가 너희 죽을 몸을 지배하지 못하게 하여 몸의 사욕에 순종하지 말고"(12절)라고 하였다. 따라서 "죄의 몸"이란 죄에 의해 통제되는 몸이다. 이것은 육체나 육체적 욕망 그 자체가 죄로 물들었다는 말은 아니다. 하지만 바울이 '죄의 몸'이라 부르는 것은 죄가 우리 몸을 통해 밖으로 드러나거나, 자신의 명령을 따르도록 우리를 지배하여 우리 안에서 왕 노릇하기 때문이다.

다른 한편으로, "옛사람"은 죽었고 사라졌다. 그렇다면 이것은 어떤 의미인가? 존 머리와 로이드 존스는 다음과 같이 설명하고 있다.

> '우리의 옛사람'은 옛 자신이거나 옛 자아로, 온전히 회심한 새로운 사람과 대조되는 전혀 회심하지 않은 사람이다.[1]

> ['옛사람'과 '죄의 몸' 사이의] 결정적인 차이점은 '전인(全人)으

로서 나 자신'과 '나의 몸'의 차이다.[2]

그리스도인의 "옛사람"은 완전히 사라져 버렸다. 옛 자아
와 자기인식, 하나님과 세상을 향한 전인(全人)적인 옛 태도는
모두 사라져 버렸다. 우리의 옛사람은 죽었다. "이는 죽은 자
가 죄에서 벗어나"(7절). 이제 그리스도인으로서의 '나', 곧 가
장 참된 나는 진정으로 하나님을 찾으며 그분의 법과 거룩함
을 사랑한다. 강력한 죄가 내 속에 남아 있지만, 더는 내 인격
과 삶을 조종하지 못한다. 내 속의 죄는 여전히 하나님께 불순
종하지만, 이제 죄 된 행위는 나의 가장 깊은 자기인식과 부딪
힌다.

비그리스도인이 죄를 짓는 것은 자신이 누구인가 하는
자기 정체성에 맞게 행동하는 것이다. 왜 그들이 죄를 짓지 않
겠는가? 하지만 한 사람이 그리스도와 연합하면, 그의 정체성
이 바뀌므로, 모든 것이 변한다. 새로운 '나'가 된 것이다. 그리
스도인이 죄를 짓는 것은 자신의 정체성에 어긋나게 행동하는
것이다. 왜 그들이 죄를 짓겠는가? 내가 누구인지 깨닫지 못하
고, 그리스도 안에서 나를 위해 행해진 것을 잊어버렸기 때문
에 죄를 짓는 것이다.

---

7 이는 죽은 자가 죄에서 벗어나 의롭다 하심을 얻었음이라

바울은 그리스도와의 연합이 가지는 중요성을 모두 다 말하려고 작정한 것 같다. 6-7절은 우리가 그리스도와 함께 죽었기에, 우리의 죽음이 과거가 됨으로써 어떤 일이 벌어졌는지에 초점을 맞춘다. 8-9절은 그리스도 안에서 그리스도와 함께 부활하는 것의 결과에 대해 설명한다. 그리스도의 부활의 능력이 승리했고 우리 안에서도 승리할 것을 "우리는 믿고… 안다." 과거에 그리스도가 죽으실 때 우리도 함께 죽은 것을 안다면, 장차 그와 함께 살 것을 또한 믿을 수 있다는 것이 바울의 논리다(8절). 왜 그런가? 그리스도가 영원한 생명으로 부활하셨으므로 "다시 죽지 아니하시기"(9절) 때문이다. 이제 사망은 그리스도에 대해 어떠한 청구권이나 권한도 행사할 수 없다. 그리스도께 그러하기 때문에, 그와 연합한 우리에 대해서도 어떠한 청구권이나 권한이 없다.

따라서 10절은 5-9절의 요약이다. 다음은 이에 대한 존 스토트(John Stott)의 설명이다.

그리스도의 죽음과 부활 사이에는 근본적인 차이가 있다. 시간의 차이(과거에 일어난 죽음, 지금 경험하는 생명), 본질

---

8 만일 우리가 그리스도와 함께 죽었으면 또한 그와 함께 살 줄을 믿노니

의 차이(그는 죄 값을 지불하시고 죄에 대해 죽으셨지만, 하나님의 영광을 구하며 하나님께 대해 사셨다), 질적인 차이('단번에 모두를 위한' 죽음, 영원한 생명의 부활)이다.[3]

:: 죽었지만 살아 있는

우리가 그리스도의 죽으심과 새 생명에 온전히 연합하게 되면, "너희 자신을 죄에 대하여는 죽은 자요 그리스도 예수 안에서 하나님께 대하여는 살아 있는 자로 여"겨야 한다(11절). 왜 우리는 자신을 이미 특별한 존재가 되었다고 여겨야 하는가? 왜냐하면 "죄에 대해 죽은"(더 이상 죄의 지배를 받지 않는) 상태는 특권이나 법적인 권리와 같기 때문이다. 이것이 사실이고 효력을 발휘하지만 어떤 사람들은 이러한 권리나 특권을 지각하지 못해서 사용하지 못한다. 예를 들면, 당신 명의의 예금이 있어도, 그것을 인출하지 않으면, 당신의 재정 상태는 변하지 않는다. 예금이 재정 위기를 모면하게 해주지만, 당신이 예금을 인출하지 않으면 아무런 효과도 없다.

이런 엄청난 특권을 사용하지 않으면 그것이 자연스럽게 삶 속에서 실현될 수 없으므로, 우리는 반드시 죄에 대해 죽은

---

9 이는 그리스도께서 죽은 자 가운데서 살아나셨으매 다시 죽지 아니하시고 사망이 다시 그를 주장하지 못할 줄을 앎이로라

것으로 "우리 자신을 여겨야만" 한다. 우리는 이 엄청난 특권을 자신의 것으로 삼고 누리며 살아야 한다.

다음은 마틴 로이드 존스(Martyn Lloyed-Jones)가 우리의 상태를 생생하게 묘사한 내용이다.

> 약 백 년 전 미국의 가련한 노예들의 경우를 생각해 보자. 그들은 노예 상태였다. 이윽고 남북전쟁이 발발하여 그 결과로 미국의 노예제는 폐지되었다. 하지만 실제로 어떤 일이 벌어졌는가? 젊건 늙었건 상관없이 모든 노예들에게 자유가 주어졌지만, 오랜 세월 노예로 지내온 많은 노인들은 자신들의 새로운 신분을 이해하기가 매우 힘들었다. 노예제는 사라졌고 그들은 자유의 몸이 되었다는 선포를 들었다. 하지만 그들은 남은 생애 동안 수천 번까지는 아니겠지만 수백 번 이상 그 말을 들었어도 이해할 수 없었다. 그래서 옛날 주인이 다가오면 벌벌 떨거나 겁내면서 혹시 자신이 다시 팔리는 것은 아닌지 미심쩍어했다.…
>
> 당신도 법적으로는 더 이상 노예가 아닌데, 경험적으로는 여전히 노예라고 느낄 수 있다. …당신이 어떻게 느끼

---

10 그가 죽으심은 죄에 대하여 단번에 죽으심이요 그가 살아 계심은 하나님께 대하여 살아 계심이니

고 무엇을 경험하든, 하나님은 말씀을 통해, 우리가 그리스도 안에 있으면 더 이상 아담 안에 있지 않고, 죄의 지배와 통치 아래 있지 않다고 말씀하신다. …내가 죄에 빠진다면, 그것은 단지 내가 누구인지 모르기 때문이다. … 그것을 깨달아라! 그것을 생각하라![4]

:: 불관용과 진보

죄가 더는 그들에게 왕 노릇하지 않기 때문에(12절), 더는 "죄 안에서 살지" 않고(2절), "죄에 대해 죽은"(11절) 사람들에게서 나타나는 표지는 무엇인가? 우리는 "죄가 왕 노릇하는 것"이 단지 폭력적이고 노골적인 형태로만 드러난다고 생각하기 쉽다. 하지만 죄의 지배를 받으면서도 종교적 의무를 즐거이 수행하고, 흥미진진하게 성경공부에 참여하며, 또한 피상적인 도덕적 의무를 다할 수 있다.

다른 한편으로, 어떤 사람들은 죄가 왕 노릇하는 것이 모든 죄짓는 것에 해당된다고 믿기 때문에, 죄가 전혀 없는 것이 죄에 대해 죽은 사람들의 표시라고 생각한다. 실제로 요한일서 3장 9절은 "하나님께로부터 난 자마다 죄를 짓지 아니하나니"

---

11 이와 같이 너희도 너희 자신을 죄에 대하여는 죽은 자요 그리스도 예수 안에서 하나님께 대하여는 살아 있는 자로 여길지어다

라고 한다. 하지만 같은 서신의 다른 곳에서 요한은 어떤 그리스도인도 죄가 결코 없다고 주장할 수는 없다고 했다(1:8). 앞으로 살펴보겠지만 바울 역시 그리스도인이 여전히 죄를 가지고 있다고 묘사한다(롬 7:18). 우리 안에는 아직도 죄의 세력이 있다.

그러면 '죄에 대해 죽는 것'에 반대되는 의미로 '죄 안에서 사는 것'은 '죄 안에서 헤엄치는 것'이나 '죄의 공기를 마시는 것', '죄가 인생의 주된 행로'가 되는 것을 의미할 것이다. 따라서 "죄 안에서 산다"는 것의 의미는 다음과 같다.

첫 번째, 죄를 묵인한다. 그리스도인이 죄를 지을 수는 있지만, 죄는 그리스도인을 비통하고 불쾌하게 한다. 우리에게 이러한 슬픔과 혐오가 있다는 것은 죄가 우리를 지배하지 못한다는 표시이다. 죄는 그것이 죄인지 알아보지 못할 때와 죄로 인식하지 않을 때만 우리를 완전히 속일 수 있다. 요한이 말하려고 했던 바는 분명 어떤 그리스도인도 알면서 이에 개의치 않고 죄를 짓지는 않는다는 것이었을 것이다.

두 번째, 진전을 보이지 않는다. 바울의 말은 그리스도인이 더는 '습관적으로 죄를 짓거나' 자신을 상하게 하지 않고 '끊임없이' 죄를 짓지는 못한다는 의미이다. 그리스도인이 죄

---

12 그러므로 너희는 죄가 너희 죽을 몸을 지배하지 못하게 하여 몸의 사욕에 순종하지 말고

에 굴복했더라도, 영원히 그렇게 있을 수는 없다. 죄에 대한 염증과 죄로 인한 고통들로 죄를 다시 몰아내게 된다.

요컨대, 바울은 그리스도인이 죄를 짓지 못한다거나, 자신을 힘들게 하는 습관적인 죄가 없다고 말하지 않는다. 다만 그는 그리스도인들이 죄의 영역에 계속 머물 수는 없다고 말한다. 그들은 혐오감을 느끼지 않은 채 상처 없이 그 안에 계속 있지는 못한다. 왜냐하면 그들은 더 이상 죄 안에서 살지 않고, "하나님께 대하여 살아 있는 자"들이기 때문이다(11절).

:: 저항할 자유가 있다

당신이 그리스도와 연합하기 전에는 죄가 절대적인 권력이었다. 이제 그리스도인은 죄의 지배에서 자유롭게 되었지만 아직도 어느 정도 죄에게 권력을 양도할 수 있다. 하지만 이제 우리에게는 죄에 대항해서 싸우고 이길 수 있는 자유가 있다. 사실 우리는 싸우고 이기기 위해서 자유롭게 되었지만(딛 2:14 참조), 아직도 싸움이 끝난 것은 아니다.

이제 우리는 죄에 복종하든지 아니면 하나님께 순종하든지 선택의 기로에 서 있다. 바울은 우리에게 하나님께 순종할 것을 말하며 다음의 두 가지를 하지 말라고 독려하고 있다. 첫째, "죄가 너희 죽을 몸을 지배하지 못하게 하여라"(롬 6:12). 둘째, "너희 지체를 불의의 무기로 죄에게 내주지 말아라"(13절).

234

죄가 우리를 지배하지는 못하지만 우리 안에서 전쟁을 일으킬 수는 있다. 만약 우리가 죄 된 욕망을 추구한다면, 우리 마음에서 이미 쫓겨났지만 아직도 우리 몸에서 열심히 싸우고 있는 죄의 게릴라 부대가 권력을 장악하게 될 것이다. 더욱이 죄는 우리 주변에서 아직도 전쟁을 일으키고 있기 때문에, 우리 지체의 어떤 영역도(우리 신체의 일부뿐 아니라 모든 능력과 재능까지도 포함해서) 죄의 도구나 무기로 내주어서는 안 된다.

하지만 새 삶을 사는 것이 자신에게 있는 죄와 죄의 욕망에 주목하고서 자신에게 "하지 마" 하고 명령하는 것이라고 생각한다면 오해다. 그리스도 안에서 우리의 새 삶은 긍정적이고 능동적으로 "하라"를 실천하며 사는 것이다. 그래서 바울은 그리스도인이 더는 하지 말아야 할 것들과 반대되는, 해야 할 것 두 가지를 권면한다.

첫째, "너희 자신을 하나님께 드리며", 그분과 더불어 그분을 위하여 그분처럼 산다. 둘째, "너희 지체를 의의 무기로 하나님께 드리"는 것이다(13절). 우리가 순종할 때 하나님이 우리 안에서 왕 노릇하시며 우리를 통해 하나님의 나라를 명확히 드러내실 것이다.

---

13 또한 너희 지체를 불의의 무기로 죄에게 내주지 말고 오직 너희 자신을 죽은 자 가운데서 다시 살아난 자 같이 하나님께 드리며 너희 지체를 의의 무기로 하나님께 드리라

:: 법 아래 있지 않다

14절에서 바울은 자신의 언어를 바꾼다. 그는 죄가 "너희
를 주장하지 못하리니"(죄는 우리의 왕이 아니며 되어서도 안 된다)라
고 반복해서 말하는데, 그 다음 말로 '너희가 죄의 세력 아래
있지 않기 때문에'라고 할 것 같다. 하지만 그 대신 바울은 "너
희가 법 아래에 있지 아니하고 은혜 아래 있음이라"라고 말한
다. 바울은 우리가 이 사실을 아는 것이 죄의 세력을 깨뜨리는
데 도움을 준다고 말한다.

바울이 로마서 6장 후반부에서 보다 자세히 설명하겠지
만 14절에서는 "죄 아래 있는 것"이 "법 아래 있는 것"과 동일
하다는 것을 먼저 이해하는 것이 필요하겠다(5:20-21과 6:14을 비
교해 보라). 구원의 체계로 여겨졌던 율법으로부터 우리가 자유
롭게 된 것은 죄가 우리를 주장하지 못하게 하는 근거가 된다.
왜 그런가? 우리가 행위로 의로워지는 것을 중단할 때 죄의 권
세가 참으로 깨지기 때문이다.

하나님 보시기에 우리는 의롭다. 우리가 이것을 기억한
다면 죄를 짓고 싶은 동기가 약해질 것이다. 각각의 범죄에는
죄 된 동기가 숨어 있다. 특정한 죄에 왜 끌리게 되는지 스스
로 질문해 보면, 우리가 하나님 외에 다른 것을 통해 우리를

---

14 죄가 너희를 주장하지 못하리니 이는 너희가 법 아래에 있지 아니하고 은혜 아래
에 있음이라

'의롭게 하기'(우리의 정체성, 자존감)를 구하기 때문임을 알게 된다. 그러므로 그리스도 안에서 우리가 온전히 사랑받고 의롭게 되었음을 기억하면 죄를 향한 우리의 동기와 욕망이 허물어지고 약화된다.

:: 알아야 할 것들이 있다

바울은 반복적으로 '안다' 혹은 '믿는다'라는 말을 사용하고 있다(3,6,8,9절). 따라서 계속해서 죄를 짓거나 뒷걸음질하는 사람은 그리스도 안에서 자신에게 어떠한 일이 일어났는지 그 의미를 '알지' 못하거나 깊이 이해하는 데 실패한 것이다. 그렇다면 우리는 어떻게 참된 지식과 믿음을 가지고서 우리의 죄에 접근할 수 있을까?

우리는 죄에 대해서 단순히 "노(No)!"라고 하는 금욕주의자가 아님을 깨달을 필요가 있다. 여기서 바울은 의지력이 약해서가 아니라 자신이 어떤 신분인지 몰라서, 다시 말해 자신의 신분을 깊이 생각하고 누릴 줄 모르기 때문에 죄를 짓는다고 말한다.

따라서 다음의 내용들을 기억하고 반복적으로 묵상하는 것이 핵심이다.

첫 번째, 나는 그리스도의 피로 속량되었다. 이것을 기억한다면 우리가 우리 자신에게 속한 것처럼 행동하지 않을 것이다. 우리는 예수 그리스도께 생명과 구원을 빚졌다. 따라서 그분의 뜻을 무시하고 살아갈 수 없다.

두 번째, 나는 죄의 '지배'로부터 해방되었다. 죄가 너무 강해서 저항할 수 없을 것 같아 보이지만, 하나님의 영이 우리 안에 계시기 때문에 그렇지 않다. 우리는 하나님의 자녀이므로 죄 된 욕망을 다스릴 수 있다.

세 번째, 나는 특별히 죄를 짓지 않도록 구원받았다. 그리스도께서 "우리를 대신하여 자신을 주심은 모든 불법에서 우리를 속량하시고 우리를 깨끗하게 하사 선한 일을 열심히 하는 자기 백성이 되게 하려 하심이라"(딛 2:14). 예수님이 당한 모든 고난과 고초는 이를 위한 것이었다. 우리가 죄에 굴복한다면 그 사실을 망각하고 있다는 것이다. 그럴 때는 이렇게 질문해야 할 것이다. "그리스도가 죽으심으로 깨끗하게 하신 나의 마음을 더럽히고, 그가 고통 받으셨던 바로 그 목적을 짓밟고, 그가 고난 받으시며 이루려 하셨던 목표를 좌절시킬 것인가?"

바울이 말하려는 바는 당신이 이것을 알고 생각하면서도 여전히 죄를 짓고 옛날 방식대로 살고 있다면, 그것은 당신이 복음을 알지 못하며, 당신의 "옛사람"도 결코 십자가에 못 박히지 않았다는 증거일 수 있다는 것이다.

따라서 복음은 구원을 위한 방편으로서 율법 아래 있을 때보다 더 경건하게 살도록 다른 방식으로 우리를 격려한다.

율법을 이용해서 자신을 구원하려고 할 때, 율법에 복종하려는 우리의 동기는 두려움과 자기 확신이었다. 하지만 이제는 우리가 거룩하게 살 수 있도록 예수님이 우리를 위해 죽으셨다는 것을 안다. 그리스도가 죽으신 목적을 알고 감사하며 그것을 생각할 때, 우리는 경건하게 살 수 있고, 늘 새로운 격려를 받게 된다! 우리가 "죽은 자 가운데서 다시 살아난 자"임을 알기에, 우리는 "자신을 하나님께 드리기를" 갈망하고 기뻐한다(13절).

02

●

죄의 종이 될 것인가
하나님의 종이 될 것인가

롬 6:15-7:6

●

이제는 너희가 죄로부터 해방되고
하나님께 종이 되어 거룩함에 이르는
열매를 맺었으니
그 마지막은 영생이라

14절에서 본 바와 같이 우리가 "법 아래" 있지 않다면, 마음대로 선택하며 살아도 된다는 의미일까?

하나님의 법이 더 이상 우리를 구원하는 방편이 아니라면, 이제는 거룩한 삶을 살아야 할 아무런 의무도 없는 것이 아닌가?

15절에서 바울은 위와 같은 취지의 질문을 던진다. 1절과 15절의 질문이 매우 유사하게 보이지만 같은 의미는 아니다. 1절에서 바울은 "은혜로만 구원받았다면, 계속 죄에 거하겠느냐?"라고 묻는다. 1-14절은 우리가 경건한 삶을 사는 데 있어서 복음이 율법의 체계 아래 있을 때보다 더욱 새롭고 다른 동기를 준다고 말한다. 곧 그리스도께서 죽으신 목적을 깨달을 때 우리는 거룩한 삶에 대한 새로운 동기를 찾게 된다.

이것은 두려움이나 자기 확신이 아니라 감사와 사랑이다. 이미 보았듯이 바울은 "너희가 법 아래에 있지 아니하고 은혜 아래에 있음이라"(14절)라며 이 단락을 매듭짓는다.

14절은 곧바로 15절의 질문으로 이어진다. 더 이상 구원의 체계로서 율법 아래 있지 않다면, 우리가 지켜야 할 의무도 없다는 것인가? 우리가 원하는 것은 무엇이든 선택해도 되는가? 지금도 십계명을 지켜야 하는가? 바울은 이제 일상에서의 의무에 대한 그리스도인의 동기와 생각이 무엇인가라는 아주 실제적인 질문을 다루기 시작한다. 예를 들면, 그리스도인은 매일의 헌신을 위한 '경건의 시간'을 의무적으로 가져야 하는가? 왜 그리스도인은 기도하기 위해 아침 일찍 일어나야 하는가? 이제 율법 아래 있지도 않고, 도덕적 태만으로 하나님께 버림받을 두려움도 사라졌는데, 그렇다면 우리를 자제하게 하는 내적 동기는 무엇인가? 이 질문은 실제적이고 아주 중요한 의미를 담고 있다!

:: 누구나 자신만의 신이 있다

1절에서처럼 바울은 "그럴 수 없느니라!"(15절)라고 간단

---

15 그런즉 어찌하리요 우리가 법 아래에 있지 아니하고 은혜 아래에 있으니 죄를 지으리요 그럴 수 없느니라

명료하게 대답한다. 왜 그런가? 구원받았다는 것이 주인을 모시는 것으로부터 자유로워졌다는 것을 의미하지는 않기 때문이다. 우리는 죄의 노예나 하나님의 일꾼 중 하나만 될 수 있다. 둘 다 아니거나 둘 다일 수는 없다.

이것은 16-22절에서 바울이 가르치는 핵심 요소이기도 하다. 모든 인간은 두 주인 중에서 이 주인 아니면 저 주인을 섬기게 되어 있다.

- 16절 : 죄의 종 혹은 순종의 종
- 17-18절 : 죄의 종 혹은 의의 종
- 20-22절 : 죄의 종 혹은 하나님의 종

먼저 바울은 아무도 자유롭지 않다고 말한다(16절). 모든 사람은 무엇 또는 누군가의 종이다. 사람들은 누군가를 섬기고 있다. 그리고 무엇인가를 위해 살고 있다. 우리는 각자의 제단에 자기 자신을 제물로 '바친다.' 모두 다 자신의 대의명분과 '가장 중요한 것'을 섬긴다. 우리는 그것의 종이 되고 그것들은 우리의 주인이 된다. 레베카 맨리 피퍼트(Rebecca Manley Pippert)의 글을 보면 더 잘 이해될 것이다.

---

16 너희 자신을 종으로 내주어 누구에게 순종하든지 그 순종함을 받는 자의 종이 되는 줄을 너희가 알지 못하느냐 혹은 죄의 종으로 사망에 이르고 혹은 순종의 종으로 의에 이르느니라

무엇이 되었든 우리를 통제하고 있는 그것이 우리의 주인이다. 권력을 구하는 사람은 권력의 지배를 받는다. 명예를 구하는 사람은 명예의 지배를 받는다. 우리는 스스로를 제어하지 않는다. 우리 인생의 주인이 우리를 다스린다.[1]

이 글을 로마서 본문에 맞게 바꾼다면, 우리는 모두 권력이나 명예, 대의명분, 혹은 무엇이 되었든 인생의 최고선이라 '추구하는' 것에 자신을 '바치고' 있다고 말할 수 있다. 그럴 때 우리는 우리가 추구하는 그것의 '종'이 되는 것이다. 따라서 아무도 자신의 삶을 스스로 통제하지 못한다. 우리는 자신을 바친 그것에 의해 통제될 뿐이다. 자신이 종교적이라고 여기든 그렇지 않든 상관없이, 우리는 모두 자신만의 신을 가지고 있다. 우리 모두가 숭배자들이다.

사실 바울은 근본적으로 두 종류의 주인 아니면 두 범주의 종밖에 없다고 말한다. "너희가 본래 죄의 종이더니… 순종하여"(17절). 죄의 종은 그야말로 노예며, 그 결국은 죽음이다. 하나님의 종은 사랑과 기쁨, 평화, 절제, 그리고 친절이라는 의에 이르게 된다.

---

17 하나님께 감사하리로다 너희가 본래 죄의 종이더니 너희에게 전하여 준 바 교훈의 본을 마음으로 순종하여 18 죄로부터 해방되어 의에게 종이 되었느니라

따라서 그리스도인이 죄를 지을 수 없다고 믿는 사람들은 우리를 노예로 만드는 죄의 속성을 잘 모르고 있는 것이다. 바울의 말처럼 그리스도인이 구원받기 위해서 십계명을 꼭 지킬 필요는 없지만, 자유로운(그래서 경건한) 인간이 되기 위해서는 그것을 지켜야 하는 것이다. 하나님의 법에 순종하지 않으면, 이기심과 죄의 종이 되기 때문이다.

:: 두 신분의 비교 및 대조

바울이 어떻게 이 두 가지 노예 신분을 그 기원(17-18절)과 성장(19절)에서 비교하고 대조하는지 살펴보자.

첫 번째, '기원'에서 이들은 대조를 이루고 있다. "이더니"(17절)로 번역된 동사는 미완료 시제로 우리가 본래 죄의 종이었음을 보여 준다. 우리가 그렇게 태어났기 때문에 자동적으로 노예 신분이 된 것이다. 반면 하나님의 종이 되는 것은 회심할 때 일어나는 일이다. "하나님께 감사하리로다… 너희에게 전하여 준 바 교훈의 본을 마음으로 순종하여"(17절). 우리를 이렇게 새로운 상황에 놓이게 하는 네 가지 요소에 유의하자.

첫째, "교훈의 본"은 복음을 말한다. 진리가 존재해야 회심도 가능하기에, 우리는 진리의 내용을 담고 있는 특별한 메시지를 받아들여야 한다.

둘째, "마음으로"는 이 진리가 마음에 확신을 주고 영향을 끼친다는 의미다. 복음이 마음에 충격을 주기 전에는, 피상적으로 기독교의 도덕적 원리들을 따르거나 지식 또는 행위로만 기독교를 받아들일 수 있다. 하지만 복음을 깨닫고 나면 당신에게 '가장 중요한 것'이 바뀌게 된다. 겉보기엔 도덕적인 것 같아도, 실상은 권력이나 명예 등에 '자신을 바치고 있었다'는 것이 드러난다.

셋째, "순종하여"란 복음이 마음속에 파고들기 시작할 때 삶의 참된 변화가 일어난다는 의미다. "믿어 순종하게 되"는 것이다(1:5). 어떤 의미에서 6장은 1장 5절에서 제기될 만한 질문이나 반론에 대한 답이다.

넷째, "하나님께 감사하리로다"는 이 모든 과정이 하나님의 은혜로 가능하다는 의미다.

요약하자면, 우리는 나면서부터 죄의 노예인 채 살아가게 된다. 하나님의 은혜가 우리 마음에 복음을 기꺼이 받아들이게 하여(우리의 동기와 '가장 중요한 것'을 바꾸어서) 우리는 새롭게 태어난다. 그리고 하나님의 종이 되어 전인적으로 새로운 삶을 살게 된다.

두 번째, 죄의 종과 하나님의 종은 '성장'하는 과정이 매우 흡사하다. 6장 19절에서 두 상태가 발전하며 성장하는 것을 보면 모두 그대로 멈춰 있지는 않다.

"전에 너희가 너희 지체를 부정과 불법에 내주어 불법에 이른 것 같이"(19절). 죄의 종은 '점점 더' 타락하게 된다. 우리가 섬기는 인생의 주인이 명령하는 것들이 우리 몸을 통해 세상에서 그 뜻을 실현하려고 하기 때문에 이처럼 타락하는 것이다. 특정한 목적을 가지고 행동하다보면, 결국 그 행동이 우리의 인격을 형성해서 또 다시 그렇게 행동하기가 쉬워진다. 그래서 우리 몸을 죄에 맡기면 순수함을 잃게 되고 죄와 '악'의 고리에 점점 빠져들게 된다.

C. S. 루이스는 죄의 속박 상태가 어떻게 이 땅의 삶에서 발전되고, 이 세상 너머까지 영향을 끼치는지 흥미롭게 묘사하고 있다.

기독교는 모든 인간이 영원히 살 것이라고 주장하는데, 이것 역시 참 아니면 거짓입니다. 만약 우리가 영원히 사는 존재라면, 겨우 70년 정도 살다가 죽을 존재일 경우에는 전혀 고민할 필요가 없는 아주 많은 것들을 놓고 고민해야 합니다. 예컨대 지금 나의 못된 성질과 시기심이 점점 심해지고 있다고 합시다. 이것은 점차 진행되는 일이므로 70년이 지난다 한들 눈에 확 뜨일 정도로 심해지지는 않을 것입니다. 그러나 이 일이 백만 년 동안 계속된

---

19 너희 육신이 연약하므로 내가 사람의 예대로 말하노니 전에 너희가 너희 지체를 부정과 불법에 내주어 불법에 이른 것 같이 이제는 너희 지체를 의에게 종으로 내주어 거룩함에 이르라

다면 그야말로 완벽한 지옥이라고 하지 않을 수 없겠지요. 기독교가 진짜 참이라면, '지옥'이야말로 이 상태를 정확하게 꼬집어 주는 용어라 할 것입니다.[2]

하나님의 종도 같은 방식으로 발전한다. "의에게 종으로 내주어 거룩함에 이르라"(19절). 우리가 진리에 따라 행동하면, 우리의 인격과 의지도 경건함과 의로움의 습관을 따라 형성될 것이다.

:: 우리의 현실을 살다

19절은 우리가 어떻게 죄로부터 자유를 지켜내고 그것을 누리며 살 것인지 가르쳐 준다.

13절의 "너희 지체"(19절 - ESV는 '몸의 기관들'로 번역한다)는 엄격히 말해 팔다리를 가리킨다기보다는 계획이나 목적을 수행할 수 있는 우리의 모든 요소들을 의미한다. 바울은 "부정과 불법"이라는 동기나 목적에, 지체를 내준다는 것은 그것을 행동으로 옮기는 것을 의미한다고 말한다. 따라서 하나님의 종이 된다는 것은 우리가 아는 참된 것을 내가 '행동으로 옮기는' 능동적인 노력의 결과를 의미한다. 이처럼 "지체를 내주는 것"은 성경이 실제라고 말하는 바에 따라 행동하는 것이다.

19절이 앞 절의 "죄로부터 해방되어" 다음에 온다는 것을 잊어서는 안 된다. 4-5장에서 본 대로, 회개는 우리를 새로운 영역으로 옮겨 우리 안에 새로운 능력을 부여하는 것이다. 더는 죄가 우리에게 어떤 것을 억지로 시킬 수 없다. 따라서 19절의 "이제는 너희 지체를 의에게 종으로 내주어"는 '자신의 감정이나 겉으로 보이는 것이 아닌 복음이 당신에게 말하는 사실이 당신의 삶을 지배하게 해서, 당신 자신이 되라'는 의미이다.

이것은 실제로 어떤 결과를 가져오는가? 일상 속에서 하나님을 나의 최고선이자 주인으로 섬길 수도 있고, 아니면 다른 어떤 것을 나의 최고선이자 주인으로 섬길 수도 있다는 말이다.

예를 들어 누군가 우리를 깎아 내리는 말을 할 때, 우리는 그 순간 하나님의 종이나 죄의 종으로 자신을 내어 줄 것이다. 나 자신을 잘 보이고 싶은 욕망이 나의 주인이 된다면 마음으로 이렇게 말할 것이다. '이건 재앙이야! 내가 바보처럼 보이잖아! 이 녀석에게 망신을 주어야 하는데! 반드시 되갚아 주겠어!' 그 순간 이런 생각으로 행동한다면(자신을 그것에 내주면서), 우리는 적의와 사나운 말투로 대응하게 될 것이다.

반면 그리스도를 기쁘시게 하는 것이 우리를 지배하는 동기라면 마음속으로 이렇게 말할 것이다. '그래, 내가 꼭 해결

---

20 너희가 죄의 종이 되었을 때에는 의에 대하여 자유로웠느니라

해야 할 단점을 지적했네(불순한 동기이긴 해도)! 하지만 다행히 하나님이 나의 재판관이시잖아. 그리스도 예수 안에서 나를 용납하셨는데 뭘!'이라고 할 수도 있다. 이런 생각을 행동으로 옮기면, 나에게 책임이 있는 것에 대해서는 진심으로 하나님께 회개할 것이고, 단점을 지적한 사람에게도 부드럽게 대답할(잠 15:1) 수 있을 것이다.

그리스도인의 회개는 너무나 아름다운 실재이자 경험이어서 그것을 하나의 비유로 정확하게 묘사하거나 요약할 수는 없다. 그래서 바울은 이것을 변증론적인 방법으로 설명하고 있다. "너희 육신이 연약하므로 내가 사람의 예대로 말하노니"(19절). 그리스도와의 연합 속에 있는 경이와 의미를 확실히 파악하기 위해서는 도움이 필요하다. 그래서 바울은 노예의 비유를 계속해서 사용한다. 바울은 죄의 종과 하나님의 종이 그 기원에서부터 다르다는 것을 보여 주었다. 반면 성장 과정에서는 유사하게 발전해 감을 말했다. 그리고 21-23절에서는 두 상태의 결과가 완전히 다름을 가르치고 있다.

:: 죄는 현재의 삶을 망가뜨린다

죄의 종이 되면 자유를 얻을 것 같지만, 이는 "의"(20절)로부터만 자유로운 것이다. 만일 누군가 자유를 원하기 때문에 기독교를 거부한다고 한다면, 이것은 하나님의 종이 되어 최고의 만족과 충만한 삶을 사는 것으로부터 자유롭게 된다는 의미에서만 옳다. 따라서 이외의 다른 모든 것에서는 여전히 노예 상태로 있게 된다. 바울은 이러한 그리스도인들에게 "너희가 그때에 무슨 열매를 거두었느냐?"(21절)라고 질문한다. 대답은 간단하다. 그 마지막은 사망이다.

어떻게 죄가 죽음으로 이어지는가? 궁극적으로 죄는 정죄뿐 아니라 하나님과의 영원한 단절을 가져 온다. 하지만 바울이 말하는 죽음은 그리스도인들이 경험적으로 알고 있는 것이다. 이는 불신자들도 지금 알고 있으며 앞으로 알게 될 죽음이다. 그것은 곧 삶이 망가지는 것이다. 하나님의 법에 따르지 않으면 죽음이 일하기 시작한다. 그래서 이기심과 정욕, 괴로움, 교만, 물질주의, 근심, 충동, 두려움 등의 노예가 된다. 당신을 노예로 만드는 특정한 죄는 당신이 하나님 대신 무엇을 가장 중요하게 여기느냐에 따라 결정된다. 예를 들어 당신이 명예의 노예가 된다면, 지속적으로 자기연민과 시기심, 상한 감정, 미흡하다는 감정에 시달리게 될 것이다. 또한 성공의 노예가 된다면, 충동과 피로, 근심, 두려움 등에 시달리게 될 것이다. 하나님 외에 당신이 숭배하는 것은 많은 것을 약속해 주지만, 실상 받게 되는 것은 없느니만 못한 것들이다. 노예 상태란

---

21 너희가 그 때에 무슨 열매를 얻었느냐 이제는 너희가 그 일을 부끄러워하나니 이는 그 마지막이 사망임이라 22 그러나 이제는 너희가 죄로부터 해방되고 하나님께 종이 되어 거룩함에 이르는 열매를 맺었으니 그 마지막은 영생이라

실제로 이루어질 수 없는 것을 계속 붙들거나 붙잡기 위해 지속적으로 반복하는 것이다. 우상숭배의 유일한 혜택이 있다면 그것은 망가짐이다.

하지만 하나님의 종이 되어 얻는 결과는 그것과 완전히 다르다. "거룩함에 이르는 열매를 맺었으니 그 마지막은 영생이라"(22절). 한 번 더 바울은 우리의 현재와 미래에 초점을 맞춘다. 하나님의 종으로 순종하는 사람은 성령의 열매 안에서 성장하고, 사랑과 기쁨, 자제력, 친절 등이 풍성해져, 지금 자유를 만끽할 뿐 아니라 영원히 그것을 누릴 소망을 얻게 된다.

결국 죄는 항상 값을 치르는 주인이다. 할부든 일시불이든 죄가 지불하는 삯은 "죽음"이다(23절). 우리는 모두 죄를 위해 행했던 자신의 행동에 걸맞은 삯을 받아야 한다. 반면 하나님의 종이 되면 "우리 주 예수 그리스도 안에 있는 영생"에 이르게 된다. 죄 된 행위가 죽음을 가져오듯, 의로운 행위는 생명을 받기에 합당하다는 의미가 아니다. 왜냐하면 죄는 우리가 받아 마땅한 것을 주지만, 영원한 생명은 언제나 "하나님의 선물"이기 때문이다. 다시 말하지만 그분을 섬기는 것으로 구원을 얻는 것이 아니다. 아무리 잘 섬겨도 우리의 고백은 다음과 같을 것이다. "우리는 무익한 종이라 우리가 하여야 할 일을 한 것뿐이라"(눅 17:10). 하지만 "하나님의 은사인 영생"(롬 6:23)

---

23 죄의 삯은 사망이요 하나님의 은사는 그리스도 예수 우리 주 안에 있는 영생이니라

을 받은 사람들은 의를 위해 이 모든 일을 다 이루신 새로운 주인을 섬긴다는 것을 알고 있다.

:: 누군가와 결혼하다

7장 1-6절에서 바울은 6장 15절의 질문에 대한 두 번째 대답을 한다. 복음은 당신이 원하는 대로 자유롭게 사는 것인가? 바울은 "아니다!"라고 말한다. 우리는 율법과 결혼했거나 그리스도와 결혼한 상태이지, 미혼이 아니다.

7장 1-3절에서 바울은 법이 살아 있는 사람에게만 구속력을 가진다는 기본적인 사실을 예로 든다. 죽음은 법의 힘을 깨뜨린다. 결혼은 구속력을 지닌 법적인 관계지만 남편과 아내 모두 살아 있을 동안에만 그렇다. "법이 사람이 살 동안만 그를 주관하는 줄 알지 못하느냐"(1절). 둘 중 하나가 죽으면, 둘 다 결혼의 법에서 벗어나서 더 이상 "매이지 않는다"(2절). 아내의 경우, 남편의 생사 여부로 다른 남자와의 관계가 간음이 되기도 하고 합법적 결혼 관계가 되기도 한다(3절).

4-6절에서 바울은 이것을 우리에게 적용시키고 있다. 남편의 죽음이 아내에게 재혼할 수 있는 자유를 준 것처럼, (그리

---

1 형제들아 내가 법 아는 자들에게 말하노니 너희는 그 법이 사람이 살 동안만 그를 주관하는 줄 알지 못하느냐 2 남편 있는 여인이 그 남편 생전에는 법으로 그에게 매인 바 되나 만일 그 남편이 죽으면 남편의 법에서 벗어나느니라

스도 안에서) 우리의 죽음도 재혼할 수 있는 자유를 준다. 비유가 완전히 들어맞는 것은 아니지만 원칙은 그렇다. 그리스도인이 된다는 것은 관계와 충성의 대상이 완전히 바뀌는 것이다.

우리가 그리스도와 결혼하다니, 이 얼마나 놀라운 은유인가! 그리스도인이 된다는 것은 예수님과 사랑에 빠져, 결혼처럼 법적으로 또한 개인적으로 포괄적인 관계를 맺는 것이다.

결혼을 하게 되면 삶의 모든 부분이 영향을 받게 된다. 이제 그리스도인은 '율법 아래' 있지 않을 뿐 아니라 예수 그리스도의 오심으로 삶의 모든 영역에서 새롭게 된다. 삶에서 건드려지지 않은 영역은 아무 데도 없다.

그러면 "그리스도인은 자신이 원하는 대로 자유롭게 살 수 있는가?" 아니다. 왜냐하면 우리는 그리스도와 사랑에 빠졌고 그리스도와 결혼했기 때문이다!

결혼을 하게 되면 미혼으로서 누리던 자유와 독립성의 상당 부분을 포기해야 한다. 결혼한 사람은 혼자만의 선택대로 살 수 없다. 미혼인 경우 일방적으로 결정을 내릴 수 있지만 결혼을 하게 되면 그렇지 못하다. 결혼에는 의무와 구속이

---

3 그러므로 만일 그 남편 생전에 다른 남자에게 가면 음녀라 그러나 만일 남편이 죽으면 그 법에서 자유롭게 되나니 다른 남자에게 갈지라도 음녀가 되지 아니하느니라 4 그러므로 내 형제들아 너희도 그리스도의 몸으로 말미암아 율법에 대하여 죽임을 당하였으니 이는 다른 이 곧 죽은 자 가운데서 살아나신 이에게 가서 우리가 하나님을 위하여 열매를 맺게 하려 함이라

있기 때문이다. 하지만 다른 한편으로는 미혼일 때 경험하기 힘든 사랑과 친밀감, 용납, 안정감을 얻을 수 있다. 그리고 이러한 사랑과 친밀감 덕분에 자유를 잃는 것이 부담이 아니라 기쁨이 되는 것이다. 행복한 결혼 관계에서는 당신의 모든 인생이 사랑하는 배우자의 소원과 갈망에 따라 영향을 받고 바뀌게 된다. 상대에게 즐거움을 주는 것에서 자신의 즐거움을 얻는 것이다. 사랑하는 배우자의 소원을 발견하려 애쓰고 그 소원에 맞게 자신의 삶을 바꾸는 데서 행복을 느낀다.

이제 바울은 그리스도인이 어떻게 사는가에 대한 궁극적인 해답을 준다. 그리스도인은 '율법 아래' 있지 않다. 곧 하나님의 거부에 대한 두려움 때문에 율법을 지키는 것이 아니다. 우리는 하나님께 용납 받거나 가까이 가는 수단으로, 또는 그분께 이르기 위한 계단으로, 다시 말해 구원의 방편으로 율법을 이용하지 않는다. 그리스도의 완전한 삶과 죽음이야말로 우리가 하나님께 이르는 계단이며, 이것으로 그리스도 안에서 용납을 받았다.

:: 그리스도를 기쁘시게 하다

5절과 6절은 결혼에 대한 비유로 노예 상태를 표현한 6

---

5 우리가 육신에 있을 때에는 율법으로 말미암는 죄의 정욕이 우리 지체 중에 역사하여 우리로 사망을 위하여 열매를 맺게 하였더니

장 19-22절에 대응한다. 우리는 율법과 결혼하여 옛 죄성의 지배를 받는데, 우리의 죄성은 "율법으로 말미암는다"(7:5-로마서 7장에서 바울이 계속 확장해 나가는 생각). 그래서 우리의 죄 된 욕망은 현재와 미래의 영원한 '죽음'에 이르는 '열매를 맺도록' 우리를 부채질한다. "하지만 지금은" 그리스도 안에서 우리 자신이 죽음으로써 옛 결혼에서 놓여났다(6절). 그리스도와 결혼하고 성령이 우리 안에 거하기 때문에 우리는 새로운 방식으로 주를 섬긴다(로마서 8장에서 바울이 집중할 주제다).

그렇다면 그리스도인은 하나님의 도덕법을 무시하는 것인가? 전혀 아니다. 우리는 도덕법을 하나님의 갈망이 표현된 것으로 여긴다. 그분은 정직과 순전함, 관용, 진실, 고결함, 친절 등을 사랑하신다. 우리는 이제 우리를 구원한 분을 기쁘시게 하기 위해 법을 사용한다. 그래서 우리는 '율법 아래' 있지 않고 그것에 매이지도 않았다. 우리는 그리스도와 결혼했고 그분을 기쁘시게 하려 한다. 그리고 법을 지키는 것은 우리가 사랑하는 그분을 존귀하게 하는 길이다. 이렇듯 새로운 체계 안에서 순종하고 남편을 사랑하는 새로운 동기가 있기 때문에, 법은 더 이상 짐이 아니다.

이렇게 생각하는 사람도 있을 것이다.

'내가 은혜로만 구원받아서 버림받지 않는다고 생각한다

---

6 이제는 우리가 얽매였던 것에 대하여 죽었으므로 율법에서 벗어났으니 이러므로 우리가 영의 새로운 것으로 섬길 것이요 율법 조문의 묵은 것으로 아니할지니라

면, 거룩한 삶에 이르는 모든 동기를 잃게 될 것이다.'

이에 대한 답변은 이렇다.

'그렇다면 지금 당신이 지닌 동기는 거절에 대한 두려움 뿐일 것이다. 당신은 율법 아래 있다. 당신이 용납 받았다는 것을 안다면 감사하는 기쁨과 사랑이 새로운 동기가 될 것이다. 그것이 올바른 동기이다."

우리는 우리가 섬기는 대상에게 복종한다. 우리는 배우자를 기쁘게 해주기 위해 산다. 한때 우리는 죄의 종이었고 그것에 복종했다. 그리고 율법과 결혼해서, 자기 의를 위한 종교든지 아니면 자기중심적 법적 권리를 추구하든지 우리의 죄성이 이끄는 대로 율법을 기쁘게 하기 위해 살았다. 하지만 "그리스도의 몸"(4절) 안에서 우리는 죽었고, 모든 것이 영원히 온전하게 바뀌었다. 하나님의 종인 우리가 어떻게 죄를 지을 수 있으며 왜 지으려고 하겠는가?! 그리스도가 우리를 위해 죽으신 줄 아는 신부로서 우리는 사랑과 감사로 그를 기쁘게 하기 위해 살 것이다. 6장 15절에서 바울의 질문에 대한 궁극적인 대답은 그리스도인과 하나님의 관계, 곧 그리스도인의 정체성이다. '지금 이 순간 죄의 종처럼 율법에 매인 채 살 것인가? 결코 그럴 수 없다!'라고 마음속 깊이 외칠 수 있다면 그리스도 안에서 자신이 누구인지 아는 것이다.

03

●

내가 실패해도 복음의 영광은 계속된다

롬 7:7-25

오호라 나는 곤고한 사람이로다
이 사망의 몸에서
누가 나를 건져내랴

로마서 7장 7절은 "율법이 죄냐"는 새로운 질문을 던진다. 우리가 전에는 율법에 매였다가 그리스도 안에서 죽어 자유롭게 되고 이제는 그리스도와 연합했다는 논리에서, 바울은 우리가 벗어나야 하고 이제는 묵은 것(6절)이 되어 버린 율법이 그 자체로 나쁜 것인지에 대해 사람들이 의문을 품을 것이라고 생각한 것이다.

:: 율법이 하는 일

바울은 다시 한 번 긴 설명을 하기 전에 간략하게 대답하고 있다. "그럴 수 없느니라"(7절). 하나님의 법에는 아무 잘못이 없다. 그렇다면 우리는 율법의 용도가 무엇인지 알 필요가 있다.

율법의 주된 목적은 죄의 속성을 우리에게 알려 주는 것
이다. 또한 "율법으로 말미암지 않고는 내가 죄를 알지 못하였
으니"(7절)와 같은 말의 의미를 이해하는 유일한 방법이기도
하다. 그렇다면 율법은 어떻게 이런 일을 하는가?

첫째, 우리에게 죄가 무엇인지 정의해 준다. "곧 율법이
탐내지 말라 하지 아니하였더라면 내가 탐심을 알지 못하였으
리라"(7절). 이는 율법이 시기와 탐심의 개념을 그대로 규정한
다는 뜻이다. 그 기준이 없었다면, 바울도 탐심이 죄라는 것을
이해하지 못했을 것이다.

둘째, 율법은 우리 안에 있는 죄를 드러낸다. "율법이 없
으면 죄가 죽은 것이라"(8절). 이 말은 하나님의 명령이 우리
에게 올 때, 그것이 우리 마음의 죄를 부각시키고 부추겨서 죄
가 무엇인지뿐 아니라 그것이 어떻게 우리 안에 자리 잡고 있
는지 보여 준다는 것이다. 13절에서 바울은 다시 한 번 이런
입장을 말하고 있다. "죄가 죄로 드러나기 위하여… 계명으로
말미암아 죄로 심히 죄 되게 하려 함이라." 바울은 탐심과 시
기를 피하려고 할수록 오히려 그것들이 더 커지는 상황을 묘
사하고 있다! 율법을 읽을수록 바울의 삶에서 죄는 더욱 두드

---

7 그런즉 우리가 무슨 말을 하리요 율법이 죄냐 그럴 수 없느니라 율법으로 말미암지
않고는 내가 죄를 알지 못하였으니 곧 율법이 탐내지 말라 하지 아니하였더라면 내가
탐심을 알지 못하였으리라

러지고 선명해져서, 전혀 변명할 수 없게 된다. 그때 자신의 죄성과 필요를 볼 수 있게 되는 것이다.

율법은 우리를 구원할 수 없다. 그랬던 적도 없고 그럴 가능성도 없다. 율법은 죄인들에게 주어진 것이다. 그리고 율법의 목적은 우리가 죄인이며 구원이 필요함을 보여 주는 것이다. 따라서 율법은 그 사실을 반드시 보여 주어야 한다. 율법이 자신의 역할을 하지 않으면 우리는 그리스도를 보지 못한다. 죄의 본성과 그 깊이에 대해서도 부인할 것이다. 요컨대 그리스도 안에 있는 하나님의 은혜에 대한 필요를 느끼고 그것을 갈망하기 위해서는, 먼저 율법이 우리에게 "유죄를 선고해야" 한다.

:: 율법이 강해질수록 죄도 악해진다

바울은 율법이 우리의 죄를 드러낸다는 것 이상을 말하고 있다. 사실 율법은 우리 속에 있는 죄를 증폭시키거나 선동한다. "죄가 기회를 타서 계명으로 말미암아 내 속에서 온갖 탐심을 이루었나니… 계명이 이르매 죄는 살아나고"(8-9절).

어떻게 율법이 이런 일을 하는가? 우리 마음속에 '삐딱함 (perversity)'이 있기 때문이다. '삐딱함'이란 금지되어 있다는 이

---

8 그러나 죄가 기회를 타서 계명으로 말미암아 내 속에서 온갖 탐심을 이루었나니 이는 율법이 없으면 죄가 죽은 것임이라

유 때문에 그것을 하려는 욕망이다. 나쁜 짓 자체를 즐기는 것이다. 어떤 악한 행동을 하지 말라는 말을 듣기 전에는, 그것을 하고 싶은 열망이 크지 않다. 하지만 금지 명령을 받고 나면, 타고난 '삐딱함'이 발동해서 우리 마음을 장악해 버린다.

이러한 통찰력은 죄의 본질에 대해서 이해의 문을 열어 준다. 어거스틴의 고백록에는 죄의 본질과 관련하여 유명한 분석이 나온다. 그는 소년 시절 배를 훔쳤던 일을 묘사하면서 자신의 경험으로부터 심오한 통찰력을 이끌어 낸다.

> 우리 포도밭 근처에 배가 주렁주렁 열린 배나무 한 그루가 있었다. 하지만 그 배는 색도 맛도 특별히 좋아 보이지는 않았다. 나와 몇몇 또래들은 그 나무에서 배를 훔쳐야겠다고 마음먹었다. 우리는 한밤중에 몰래 그곳에 모여 우리가 가져갈 수 있는 만큼의 많은 배를 훔쳤다. 하지만 먹으려고 했던 게 아니었기에, 조금만 맛본 후 남은 배들을 모두 돼지에게 던져 주었다. 우리의 진짜 즐거움은 해서는 안 될 일을 하는 데 있었다. 집에는 훨씬 좋은 배가 많이 있었지만 도둑이 되어 보고 싶은 마음에 남의 배를 훔쳤다. 훔친 배들을 던져 버리면서 내가 맛본 것은

---

9 전에 율법을 깨닫지 못했을 때에는 내가 살았더니 계명이 이르매 죄는 살아나고 나는 죽었도다

나 자신의 죄였고, 나는 그것이 무척이나 즐거웠다.¹

어거스틴은 모든 죄에는 항상 '더 깊은 동기'가 있다고
말한다. 누군가 거짓말을 하거나 훔치거나 부도덕하거나 잔인
할 경우, 거기에는 항상 피상적인 동기가 있다. 탐욕이나 분노
따위다. 하지만 어거스틴은 배나무 사건(그리고 성경 연구)을 통
해서 더 깊은 곳에 있는 궁극적인 죄의 동기가 하나님 노릇을
하려는 것임을 알게 되었다.

> 삐딱하게도, 인간은 하나님과 멀리 떨어져 있으려 하면
> 서도 하나님 흉내를 낸다. …그렇다면 배를 훔치면서 내
> 가 즐긴 것은 무엇인가? 서툴고 비뚤게 나의 주님을 어
> 떤 식으로 흉내 내었는가? 당신의 법을 어기고도 처벌받
> 지 않는 게 즐거워서 내 전능함의 어두운 그림자를 만들
> 었는가? 무슨 꼴인가! 자신의 주인에게서 도망쳐서 그림
> 자를 좇는 종이라니! …단지 금지되어 있다는 이유만으
> 로 금지된 것을 즐길 수 있을까?²

우리에게는 세상과 인생을 다스리고 싶어 하는 깊은 욕

---

10 생명에 이르게 할 그 계명이 내게 대하여 도리어 사망에 이르게 하는 것이 되었도
다

망이 있다. 우리는 주권을 원한다. 그런데 하나님이 규정한 모든 법은 우리의 절대 주권을 침해한다. 이것은 우리가 하나님이 아니라는 것을 상기시키고, 원하는 대로 살면서 최고가 되려는 우리의 욕망을 막는다. 본질상 죄는 그것이 무엇이든 우리의 주권이 침해받는 것을 미워하는 세력이다. 죄는 하나님이 되기를 욕망한다. 에덴동산에서 뱀의 첫 번째 시험이 무엇이었는가? "하나님과 같이 되어"(창 3:5). 이것이 첫 번째 죄의 본질이자 우리가 짓는 모든 죄의 본질이기도 하다.

자신의 절대 권력이 침해받지 않도록 스스로 하나님 노릇을 하려는 것이 죄의 본질이므로 모든 법은 죄 본래의 세력과 힘을 더욱 부추길 것이다. 우리가 하나님의 법을 알면 알수록, 죄성의 힘도 그 반작용으로 증가할 것이다.

:: 율법에 대한 이해 없이 살다가

바울은 "전에 율법을 깨닫지 못했을 때에는 내가 살았더니"라고 한다(롬 7:9). 이전에 한 경험을 가리키는 것 같은데, 사실 그가 말하려는 의미에 대해서는 이미 많은 논의가 있었다. "율법 없이"란, 바울이 독실한 유대교 가정에서 자란 유대인 소년이었기에, 율법을 몰랐다거나 그것을 지키려고 하지 않

---

11 죄가 기회를 타서 계명으로 말미암아 나를 속이고 그것으로 나를 죽였는지라

았다는 의미가 아니다. 바울이 회심하기 전까지 율법과 무관하게 살았던 적은 한 번도 없었을 것이다. 따라서 "율법 없이"란 말은, 율법의 참되고 본질적인 요구를 바울이 한 번도 이해한 적이 없다는 의미일 것이다. 그는 율법이 진정으로 요구하는 것을 깨닫지 못했다. 그는 율법의 수많은 규율은 알았지만 전체로서 율법이 지닌 기본적인 영향력이나 취지는 알지 못했다. 그는 거룩함에 대한 이해가 없었고, 하나님을 지극히 사랑하고 이웃을 자신과 같이 사랑하라는 것이 무엇인지 이해하지 못했다. 이렇게 그는 율법으로부터 '떨어져' 있었다.

그렇다면 바울이 말하는 "살았더니"란 어떤 의미일까? 이것은 바울의 자아인식을 의미하는 듯하다. 바울은 율법이 진정으로 요구하는 것을 몰랐기 때문에 자신이 "살아 있다"고 오해했었다고 말한다. 그래서 "계명이 이르매… 나는 죽었도다." 이것은 바울에게 곧바로 어떤 일이 생겨서 자신이 하나님을 전혀 기쁘게 해드리지 못하고 오히려 정죄 아래 있다는 것을 깨달았음을 의미한다. 보다 생동감 있게 표현하자면 이런 말이다. "내가 죽어 있다는 것을 알아 버렸다! 영적으로 꽤 잘한다고 생각했는데. 최고는 아니어도 괜찮거나 조금 더 낫다고 느꼈는데, 실패감과 자책이 나를 삼키는구나."

무엇 때문에 이런 인식의 변화가 생겼을까? "계명이 이

---

12 이로 보건대 율법은 거룩하고 계명도 거룩하고 의로우며 선하도다

르매"(9절)에 답이 있다. 하나님의 법은 이미 수백 년 전에 왔으므로, 바울이 이 땅에 계명이 온 것을 말하고 있을 리는 없다. 오히려 이런 의미일 것이다. '계명이 나의 가슴에 뼈저리게 와 닿았다.' 이미 바울에겐 양심이 있었지만 이제 도덕법의 요구가 그를 큰 충격으로 밀어붙인 것이다. 그는 이른바 죄를 자각하게 되었다.

바울이 자기가 죄를 지었다는 사실을 이전에는 전혀 몰랐다거나 그때까지 계명에 대해 알지 못했다는 의미가 아님을 기억하자. 오히려 자신이 하나님의 법을 지키는 데 완전히 실패했고 무능력하다는 것을 알고, 자신이 정죄 받아 마땅한 자임을 알게 되었다는 의미다. 그는 마침내 자신이 죽었다는 사실을 깨달았다. 그는 하나님 앞에서 자신의 입지에 흔들림이 없던 교만한 바리새인이었다(행 26:4-5, 빌 3:4-6). 적어도 진지하게 번민하며 율법을 읽고 자신이 죄인임을 깨닫기 전까지는 말이다. 이런 의미에서 '죽는다'는 것은 자신의 도덕적 실패와 가망 없음, 그리고 스스로를 구원하지 못함을 직시하는 것을 뜻한다.

---

13 그런즉 선한 것이 내게 사망이 되었느냐 그럴 수 없느니라 오직 죄가 죄로 드러나기 위하여 선한 그것으로 말미암아 나를 죽게 만들었으니 이는 계명으로 말미암아 죄로 심히 죄 되게 하려 함이라

:: 외적 행동이 아닌 내적 동기로 판단 받다

바울을 죽음으로 내몰았던 계명은 로마서 7장 7절에서 "탐내지 말라"고 말한다. 한때 바리새인이었던 바울이 이 말을 하는 것은 놀라운 일이 아니다. 바리새인들은 악행을 하지 않는 한 죄가 없다고 생각했다. 그래서 이들은 자신이 율법에 순종하고 그것을 잘 지키는 사람이라고 쉽게 착각했다.

하지만 예수님은 십계명의 내용이 단지 겉으로 드러나는 행위뿐 아니라 내면의 태도와 동기까지도 포함하고 있음을 보여 주셨다. 주님은 사실상 이렇게 말씀하셨다. "살인하지 말라. 하지만 그 참 뜻은 네 이웃을 미워하거나 모질게 대해서는 안 된다는 것이다!"(마 5:21-22 참조)

하지만 십계명을 쓰인 대로만(출 20:1-17) 읽으면, 겉으로 드러난 외적 행위만 보기 쉽다. 그래서 쉽게 지킨 것으로 생각하고, 스스로를 영적으로 "살아 있다"고 느끼게 된다. 당신은 이렇게 말할 것이다. "나는 우상을 섬기지 않았어, 부모님께 불순종하지 않았어, 살인하지 않았고, 거짓말하지 않았고, 훔치지 않았고, 간음하지도 않았어. 나는 잘하고 있어!" 이런 사람들은 율법을 피상적으로만 해석해서, 지키기 어렵지 않은 행동과 관련된 규율로 인식한다.

사실 당신은 아홉 번째 계명까지만 이런 식으로 읽을 수

---

14 우리가 율법은 신령한 줄 알거니와 나는 육신에 속하여 죄 아래에 팔렸도다

있다. 왜냐하면 마지막 계명은 겉으로 드러나는 행위에만 적용되는 것이 아니기 때문이다. 열 번째 계명인 "탐내지 말라"는 내적인 태도와 마음의 관심에 관한 것이다. "탐심"은 하나님이 당신에게 주신 것에 만족하지 못하는 마음이다. "탐심"에는 시기와 자기 연민, 불평, 투덜거림이 포함된다. 탐심이란 단지 "원하는 것"이 아니라, 가진 것보다 더 많은 아름다움과 재산, 지지, 인기를 바라는 우상숭배적인 욕망이다. 이런 것을 원하는 것이 잘못은 아니지만 그것을 가지지 못했다고 속상해하거나 풀이 죽는다면 그것들을 향한 당신의 욕망은 우상숭배적인 탐심일 것이다.

회심하기 전 바울은 죄를 결코 내적인 갈망이나 우상숭배적인 충동, 욕망으로 이해한 적이 없었다. 죄가 본질적으로 자족할 만큼 하나님을 충분히 사랑하지 않는 것으로, 곧 하나님께 대적하여 '탐내는 것'임도 결코 알지 못했다. 그는 단지 규율을 범하는 것이 죄라고 생각했다. 그러던 그가 열 번째 계명을 읽고 이를 진정으로 깨닫게 되었을 때 무슨 일이 벌어졌을까? 그는 하나님의 백성들이 세상에서 어떻게 살지 가르쳐 주는 이 계명들이 "도리어 사망에 이르게 하는 것"임을 알았다 (롬 7:10). 왜인가? 죄가 계명을 이용하여 "온갖 탐심을"(8절) 불러일으켜서 바울을 "속였고"(11절), 그는 계명을 어기고… 죽음

---

15 내가 행하는 것을 내가 알지 못하노니 곧 내가 원하는 것은 행하지 아니하고 도리어 미워하는 것을 행함이라

에 이르게 되었다(11절). 문제는 율법이 아니라 정반대로(12절) 죄인인 바울에게 있었다. 겉보기엔 매우 선했을지라도 그 내면은 다름 아닌 죄인이었다.

이 모든 것은 또 다른 질문을 던지게 한다. "그런즉 선한 것이 내게 사망이 되었느냐"(13절). 다시 말해 율법이 살인자인가? "그럴 수 없느니라!" 그를 죽게 한 것은 "선한 그것"(율법)을 통해서 작용한 죄였다. 죄가 살인자다. 선한 율법은 죄의 무기일 뿐이다.

:: 불신자인자 신자인가

7장 후반부에서 바울은 죄와 투쟁한 자신의 경험을 말하고 있다. 여기서 그는 불신자로서 말하는가, 아니면 신자로서 말하고 있는가? 이것은 매우 난해한 질문이어서, 심사숙고 끝에 사람들도 양편으로 나눠졌다. 한편에서는 바울이 신자라면 "나는 육신에 속하여 죄 아래에 팔렸도다"(14절)라고 말할 수는 없다고 믿는다. 심지어 그는 죄를 어김없이 강박적으로 짓게 된다고 고백하고 있다. "내가 원하는 것은 행하지 아니하고 도리어 미워하는 것을 행함이라"(15절) "원함은 내게 있으나 선을 행하는 것은 없노라"(18절). 그래서 오랜 시간 많은 사람들

---

16 만일 내가 원하지 아니하는 그것을 행하면 내가 이로써 율법이 선한 것을 시인하노니

은 바울이 회심하기 전의 자신에 대해 말하고 있다고 결론 내렸다.

하지만 나는 바울이 그리스도인으로서 현재의 자기 삶에 대해 말하는 것이라고 주장하고 싶다. 그 증거는 다음과 같다.

첫째, 동사의 시제가 바뀌었다. 7-13절의 동사들은 다 과거시제였지만, 14절부터는 모두 현재시제이다. 자연스레 읽어 가면 바울이 자신의 '현재'를 말하고 있다는 것을 알게 된다.

둘째, 상황이 바뀌었다. 7-13절은 죄가 그를 '죽이는 것'에 대해 말한다. 바울은 죽었다. 하지만 14절부터는 죄와 계속 투쟁하지만 그것에 결코 굴복하지 않는 자신의 분투를 묘사하고 있다.

셋째, 죄가 그의 속에서 작용하고 있음에도 불구하고, 바울은 하나님의 법을 즐거워한다. "내 속사람으로는 하나님의 법을 즐거워한다"(22절). 불신자라면 속마음으로 하나님의 법을 즐거워할 수 없다. "육신의 생각은 하나님과 원수가 되나니 이는 하나님의 법에 굴복하지 아니할 뿐 아니라 할 수도 없음이라"(8:7). 이것은 불신자가 하나님의 법을 즐거워할 수 있다는 것을 분명하게 부인하는 것으로, 7장 22절이 신자의 말이라는 강력한 논리적 증거다.

넷째, 바울은 자신이 구원받지 못한 죄인이라고 인정한

---

17 이제는 그것을 행하는 자가 내가 아니요 내 속에 거하는 죄니라

다. "내 속 곧 내 육신에 선한 것이 거하지 아니하는 줄을 안다"(18절). 그러나 불신자는 자신이 구원받지 못한 것과 스스로 구원하지 못할 만큼 죄에 물들어 있다는 사실을 알지 못한다. 사실 덜 성숙한 신자들도 자신을 과신하는 경향이 있어서, 자신의 속마음이 얼마나 깊이 타락했는지 깨닫지 못한다.

따라서 이 논쟁을 둘러싸고 주석가들 사이에 의견이 다르긴 해도, 본문의 증거를 통해서 볼 때 화자가 성숙한 신자인 '현재의 바울'임을 추측할 수 있다.

:: 법, 법 그리고 법

바울이 예수님의 추종자로서 삶의 경험에 대해 말하는 것이라면, 그는 우리에게 무엇을 가르치고 있는 것일까? 이 본문에서 "법"이란 단어가 세 가지 다른 방식으로 사용된다는 것을 알면 바울이 의미하는 바가 더욱 명료해질 것이다.

첫째, 어떤 때는 '하나님의 법'을 의미한다(14, 16, 22, 25절처럼).

둘째, 21절에서 바울은 "내가 한 법을 깨달았다"라고 하면서 하나의 '법칙'을 표현하기 위해 이 단어를 사용한다. 내가 더 선해지려고 할수록, 더 악해지는 이것이 일반적인 법칙임

---

18 내 속 곧 내 육신에 선한 것이 거하지 아니하는 줄을 아노니 원함은 내게 있으나 선을 행하는 것은 없노라

을 알았다는 말이다.

셋째, 23절과 25절에서는 세력이나 힘이라는 의미로 사용되었다. "내 지체 속에서 한 다른 법이 내 마음의 법과 싸워… 죄의 법으로 나를 사로잡는 것을 보는도다." 이런 말이다. "내 마음속, 내 속사람이(22절), 내 마음이(23절) 하나님의 법을 즐거워한다. 하나님의 법은 지금 내 마음과 생각을 지배한다. 하지만 내 속에는 죄의 세력이라는 다른 세력이 있다. 그것이 내 마음을 지배하지는 못하지만, 여전히 내 속에 있으면서 거룩함을 향한 나의 가장 깊은 갈망에 맞서서 싸움을 건다."

:: 어느 쪽이 참된 나인가

바울은 회심한 사람이라면 누구나 겪는 내면의 분투를 14-17절에서 펼쳐 보인 다음, 18-20절에서 반복하고, 22-23절에서 요약한다.

한편으로 우리는 하나님의 법과 일체감을 가진다. 이제 그리스도인은 하나님의 법을 "영적인 것"(14절)으로 볼 수 있으며, 그것을 지키려고 원할 수 있고(15, 18절), "율법이 좋다는 것을 인정"할 수 있다(16절). 우리가 회심하기 전에는 이 가운데 어떤 것도 가능하지 않았다. 더 나아가 바울은 법을 즐거워

---

19 내가 원하는 바 선은 행하지 아니하고 도리어 원하지 아니하는 바 악을 행하는도다

하는 것이 "나의 속사람"이라고 말한다. 이것은 "내 속의 마음" 내지는 "나의 참 자아"와 같은 말이다("나의 가장 깊은 자아"로 번역하기도 한다). 인간은 누구나 자신 안에 상반되는 욕구를 지니고 있다. 어떤 의미에서 우리에게는 '다중 자아'가 있다. 어떤 때는 이것이 되고 싶고, 다른 때는 저것이 되고 싶다. 도덕적으로도 대다수의 사람들은 가지각색의 자아들 사이에서 갈피를 못 잡고 있다. 프로이드는 이에 대해 내면의 '리비도'(원초적인 욕망으로 채워진)와 '초자아'(사회와 가족의 규범들로 채워진 양심)를 말하기도 했다. 우리 모두는 다음과 같은 중대한 물음과 마주친다. '내 안에는 서로 부딪히며 분출하는 욕망들과 상이한 자아들이 있다. 무엇이 진짜 나인가? 내가 가장 원하는 나는 누구인가?'

비록 그리스도인들도 자아의 충돌은 계속되지만 문제는 해결되었다. 하나님의 법은 가장 깊은 즐거움인 "내 마음의 법"이다(23절). 물론 바울에게 강력한 죄와 반역의 세력이 남아 있지만, 그 욕망들이 진짜 '바울 자신'은 아니다. "이를 행하는 자는 내가 아니요 내 속에 거하는 죄니라"(20절). 그리스도인은 정체성의 변화를 겪는다. 6장에서 보았듯이 참된 '나'로 사는 그리스도인은 진실 되게 하나님을 구하고 그분의 법과 거룩함을 사랑한다. 아직도 내 안에 강력한 죄가 존재하지만, 그것이

---

20 만일 내가 원하지 아니하는 그것을 하면 이를 행하는 자는 내가 아니요 내 속에 거하는 죄니라

더는 나의 인격과 인생을 장악하지 못한다. 아직도 내 속의 죄가 참된 나로 하나님께 불순종하게 하지만, 이제 죄짓는 것은 나의 가장 깊은 자기이해와 충돌하는 것이다. 죄에게 졌을 때조차 그리스도인은 '참된 나'인 내가 하나님의 법을 사랑한다고 의식한다. 반면에 죄는 참된 내가 아닌 '그것'일 뿐이다.

그리스도인이 하나님의 법을 사랑함에도 불구하고, 속에는 강력한 죄의 뿌리가 남아 있다. 그것은 "내가 미워하는 것을" 행한다(15절). 불신자는 법을 지킬 수 없지만(7-13절), 그리스도인도 지킬 수 없다! 많은 사람들은 마치 바울이 그의 현상태를 죄와의 분투가 아니라 거의 죄에 대한 패배로 특징짓는 것에 당혹스러워 한다. "나는 육신에 속하여 죄 아래에 팔렸도다"(14절). 하지만 바울이 이런 식으로 말하는 이유는 자신의 분투를 특정한 관점에서 보고 있기 때문이다. 바울은 그리스도인일지라도 스스로의 힘으로는 율법을 지킬 수 없다고 강조한다. 그가 '나'라는 말을 여러 번 쓰는 것에 유의하자. 그는 이렇게 말하고 있다. "나는 원래 내가 살아야 하는 대로 아직도 살지 못한다." 새로운 정체성과 사랑이 있고, 하나님의 법을 기뻐할지라도, 그리스도인은 여전히 율법을 온전히 지킬 수 없다.

---

21 내가 원하는 바 선은 행하지 아니하고 도리어 원하지 아니하는 바 악을 행하는도다

:: 죄와의 싸움에서 질 수도 있다

여기서 바울은 우리에게 경고와 놀라운 위로를 동시에 주고 있다.

첫째, 죄를 더 이상 짓지 않을 정도로 성숙한 그리스도인은 이제껏 아무도 없다고 충고한다. 이렇게 말하고 있는 사람은 사도 바울이다! 우리 자신을 죄 '너머에' 있다고 인식하거나, 상당히 괜찮은 그리스도인이라고 느낀다면, 우리는 자신을 속이고 있는 것이다. 더 성숙하고 영적으로 분별력이 생길수록, 자기 속에 있는 죄를 더 많이 보게 될 것이다. 더 경건해질수록, 자신이 경건하지 않다고 느낄 것이다. 이것은 거짓 겸손이 아니다. 허다한 나쁜 습관과 태도에 맞서 자신이 성장하는 것을 볼 때조차, 자신 속에 남아 있는 자기중심적인 반역의 뿌리를 더욱 인식하게 될 뿐이다. 더 경건해질수록, 자신의 경건하지 못함에 더 많은 눈물을 흘리게 될 것이다.

둘째, 어느 누구도 죄와 싸우지 않을 만큼 성숙하지는 않았다고 충고한다. 우리 속에 있는 죄성과의 싸움을 예상하는 것은 매우 중요하다. 사실 건강하고 배부른 곰보다 상처 입은 곰이 더 위험한 것처럼, 우리의 새로운 탄생이 죄성에 치명적인 상처를 입혔기 때문에 죄는 더욱 사나워지고 왕성해질 수 있다. 17세기의 청교도 존 오웬(John Owen)은 이에 대해 다음과

---

22 만일 내가 원하지 아니하는 그것을 하면 이를 행하는 자는 내가 아니요 내 속에 거하는 죄니라

같은 글을 남겼다.

> 한 사람이 십자가에 못 박히자, 처음에 그는 강력한 힘과
> 완력으로 발버둥치며 소리질렀다. 하지만 피와 [생명의 에
> 너지]가 소진되면서 그의 분투는 희미하고 약해졌다. …
> 마찬가지로 [그리스도인이] 처음 정욕이나 [죄]를 다루려고
> 할 때, 죄는 도망치기 위해서 엄청난 폭력으로 맞선다.
> 죄는 만족을 얻고 안도하기 위해 억지를 부리며 울부짖
> 는다. …죄의 마지막 발작은 겉으로 보기엔 강력해 보여
> 도, 무엇보다 도망치지 못하게 잡아둘 수만 있다면 순식
> 간에 끝날 것이다."[3]

하지만 이 단락은 우리에게 큰 위로를 준다. 많은 그리스
도인들이 죄와 힘겹게 싸우면서 자신을 끔찍한 사람이나, 매
우 악하거나 미성숙한 사람이라고 자책한다. 하지만 로마서 7
장은 죄의 유혹을 받고 죄와 싸우는 것, 더욱이 죄에게 패배하
는 것조차 성장하고 있는 그리스도인에게 있을 수 있는 일이
라며 우리를 격려한다.

---

23 내 지체 속에서 한 다른 법이 내 마음의 법과 싸워 내 지체 속에 있는 죄의 법으로
나를 사로잡는 것을 보는도다

바울처럼 그리스도인의 마음도 두 가지를 동시에 외친다. 첫째, 우리의 노력들이 실패하는 것을 볼 때 지독하게 낙심해서 나오는 외침이 있다. "오호라 나는 곤고한 사람이로다 이 사망의 몸에서 누가 나를 건져내랴"(24절). 하나님의 법을 올바르게 읽고, 우리 자신의 삶을 정직하게 들여다본다면, 곤고하다고 결론 내릴 수밖에 없을 것이다. 이것을 받아들이지 못하면, 복음의 영광도 결코 이해하지 못할 것이다. 또한 우리가 받은 의의 복음에 대해서도 결코 그 진가를 알지 못할 것이다. 우리가 마음의 비참함에 대해 진정으로 부르짖을 때만이, 자신으로부터 눈을 돌려 하나님이 하신 일에서 소망과 해방을 보게 되기 때문이다. 누가 바울과 우리를 구해 줄 수 있을까? "우리 주 예수 그리스도로 말미암아 하나님께 감사하리로다"(25절).

바울은 자신의 노력이 실패할 것을 안다. 그는 "내 자신이 마음으로는 하나님의 법을 육신으로는 죄의 법을 섬기노라"(25절)라고 고백하고 있다. 따라서 어떤 의미에서 24-25절은 이미 다룬 것을 돌아보면서 앞으로 다룰 것을 미리 보는 구절이다. 우리의 구원을 이루는 데 자기 자신이나 우리의 순종은 아무런 희망이 없다. 우리의 모든 존재와 행위에 합당한 것

24 오호라 나는 곤고한 사람이로다 이 사망의 몸에서 누가 나를 건져내랴

277

은 심판뿐이다. 바울이 1-4장에서 보여 준 것처럼, 우리는 십자가에서 죽으신 하나님의 아들을 영원토록 바라볼 수밖에 없다. 5장과 6장에서처럼, 우리의 소망을 그의 의에 두는 수밖에 없다. 7장에서 확고하게 보았듯이, 지속적인 순종과 참된 변화가 있기 위해서는 우리 자신의 노력이 아닌 우리 인생과 관계들을 새롭게 하실 성령의 역사에 의존해야 한다. 이것은 로마서 후반부에서 계속해서 다루게 될 것이다.

우리는 곤고하다. 하지만 하나님은 곤고하지 않으시다. 하나님은 아들을 통해 우리를 구원하셨고 우리가 당신을 영원히 즐거워할 수 있도록 성령을 통해 날마다 우리를 새롭게 하신다. 우리 주 예수 그리스도로 말미암아 하나님께 감사하자.

---

25 우리 주 예수 그리스도로 말미암아 하나님께 감사하리로다 그런즉 내 자신이 마음으로는 하나님의 법을 육신으로는 죄의 법을 섬기노라

마음의 우상들을 분별하라

로마서에서 바울은 죄에 대한 심층적인 분석을 전개한다. 그는 죄가 단지 무엇을 하거나 하지 않는 행위가 아니라 마음의 깊은 동기에서부터 시작되는 것임을 보여 준다. 따라서 로마서 8장이 말하듯, 의지력만으로는 죄에 대항하지 못한다. 오직 성령에 의해 복음의 진리가 마음속 동기의 차원에 적용될 때만 가능하다.

1-7장에서 바울은 먼저 죄가 실제로 존재한다는 것과 우리 삶의 표면이 아닌 깊은 곳에서 어떻게 영향을 끼치는지 보여 주었다. 이 부록은 우상숭배에 대한 바울의 가르침을 수집하고, 그것을 다른 성경의 내용과 취합해서, 이 주제에 대한 전모를 소개하려는 것이다.

지금까지 바울이 말한 것은:

첫째, 우리의 근본적인 문제는 하나님을 우리의 중심에 모시지 않고, 또한 영화롭게 하지 않는 데 있다. "하나님을 알되 하나님을 영화롭게도 아니하며 감사하지도 아니하고"(1:21).

둘째, 그래서 우리는 우리의 '신들'이 될 피조물들을 선택한다. 우리 인생을 다스리는 하나님을 거부하기 위해, 우리는 삶의 목표이자 숭배의 대상인 피조물을 선택한다. 우리는 "피조물을 조물주보다 더 경배"한다(1:25) 우리는 무엇인가를 숭배해야 직성이 풀리는 존재들이다.

셋째, 따라서 우리의 인생은 삶의 모조품들로 왜곡된다. 우리의 선택과 감정의 구조, 인격의 밑바탕에는 하나님만이 주실 수 있는 생명과 기쁨을 배제한, 우상 중심의 그릇된 신념 체계가 있다. 우리는 "하나님의 진리를 거짓 것으로 바꾸었다"(1:25). 우리는 예수님 아닌 다른 것을 우리의 '구세주'와 '의'로서 바라본다.

넷째, 하지만 각자의 삶은 일종의 속박이 되고 만다. 무엇이든 자신이 그것을 위해 살기로 작정한 것을 섬겨야 하기에 실제로 '자유로운' 사람은 아무도 없다. 그래서 사람들은 "피조물을 조물주보다 더 경배하고 섬긴다"(1:25). 누구에게든 모든 선택과 가치 판단의 기준이 되는 궁극적인 '선'이 있어야 하기에, 자신을 어떤 것에 "내어 준다"(6:16). 따라서 인간은 우리의 몸을 통해 자신의 뜻을 이루는 '주인'에게 '봉사 서약'을 한 상태이다(6:16-19).

다섯째, 회개한 후에도 성령의 능력이 지속적으로 우리의 생각과 마음을 새롭게 하지 않으면, 우리의 거짓된 옛 주인과 그것을 떠받드는 그릇된 신념 체계로 인해 삶이 왜곡된다(7:14-25).

여섯째, 자유를 얻는 열쇠는 은혜의 복음을 적용하는 데 있다. "죄가 너희를 주장하지 못하리니 이는 너희가 법 아래에 있지 아니하고 은혜 아래에 있음이라"(6:14).

이번에는 창세기 3장을 이용해서 우상숭배에 대한 성경의 가르침을 다른 방식으로 요약해 보도록 하자(바울이 로마서 1장 18-31절과 5장 12-21절을 쓸 때 깊이 생각한 부분이다). 여섯 단계로 나누어 살펴보려고 한다.

첫 번째 단계, 교만. 죄는 스스로 존재하여 자신에 대해 주권을 행사하는 하나님이 되고 싶어 한다. 죄는 하나님과 무관하게 자신이 안전하고 독립된 인생을 만들어 가고 싶은 욕망이다. 하나님을 신뢰하지 않고, 우리가 그분에게 의존하는 피조물인 것도 인정하지 않는다. 그래서 뱀은 하와에게 "하나님과 같이 되어"라고 약속했다(창 3:5).

두 번째 단계, 불안. 교만의 죄는 우리 속에 스며든 연약함과 죄책감을 자각하게 한다. 그래서 하나님과 자신, 타인들로부터 숨으면서 스스로를 다스리고 자신의 가치를 높이고 싶은 충동을 느낀다. "내가 두려워하여 숨었나이다"(3:10).

세 번째 단계, 거짓말. 근심의 죄는 우리로 하나님으로부터 독립해서 힘과 가치를 찾으려 하는 우상숭배적인 신념 체계를 구축하게 한다. 그래서 우리는 우상을 신뢰하게 된다. 우상 체계는 성공과 실패, 하나님과 우리 자신, 세상과 타인을 인식하는 방식을 왜곡시킨다. "너희가 결코 죽지 아니하리라. 너희가 그것을 먹는 날에는 너희 눈이 밝아져… 하나님이 아심이니라"(3:4-5).

네 번째 단계, 자기 합리화. 거짓말하는 인생은 우상을 즐겁게 하는 삶을 살게 된다. 우상이 주는 복을 구하고, 저주는 피하기 위한 의도로 모든 것을 선택하고 행동한다. 모든 우상 체계는 본질적으로 일련의 규범과 법을 갖춘 '행위로 의롭게 되는 것'이다. "잎을 엮어 치마로 삼았더라"(3:7).

다섯 번째 단계, 정욕. 우리를 의롭게 하는 힘을 우상들에게 주었기 때문에, 우리는 우상들을 붙들어야 한다. 이것이 우리를 주장하면 마음속에 통제되지 않는 과도한 충동과 욕망이 일어난다. 우상들은 우리를 행복하게 해줄 것으로 여겨지는 어떤 상황에 대해 생생하고 뚜렷한 그림의 형태로 우리의 상상력을 사로잡아서 우리를 지배한다. "너는 남편을 원하고 남편은 너를 다스릴 것이니라"(3:16).

여섯 번째 단계, 갖가지 비참함. 자신이 어떤 상황에 처해 있고, 또한 자기를 의롭게 하려는 노력이 어떻게 이루어지는가에 따라 고통의 양상도 다르다. 우리가 원하는 것을 누군가 혹은 무엇인가가 방해한다면, 분노가 일고 희생양을 만들어 낸다. 어떤 상황 때문에 우리의 우상이 위태롭게 되면, 극심한 불안과 근심에 휩싸인다. 우상을 만족시키는 데 실패하면, 절망과 자기혐오, 혹은 죄책감에 시달린다. 우상을 기쁘게 하는 데 성공하더라도, 공허함과 권태감은 여전하다.

다음은 우상에 근거한 '인생의 거짓말들'을 열거한 것이다. 만약 … 하다면, 인생은 의미가 있다, 또는 나는 쓸모가 있다는 식이다.

- 능력의 우상 : 나는 능력이 있고 다른 사람들에게 영향력을 끼친다.
- 인정의 우상 : 나는 사람들에게 사랑받고 존경받는다.
- 안락함의 우상 : 나는 이런 종류의 즐거움과 특별한 상류 사회의 생활을 누린다.
- 외모의 우상 : 나는 멋지고 독특한 외모나 몸을 가졌다.
- 지배의 우상 : 나는 내 삶의 영역을 장악할 수 있다.
- 도움의 우상 : 사람들은 나에게 의존하고 나의 도움을 필요로 한다.
- 의존의 우상 : 나를 보호하고 안전하게 지켜 줄 누군가가 있다.
- 독립의 우상 : 나는 누군가를 도와줄 의무와 책임에서 완전히 면제되었다.
- 일의 우상 : 나는 매우 생산적이어서 많은 일을 해낸다.
- 성취의 우상 : 나는 내가 이룬 성과들과 뛰어난 경력

때문에 인정받는다.

- 물질주의의 우상 : 나에게는 어느 정도의 부와 재정적 자유, 멋진 물건들이 있다.

- 종교의 우상 : 내가 믿는 종교의 도덕에 관한 규정들을 엄격하게 지킨다.

- 한 사람의 우상 : 내 인생에 이 한 사람이 있다는 것이 나를 행복하게 한다.

- 무종교의 우상 : 나는 정식 종교로부터 완전히 독립했다고 느끼며, 내가 만든 도덕 관념이 있다.

- 인종적/문화적 우상 : 나의 인종과 문화는 탁월하며 어떤 면에서는 우월하다.

- 소속의 우상 : 사회와 직업의 특정한 단체들은 나를 받아 준다.

- 가족의 우상 : 나는 아이들 및 부모님과 함께 행복하다.

- 관계의 우상 : 이상적인 남편감 혹은 아내감과 사랑에 빠졌다.

- 고통의 우상 : 나는 아프거나 문제에 빠졌다. 이제야 내가 귀하고, 사랑받을 만하고, 죄책감을 극복할 만하다고 느낀다.

- 이데올로기의 우상 : 나의 정치적 혹은 사회적 이상이나 소속된 정당은 진보를 거듭해서 영향력과 세력이

증가하고 있다.

부정적인 감정을 느끼고 있다면, 우리는 우상숭배적인
해결책을 붙잡을 필요가 있다. 예를 들면:

- 화가 나면 자문해 보라 : 나에게 정말 중요한 것이 없
  는가? 반드시 가져야 하는 어떤 것이 없는 것인가? 지
  금은 없지만 꼭 필요하다고 생각하는 어떤 것을 가지
  지 못해서 화난 것일까?
- 불안하거나 몹시 걱정이 되면 자문해 보라 : 나에게
  정말 중요한 것이 없는가? 반드시 손에 넣어야 하는
  어떤 것이 없는 것인가? 지금은 없지만 꼭 필요하다
  고 생각하는 어떤 것이 위협받고 있기 때문에 두려운
  것일까?
- 풀이 죽거나 자신이 싫으면 물어보라 : 나에게 정말
  중요한 것이 없는가? 반드시 손에 넣어야 하는 어떤
  것이 없는 것인가? 지금은 없지만 꼭 필요하다고 생
  각하는 어떤 것을 놓치거나 잘못했기 때문에 울적한
  것일까?

따라서 다음의 몇 가지 질문을 통해서 우리 속에 있는 우
상의 근본적인 정체가 무엇인지 진단해 볼 수 있다.

- 나에게 최악의 악몽은 무엇인가? 무엇이 가장 불안한
  가?

- 내가 실패하거나 놓치면 살고 싶지 않을 정도로 싫은 것은 무엇인가? 무엇이 나를 계속 살아가게 하는가?
- 일이 잘못되거나 어려워질 때 나 자신이 의지하거나 위안으로 삼는 것은 무엇인가?
- 내가 가장 쉽게 생각하는 것은 무엇인가? 내가 편히 쉴 때 내 마음은 어디로 가는가? 내 마음을 빼앗아가는 것은 무엇인가?
- 응답받지 못했을 때, 어떤 기도가 하나님으로부터 돌아서는 것을 심각하게 고민하게 만드는가?
- 자신이 가장 쓸모 있다고 느끼게 만드는 것은 무엇인가? 나는 무엇을 가장 자랑스러워하는가?
- 나의 인생에서 정말로 원하고 기대하는 것은 무엇인가? 나를 진정으로 행복하게 해주는 것은 무엇인가?

이런 질문들에 답하고 나면, 어떤 것들이 우리에게 필요 이상으로 중요하게 여겨지는 경향이 있는지, 곧 우리의 '기능적인' 주인들이 어떤 모습인지 보이기 시작할 것이다.

:: 우리의 우상을 분별하고 제거하라

우리의 우상들이 분별하기 시작했을 때 그것들을 제거하는 세 가지 방법이 있다.

첫 번째, '도덕적인' 접근은 이렇게 이야기한다. "문제는, 당신이 같은 죄를 짓는 것이다. 회개하고 멈추라!" 이것은 행위에만 집중하므로 문제의 본질을 깊이 파악하지 못한다. 따라서 그렇게 행동하는 이유가 무엇인지, 어떤 과도한 욕망이 작동하는지 또한 배후의 우상과 거짓 신념이 무엇인지 밝혀내야 한다. 불행하다고 느끼는 사람에게 "회개하고 새로운 인생을 사세요"라고 말한들 별 도움이 안 될 것이다. 왜냐하면 이들은 "이것이 없으면 아무리 도덕적으로 살아도 당신은 실패자일 뿐이야"라고 말하는 자신의 신념 때문에 자제력을 상실했기 때문이다. 모든 것의 원인인 당신의 어떤 우상, 곧 그 유일한 죄를 회개함으로써 이러한 신념을 갈아치워야 한다.

두 번째, '심리적인' 접근은 이렇게 이야기 한다. "문제는 하나님이 있는 그대로의 당신을 사랑하신다는 것을 알지 못하는 것이다." 이것은 감정에만 집중하므로 문제의 본질을 깊이 파악하지 못한다. 그러므로 어떤 사람이 행복하거나 사랑받는다고 느끼지 않는 이유를 밝혀야 하는데, 그러려면 여기에 어떤 과도한 욕망이 작동하는지 또한 그 배후의 우상과 거짓 신념이 무엇인지 찾는 것이 보다 중요하다. 불행하다고 느끼는 사람에게 "하나님은 당신을 사랑합니다"라고 말하는 것은 별 도움이 되지 못한다. 이들은 "이것이 없으면 아무리 하나님이 당신을 사랑해도 당신은 실패자일 뿐이야"라고 말하는 자신의 신념 때문에 자제력을 상실했기 때문이다. 모든 것의 원인인 당신의 어떤 우상, 곧 그 유일한 죄를 회개함으로써 이러한 신념을 갈아치워야 한다.

세 번째, '복음적인' 접근은 이렇게 말한다. "문제는 당신의 행복을 위해 그리스도 외에 다른 것을 바라본다는 것이다." 이것은 죄들과 부정적 감정 밑바닥의 진정한 죄와 대면하게 한다. 그리스도가 거저 주시는 은혜와 용납을 거부한 잘못을 회개하는 것은 비통하긴 해도 기쁨을 주는 행동이다. 바울은 우리가 율법에서 벗어날 때 죄의 속박에서 풀려난다고 말한다. 우상을 만족시켜서 구원을 '얻으려고 하는' 행위 구원의 중심에는 늘 우상이 존재한다. 모든 우상의 체계는 '율법 아래' 있다. 우리가 그리스도 안에서 의롭다 함을 받은 것을 깨달을 때만 우리에 대한 우상의 권세가 꺾인다. "죄가 너희를 주장하지 못하리니 이는 너희가 법 아래에 있지 아니하고 은혜 아래에 있음이라"(롬 6:14). 당신이 "은혜 아래"에 산다는 것은 이제 어떤 피조물도 당신을 주장하거나 지배하지 못한다는 의미다. 반대로 당신이 피조물들을 다스린다.

다음은 복음적인 접근을 자신에게 적용하는 방법이다.

- '우상의 가면을 벗겨라.' 우상이 자신의 주변에 '망상의 벌판'을 조성하는 것을 기억해야 한다. 우리는 우상을 신으로 만들고 우리의 지성과 감정으로 그것을 잔뜩 부풀렸다. 우상이 실제보다 더 아름답고 강력하게 보이는 것은 우리가 그

렇게 만들었기 때문이다.

무엇보다 당신이 (분노와 불안, 실망 가운데) 우상을 애타게 갈망하면서 하나님께 무엇이라고 말하는지 생각해 보자. "주님, 당신이 계셔서 좋지만 제 삶을 행복하고 의미 있게 만들어 주는 다른 것도 있어요. 그것을 가지지 못하면 저는 절망할 거예요. 당신만으로는 부족합니다. 당신이 그것을 가져가 버리면 저는 떠날 거예요. 그것은 협상의 여지가 없거든요! 그것이 제 인생의 진정한 목표이기 때문에 당신이 도와주지 않으시면 저는 돌아설지도 몰라요."

우리가 정말로 어떤 말을 하고 있는지 알고, 그 말의 터무니없음과 잔인함을 인식하는 것이 중요하다. 우리가 예수님께 얼마나 감사하지 않는지 알 필요가 있다. 이것이 어떻게든 예수님을 구원자로 인정하지 않고 자기 힘으로 구원하려는 또 다른 방법인 것을 알아야 할 것이다.

'다른 모든 죄 아래 있는 이 죄를 회개하라.' 이것은 두 단계로 일어난다.

• 죄 자체를 미워함 : "주님, 그것이 우상처럼 얼마나 역겨운지 압니다. 주님, 그것 자체가 악은 아닙니다. 내 마음이 그것을 악하게 만듭니다. 더는 조종당하지 않기로 선택합니다. 그것은 제 인생을 파멸시킵니다. 주님만이 저를 의롭게 합니다. 주님이 저의 주인입니다. 이제 그것에 휘둘리지 않을 것입니다. 그것은 내 생명도 아니고 가질 필요도 없는 것입니다. 주

님만이 나의 생명이며 제가 취할 유일한 분입니다."

- 예수님의 은혜와 사역을 즐거워함 : "주님, 저는 저의 구원과 저의 의를 만들기 위해 애썼습니다. 하지만 당신이 저의 구원이며 의가 되십니다. 저는 주님 안에서 용납 받았습니다! 예수님 안에서 제가 얼마나 사랑스럽고, 영화롭고, 아름답고, 안전하고, 부유하고, 존중받고, 받아들여지고, 자유로운지 잊었기 때문에 저의 모든 문제가 생겼습니다. 영광과 존경, 목표를 찾는 다른 모든 방법들은 헛됩니다. 다른 어떤 사랑도 저를 주장하지 못하도록 저를 향한 당신의 사랑에 매혹되게 하소서."

부록 2

최근의 논쟁

최근 로마서 3장 20절과 28절에서 "율법을 지키는 것"(혹은 ESV가 번역했듯이 "율법의 행위")이 무엇을 의미하는지와 관련해서 '새관점 학파'가 부상하고 있다.

많은 주석가들은 '정결' 의식을 지키기 위한 할례와 음식에 대한 규정, 그 외에 다른 법들은 모세의 제사법과만 관련 있는 것으로 바울이 말했다고 믿는다. 이러한 관점에서 보면 "율법의 행위"는 일반적인 도덕적 행동이 아니라 유대인의 문화적 관습과 종족적 경계의 표시를 나타내는 것이다. 따라서 이들은 바울이 행위로 의로워진다는 구원의 체계(하나님과 올바른 관계가 되기 위해서는 특정한 법을 지켜야 한다는 관념)를 거론하거나 반박하는 게 아니라고 주장한다. 오히려 바울은 이방인 출신의 그리스도인들이 유대인만의 표시를 받아들여 문화적으로 유대인과 같이 되는 것에 반대한다고 주장한다.

따라서 이러한 '새관점 학파'에서 보면 바울이 로마서 2장과 3장에서 말하는 유대인들은 율법주의자들이 아니라 민족주의자들이다. 곧 바울은 행위에 의한 구원을 반대한 것이 아니라 인종적이고 종족적인 배타성에 반대하였다. 이렇게 되면, 바울이 로마서를 쓴 목적이 그리스도 안에서 모든 인류가 하나 되는 것이기 때문에 '하나님의 식탁'에 모든 인종과 계급이 공평하게 앉기를 촉구하는 데 있게 된다.

나는 긴 시간을 들여 '새관점 학파'의 장점과 약점을 신중히 검토한 후에, 이것이 여러 측면에서 매우 유익하긴 하지만, 역사적이고 전통적인 접근의 핵심을 뒤집지는 못한다고 결론 내렸다. 이 책에서 깊이 분석하기도 마땅찮기에, 다음과 같이 마무리하고자 한다. 이것은 주제에 대한 어떤 결정적 발언이라기보다는 내가 내리는 간략한 결론일 뿐이다.

궁극적으로 각기 다른 실체인양 민족주의와 율법주의를 갈라놓을 수는 없다. 율법의 행위에는 문화적 경계의 표시를 준수하는 것도 포함된다(예를 들면 할례에 대한 의존. 2:25-29, 4:9-12). 명백히 이것은 교회의 분열과 복음의 훼손을 야기할 수 있을 만큼 이방인 신자들에게는 매우 심각한 문제였다(갈 2:1-16). 사실 민족주의는 율법주의의 한 형태이다. 율법주의는 하나님께 완전히 용납되기 위한 도구로 예수 그리스도 이외에 다른 무엇인가를 더한다. 율법주의와 민족주의에서 나오는 도덕적 우월감은 같은 영적 뿌리에서 자란다. 복음이란 우리가 한 일이나 우리가 누구이냐에 의해서가 아니라 그리스도가 하신 것을 통해 구원받는다는 것이다. 따라서 유대인들이 자신들의 문화적인 정체성과 규범, 곧 자신의 유대인 됨 때문에 구원받는다고 생각한다면, 그것은 스스로 구원하려고 하는 것이다. 인간적인 성취로 하나님 옆에 서려고 하는 것이다.

바울이 율법의 행위를 "자랑함"과 결부하는 것이 열쇠이다(롬 3:27-28). 성경 전반에서 "자랑함"이란 당신이 의지하거나 자부심을 가지는 어떤 것을 의미한다(렘 9:23-24, 고전 1:31). 바울은 율법의 행위 저변에는 항상 자기 자신을 뽐내거나 신뢰하는 것이 있다고 한다. 그러므로 율법의 행위가 민족주의를 의지하는(자랑하는) 것을 뜻할 수도 있지만, 단지 그것만을 의미하지는 않는다. 왜냐하면 스스로를 구원하려고 한다는 점에서 민족주의는 율법주의의 한 형태이기 때문이다. 그래서 바울은 그것을 "율법의 행위"라고 하였다.

따라서 로마서는 바울이 인간의 업적이나 신분으로 하나님의 호의를 얻으려는 것을 반대하고 거저 받는 복음의 은혜를 변호한 책이다. 따라서 '새로운 시각'을 주장하는 이들도 로마서에 대한 전통적인 이해를 몰아내지는 못한다. 하지만 "율법의 행위"라는 용어를 둘러싼 논쟁은 두 가지 면에서 우리의 이해를 풍부하게 해준다.

첫째, 복음이 얼마나 교묘하게 그리스도인의 교회와 공동체 내부에서 훼손될 수 있는지 보여 준다. '새로운 시각'을 말하는 이들은 "유대인이라 불리는 [그들이]"(롬 2:17) 그리스도를 딱 잘라 부인한 골수 율법주의자들이 아닌 것을 보여 준다.

도리어 그 유대인들은 이렇게 말한다. "물론 구원받는 데 예수님이 결정적으로 중요하지만, 그를 믿는 것만으로 하나님께 완전히 용납 받지는 못한다. 모세의 의례적이고 문화적인 관습들을 모두 계속해서 지켜야만 한다." 이것은 훨씬 더 교묘하다.

마찬가지로, 영을 어둡게 하는 도덕주의가 복음을 분명하고도 노골적으로 부인하면서 교회 안에서 자라지는 않을 것이다. 이렇듯 복음은 새로운 형식으로 문화에 순응해야 한다는 요구나 훨씬 더 교묘한 접근 방식에 의해 훼손될 가능성이 크다.

둘째, 이 논쟁은 사람들이 로마서를 교리에 관한 학구적인 논쟁의 관점에서만 주로 보았음을 보여 준다. 하지만 바울은 각 개인의 교리적 믿음이 손상되는 것에만 관심이 있는 것이 아니다. 그는 그리스도인의 하나 됨과 공동체에 대해 관심이 깊다. 로마서가 서로 다른 문화적 배경과 종교적 전통을 가진 사람들이 그리스도인으로서 어떻게 하나가 되어 살아갈 것인가 하는 문제를 얼마나 많이 다루고 있는지 아는 것은 중요하다. 복음의 진리는 상아탑이나 강의실, 교리적 명제를 위해서만 중요한 것이 아니라 교회 회중과 동역자들과 가지는 매일의 일상과 우리의 마음, 그리고 가정에서 근본으로서 중요하다.

로마서 1-7장 전체 구조

로마서 1장

1:1-7 바울의 삶과 사역 : 복음

1절 바울의 모든 삶은 복음에 관한 것이다.

2절 성경 전체(구약 성경)는 복음에 관한 것이다.

3-4절 복음은 하나님이자 인간이신, 예수님에 관한 것이다.

5-6절 복음은 믿음을 통해서 순종에 이르게 한다.

7절 인사

1:8-15 바울의 목표 : 로마에 가서 복음을 전하는 것

8-10절 바울은 로마에 가기 원한다.

11-15절 그들이 그리스도인이지만, 바울은 그들도 복음을 통해 축복해 주기를
기대한다.

1:16-17 바울의 논제 : 간단히 정리한 복음

복음의 특징들

16a절 복음은 부끄러움을 없앤다(효과).

16b절 복음은 살아 있는 능력이다(능력).

16c절 복음은 누구든 구원할 수 있다(범위).

16c절 복음은 믿는 사람만 구원한다(조건).

16d절 복음은 먼저 유대인에게, 다음에 이방인에게 왔다(역사).

복음의 내용

17a절 하나님은 당신의 완전한 의를 드러내셔서 우리에게 주신다.

17b절 하나님의 의는 믿음을 통해서만 영구적으로 받게 된다.

17c절 그것을 받으면 새로운 삶의 양식이 나타난다.

1:18 하나님의 진노 : 나타나고 합당한

18a절 나타난 : 세상에 현존하는 하나님의 진노

18b절 합당한 : 우리는 진리를 알지만 마음대로 살기 위해 진리를 외면한다.

1:19-25 하나님의 진노가 합당하기 때문에 우리는 "변명할 수 없다"

<u>하나님의 영광이 드러나다</u>

19절 하나님의 존재가 숨김없이 드러난다.

20절 하나님의 본성(능력과 신성)이 창조의 질서 속에 나타난다.

<u>인간이 참된 예배와 영광을 거부하다</u>

21a 창조주께 영광을 돌리거나 감사하는 것을 거부함

21b 올바른 사고와 질서 잡힌 감정을 상실함

<u>인간은 가짜 예배와 영광을 만든다</u>

22-23절 가짜 종교와 이데올로기는 피조물을 예배하게 한다.

24절 가짜 예배는 예속과 중독에 이른다("그들을 내버려 둠").

25a절 가짜 예배는 특정한 일련의 거짓들에 근거한다.

25b절 요약 : 우리가 창조주를 예배하지 않으면, 결국 피조물을 예배할 것이다.

1:26-32 하나님의 진노가 나타나다 - "이중의 형벌을 받다"

26a절 하나님의 진노의 원칙 : 우리를 거짓 예배에 내버려 둔다.

26b-27절 하나님의 진노가 욕망에 미치는 영향들

28-32절 하나님의 진노가 생각과 의지에 미치는 영향들

로마서 2장

2:1-3 우리는 지식에 따라 심판받는다

1절 누군가를 판단하면 이중의 정죄를 가져온다(심판관과 당신의 정죄). 왜 그런가?

2절 하나님의 심판은 전적으로 옳다.

3절 우리가 다른 사람에게 부가하는 같은 기준으로 심판받을 것이다. 따라서

도덕적이고 종교적인 사람은 자기를 심판하고 있다.

2:4-5 우리는 하나님의 인내에 따라 심판받는다

4절 하나님은 결코 우리가 받아 합당한 것에 우리를 내어 주지 않고, 도리어 우리를 축복해서 회개하기를 원하신다.

5절 하지만 우리가 인내의 하나님을 거부하면 종국에는 더 큰 심판을 받게 될 것이다.

2:6-8 우리는 행위에 따라 심판받는다

6절 원칙

7절 영광을 구하는 사람은 영생을 받는다.

8절 자기 이익을 구하는 사람은 진노를 받는다.

2:9-11 우리는 혈통에 따라 심판받지 않는다

9절 그 사람의 출신 배경이 어떠하든 자기 이익을 구하는 사람은 환난을 받는다.

10절 그 사람의 출신 배경이 어떠하든, 영광을 구하는 사람은 영예를 받는다.

11절 하나님은 공정한 재판관이다.

2:12-16 우리는 지식에 따라 심판받는다

12-13절 만약 우리가 율법을 가지고 있다면 율법으로 심판받는다.

14-15절 율법이 없는 사람은 양심에 의해 심판 받는다.

16절 예수님이 재판관이 되실 것이다.

2:17-29 종교와 도덕주의의 실패

도덕주의자들의 확신

17a절 그들은 하나님의 법을 가지고 있다.

17b절 그들은 하나님과 관계가 있다.

18절 그들은 하나님의 뜻을 배우고 좋다고 인정한다.

19-20절 그들은 자신들이 아는 하나님을 남들에게 설명하고 가르친다.

도덕주의자의 실패

21절 그들은 훔친다.

22a절 그들은 간음한다.

22b절 그들에게는 우상들이 있다.

23절 따라서 그들은 위선자들이다.

24절 요약 : 도덕주의는 그것이 존귀하게 여기는 바로 그 법을 충족시킬 수 없다(따라서 하나님을 모독한다).

종교의 실패

25절 내면의 진실함이 없이 겉으로 지키는 것은 공허하다.

26절 중요한 것은 내면이다.

27-29절 요약 : 종교는 마음을 변화시킬 수 없다. 변화된 마음이 진정한 영성이다.

로마서 3장

3:1-8 반대에 대한 답변

1절 질문 : 바울 사도님, 성경적 종교에 아무런 이득이 없다는 말입니까?

2절 답 : 아닙니다. 하나님의 말씀("계시")을 소유하고 안다는 것은 매우 가치 있는 일입니다

3a절 질문 : 하지만 저렇게 많은 유대인들이 복음을 믿지 않는 것을 보면 말씀이 실패한 게 아닙니까?

3b-4절 답 : 아니지요. 그들은 믿는 데 실패했지만 구원에 대한 하나님의 약속은 한 발 더 나아갔습니다. 불성실함 때문에 하나님의 진실함만 더 드러났을 뿐이지요!

5절 질문 : 하지만 하나님이 신실하지 못한 우리를 향해 여전히 성실하신 분이라면 어떻게 그분이 우리를 심판하실 수 있나요?

6-7절 답 : 하나님은 불신앙을 심판하실 것입니다. 이 심판이 신실하지 못한 우

리에게 성실하게 반응하신 것입니다.

8절 하나님이 사랑이시라 죄를 지을 수 있다고 말하는 사람에게는 그러한 심판이 합당하다.

3:9-10 모든 사람이 죄 아래 있다

죄와 우리 자신

11절 누구도 하나님을 원하지 않는다 – 모두 생각과 마음으로 죄를 짓는다.

12절 누구도 하나님께 순종하지 않는다 – 모두 자기 뜻대로 죄를 짓는다.

3:11-18 모든 사람이 죄의 세력 아래 있다

죄와 우리의 이웃들

13절 죄와 말 : 진실이 없음

14절 죄와 말 : 사랑이 없음

15-17절 죄와 행위 : 우리는 다툰다.

죄와 우리의 하나님

18절 아무도 하나님을 두려워하지 않는다.

3:19-20 모든 사람이 죄의 책임 아래 있다

19절 모든 사람에게 책임이 있다.

20a절 모든 사람에게 유죄가 선고되었다.

20b절 율법은 우리를 구원하지 못한다. 우리가 죄인임을 보여 줄 뿐이다.

3:21-24 하나님에게서 나타난 의를 어떻게 받는가?

21절 율법을 지키는 데 기초하지 않는다.

22절 예수 그리스도를 믿음으로 받는다.

22b-23절 그것은 모든 사람에게 필요하고 유효하다.

24절 우리는 거저 받지만 그리스도는 그것을 위해 많은 희생을 치르셨다.

3:25-31 하나님으로부터 나타난 의가 어떻게 주어졌는가?

25절 그것은 그리스도의 죽으심에 기초한다.

26절 그것은 하나님의 공의와 사랑을 만족시킨다.

27-28절 그것은 모든 영광을 하나님께 돌린다.

29-30절 그것은 하나님이 온 세상의 하나님이신 것을 보여 준다.

31절 그것은 하나님의 율법을 충족시킨다.

로마서 4장

4:1-8 아브라함은 왜 구원받았는가?

아브라함은 의롭다 함을 받았다("여겨졌다"). 따라서 구원은 일을 해서 얻은 것이 아니라 선물이다.

1절 오랜 전에 그는 의를 발견했다.

2절 그가 행위로 구원받았으면 하나님 앞에서 자랑했겠지만 그것은 불가능하다.

3절 성경이 말하듯 그는 의롭다고 '여겨졌다.'

4절 삯은 의무이고 선물은 의무가 아니다. 모든 이득은 이 둘 중 하나이다.

5절 따라서 구원은 그것을 얻기 위해 일하는 것을 멈추고 오히려 선물로 그것을 취하는 사람에게만 주어진다.

6절 다윗도 '의롭다고 여겨지는 것'에 대해 말한다.

7-8절 믿는 사람이란 자신의 죄가 그에게 불리하게 여겨지거나 계산되지 않는 사람이다.

4:9-17 아브라함은 언제 구원 받았는가?

아브라함은 할례를 행하거나 율법을 받기 전에 의롭다고 여겨졌다. 따라서 구원은 혈통상 이스라엘만을 위한 것이 아니라 모두를 위한 것이다.

9절 이것은 유대인만을 위한 의인가?

10절 아브라함은 할례받기 전에 의롭다고 여겨졌다.

11절 따라서 같은 약속을 믿는 이방인도 의롭다고 여겨질 것이다.

12절 또한 하나님의 약속을 믿는 유대인도 같은 것을 얻을 것이다.

13절 아브라함은 율법을 받기 전에 의롭다고 여겨졌다.

14절 율법으로 산다는 것은 약속된 것을 받지 못한다는 뜻이므로, 하나님께 인정받지 못한다.

15절 왜냐하면 율법은 우리가 모자라는 것만 보여 줄 수 있기 때문이다.

16절 따라서 구원은 유대인이든 이방인이든 약속을 믿는 사람에게 은혜로 주어진다.

17절 성경이 말하듯이 아브라함은 이스라엘만이 아닌 많은 민족의 조상이다.

4:18-25 아브라함은 어떻게 구원받았는가?

아브라함의 믿음은 우리를 위한 사례 연구이므로 우리는 진정으로 그의 "자손"이 된다.

18절 믿음의 대상 : 후손에 대한 약속

19절 믿음의 현실주의 : 그는 장애물들을 부인하지 않았다.

20-21절 믿음의 초점 : 약속한 자의 영광과 능력

22절 믿음의 결과 : 의롭다고 여겨짐

23-24절 성경은 그의 믿음을 우리를 위한 본보기로 삼는다.

25절 우리 믿음의 대상 : 우리의 구원을 위해 죽고 부활하신 예수님(아브라함의 후손)

로마서 5장

5:1-8 지금 우리가 받는 의롭다 함의 유익들

유익들에 대한 묘사

1절 하나님과의 화평

2a절 우리가 서 있는 은혜에 들어감

2b 영광에 대한 소망

3a절 환난 가운데 즐거워 함

고난을 통한 유익들의 성장

3b절 환난은 의롭다 함을 받은 사람을 더욱 초지일관되게 한다.

4a절 초지일관은 확신을 낳는다.

하나님을 경험함을 통한 유익들의 성장

4b절 이 모든 것은 우리의 소망을 자라게 한다.

5절 소망은 성령을 통해 하나님의 사랑을 경험하면서 깊어진다.

유익의 원천

6절 그리스도는 우리가 자격이 없을 때 죽으셨다.

7절 가장 사랑이 많은 사람도 악인을 위해 죽지는 않을 것이다. 하지만… 그것
이 바로 예수님이 하신 일이다.

5:9-11 장차 우리가 받을 의롭다 함의 유익들

9절 그리스도께서 우리를 위해 죽으셨다면, 마지막 심판 날에도 "우리의 구원
을 보존"하실 수 있다.

10a절 우리가 원수일 때도 우리를 위해 죽으셨다면, 이제 그의 친구 된 우리를
위해 더 큰 일을 하시지 않겠는가?

10b절 그가 죽으면서까지 우리를 구원하셨다면, 이제 살아 계셔서 우리를 안전
하게 지켜 주실 것이 분명하다.

11절 따라서 장차 있을 일에 비추어 지금도 즐거워한다.

5:12-14b 첫 아담의 경력

우리는 아담 안에서 죄지었다.

12a절 죽음은 죄인들에게만 온다.
12b절 아담이 죄지을 때 우리 모두가 죄지었기 때문에 우리는 모두 죽는다.

우리는 아담 없이 죄짓는다.

13a절 죄는 정식으로 율법/십계명이 주어지기 이전의 아담 때부터 존재했다.
13b절 율법이 없는 사람은 율법이 있는 사람만큼 죄의식이 없다.
14a절 하지만 모세 이전에도 그만큼 죽었다.
14b절 따라서 아담의 죄에 대한 책임으로 사람들은 죽었다.

5:14c-21 둘째 아담의 경력

아담과 그리스도는 어떻게 다른가?

14c절 아담의 행위는 그리스도가 행할 사역의 '모형'이다.
15절 한 사람으로 말미암은 구원은 한 사람으로 말미암은 죄보다 훨씬 크다.
16절 그리스도는 아담의 죄에 대한 책임뿐 아니라 다른 모든 죄의 책임을 감당
      하셨다.
17절 정의는 똑같이 할당하지만, 은혜는 마땅히 받아야 할 것보다 넘치게 준다.

아담과 그리스도는 어떻게 같은가?

18절 아담의 죄가 우리를 유죄로 만든 것처럼, 그리스도의 순종은 우리를 의롭
      게 했다.
19절 더 구체적으로 말해, 아담의 한 행위가 우리를 법적인 죄인으로 만들었듯
      이(우리가 행동하기도 전에), 그리스도의 한 행위가 우리를 법적으로 의롭게 만
      들었다(우리가 행동하기도 전에).
20절 모세를 통해 정식으로 율법이 주어지자, 죄는 더욱 두드러지고 심해졌다.
      하지만…
21절 그리스도가 오시자 은혜가 흘러넘쳐 영생에 이르렀다.

306

로마서 6장

6:1 첫 번째 질문(네 가지 중)

1절 은혜로만 구원받는다는 메시지가 당신에게 도덕적으로 아무런 변화도 일으키지 않는가?

6:2-10 답변 1 : 아니다, 복음은 죄와 관련해서 당신이 새로운 신분이라는 것을 가르쳐 준다.

2절 우리가 그리스도인이 되었을 때 우리는 죄에 대해 죽었다.

3-5절 우리가 그리스도와 함께 세례 받았을 때, 새로운 삶을 살 수 있기 위해서 그와 함께 죽었다는 것을 '우리는 안다.'

6-7절 우리의 옛사람이 죽은 것은 우리에 대한 죄의 영향력을 없애기 위한 것임을 '우리는 안다.'

8-10절 그리스도의 부활의 능력이 우리 안에서도 승리할 것을 '우리는 안다.'

6:11-14 답변 2 : 아니다, 복음은 당신에게 죄를 이길 능력도 준다.

11절 당신이 죄에 대해 죽은 것을 알더라도, 당신 자신을 죄에 죽은 것으로 대해야만 한다.

12-13절 그리스도와 연합한 당신은 죄를 따를 수도 있고 하나님을 따를 수도 있다. 하나님께 순종하라.

14절 당신이 더는 죄 아래 있지 않기 때문에, 죄는 당신의 주인이 아니고 앞으로도 아닐 것이다.

6:15 두 번째 질문 : 복음(당신이 더 이상 '죄 아래' 있지 않다는 메시지)은 당신이 마음대로 선택하며 살게 하는가?

6:16-23 답변 1 : 아니다! 사람은 죄의 종이든지 하나님의 종이어서, 누구도 자유롭지 않다.

16절 모든 사람은 무엇인가의 종이다!

17-23절 죄나 하나님께 속하는 두 종류의 노예가 있다.

17-18절 각각의 기원: 본래 죄의 종, 회심해서 하나님의 종이 됨

19절 각각의 발전 방향: 죄의 종은 점점 더 악하게 자라지만 하나님의 종은 거
룩함에 이르게 된다.

20-23절 각각의 결과: 죽음(현재의 망가짐을 포함한) 혹은 영생

로마서 7장

7:1-6 답변 2 : 아니다! 인간은 율법과 결혼하든지 그리스도와 결혼하여서, 어느 누구도 자유롭지 않다.

1-3절 비유: 죽음으로 자유롭게 될 때까지 아내들은 남편에게 매여 있다.

4-6절 적용: 우리는 그리스도와 결혼하였다! 따라서 우리는 이제(모든 결혼한 부
부처럼) 두려움이 아니라 사랑의 줄로 매여 있다.

4절 각각은 어떻게 시작하는가?: 나면서부터 율법과 결혼했고, 그리스도의 죽
음으로 그리스도와 결혼했다.

5-6절 각각의 결과: 죄성의 지배를 받아 죽음에 이르고, 성령의 방식대로 섬김

7:7a 세 번째 질문 : (율법의 속박이 악을 초래하므로) 율법은 나쁜 것인가?

7:7b-12 답변: 아니다. 내 속에 있는 죄가 율법을 쓸모없게 만든다.

7b절 율법은 죄가 무엇인지 폭로한다.

8절 죄는 율법에 노출됨으로써 유발된다.

9절 율법은 죄를 깨닫게 한다.

10-11절 그래서 율법은 죄를 증폭시키고 돌이킬 수 없는 유죄 선고를 한다.

12절 요약: 율법은 선하지만 나는 죄인이다.

7:13a 네 번째 질문 : 율법은 살인자인가?

7:13b 답변 : 아니다, 죄가 살인자다.

7:14-25 남아 있는 죄에 대한 우리의 경험 (18-20절은 14-17절을 재연한다)

14/18절 우리의 연약함: 우리에게는 악한 일을 하기 쉬운 죄성이 남아 있다.

15-16/19절 우리 내면의 분투: 죄는 우리가 싫어하는 것을 하도록 우리를 이끈
다.

17/20절 우리의 정체성: 어떤 의미에서 우리가 죄를 지을 때 그것은 우리의 참
된 자아가 아니라 죄이다.

21절 우리의 딜레마: 더 선해지려고 할수록 더 많은 악이 속에서 우리를 압박한
다.

22-23절 그리스도인의 마음속에 있는 두 세력

하나님의 법을 사랑하는 참된 자아("내 마음의 법")

하나님의 법을 미워하는 죄("내 지체 가운데 있는 법")

24-25절 그리스도인의 마음속에 있는 두 외침

낙심 : 누가 나를 구해 줄 것인가?

희망 : 그리스도가 나를 구원하셨고 구원하실 것이다!

생각해 보기 위한 질문들

1장

1. 하나님의 아들이 예수, 또는 그리스도, 또는 주님이라는 진리를 망각하거나 경시한다면 복음의 어떤 면을 놓치고 있는 것인가? 당신이 어떻게 생각하고 사느냐와 관련해서 이것들 중 어떤 것을 중요하지 않게 여긴 적이 있는가?

2. 당신의 삶 어디에서 '믿음으로 말미암는 순종'을 볼 수 있는가?

3. 다음 주일 당신이 다른 이들을 의식적으로 격려하려고 한다면 어떤 변화가 생길까? 당신은 다른 이들의 믿음과 말을 통해 격려 받을 마음이 있는가?

4. 왜 예수님은 존경과 인정을 받으셔야 하는지, 또 그러한 자격이 있으신지 묵상해 보자. 이런 묵상을 통해 이번 주 예수님에 대해 말할 동기가 생기는가?

5. 당신은 어떤 상황에서 복음을 부끄러워하는가? 16-17절 말씀이 복음을 전하려는 열망을 주는가?

6. 당신이 힘들어하고 있는 죄에 대해 생각해 보자. 그 죄를 지을 때 당신은 어떻게 복음을 거부하고 있는가? 당면한 죄에 맞서 싸울 때 복음을 믿는다는 것이 어떻게 당신을 변화시킬 것 같은가?

Part 2

1장

1. 이 구절들이 당신이 그리스도인이 되기 전의 삶에 대해 어떤 진실을 말한다고 생각하는가? 지금도 당신의 생활에는 그러한 잔재가 남아 있는가?

2. 진리를 외면하는 데서 오는 인생의 모순들을 이해하게 되면 믿지 않는 사람들에게 그리스도교의 믿음을 설명하는 데 어떤 도움이 되겠는가?

3. 이번 주에 당신은 얼마나 자주, 그리고 어떻게 하나님의 세계 가운데 살고 있는 자신의 삶에서 영광과 감사를 드릴 것인가?

4. 당신이 가장 힘겹게 싸우고 있는 '과도한 욕망'은 어떤 것인가? 바울이 26-27절, 그리고 29-31절에서 말한 불의들 중에서 당신에게 해당되는 것은 어떤 것인가?

5. 세상의 죄가 당신을 독선이 아닌 십자가의 긍휼로 이끈다고 어떻게 확신할 수 있는가?

6. 오늘 공부한 성경 말씀이 당신 내면의 나만 옳다는 생각을 볼 수 있게 해 주는가?

2장

1. 위의 세 가지 질문에 대한 답을 깊이 생각해 본 후에, 하나님께 그것을 말씀드리자.

2. 다른 사람의 죄는 정죄하면서도, 자신은 쉽게 용서하게 되는 죄에는 어떤 것이 있는가?

3. 자신은 선하기 때문에 구원받았다고 생각하는 사람에게 오늘 공부한 로마서를 근거로 어떻게 말할 것인가?

4. 하나님 안에만 있는 안식과 희망, 그리고 자존감을 진정으로 발견하면 그 사람의 삶에는 어떤 변화가 일어난다고 생각하는가?

5. 하나님과 바른 관계에 있는지 보여 주는 표시들을 배운 후 격려가 되는가, 아니면 경각심이 느껴지는가?

6. 당신의 양심은 오늘 당신의 편인가? 아니면 당신을 고발하고 있는가?

3장

1. 삶의 목적과 확신을 얻고, 다른 사람들로부터 용납을 받기 위해 당신이 의지하고 있는 것은 무엇인가?

2. 당신이 설교하는 것을 어떻게 행동에 옮기고 있는가? 당신의 삶에서 그렇게 하지 못하고 있는 영역은 어디인가? 그것을 어떻게 변화시킬 것인가?

3. 당신은 하나님의 백성이라고 자처하는 사람들의 위선 때문에 하나님을 거부하는 사람을 본 적이 있는가? 하나님을 소개하기 위해서 당신의 삶은 어떤 모습이어야 할까?

4. 우리 자신과 교회들이 곧잘 빠지게 되는 '죽은 정통주의'는 무엇이라고 생각하는가? 이렇게 되지 않기 위해서 어떻게 해야 하는가?

5. 그리스도가 경험한 할례를 묵상해 보자. 이를 통해 당신은 어떻게 그리스도를 찬양하고 사랑하게 되는가?

4장

1. 모두가 "죄 아래 있다"는 바울의 주장에 대해 당신은 어떻게 느끼는가? 왜 그런가?

2. 당신의 죄가 당신의 삶과 생각과 관계들에 미치는 영향이 어떻다고 생각하는가?

3. 당신이 하나님을 찾으려고 애쓰기 전에 하나님이 먼저 당신을 찾으셨다는 진실에 대해 드는 생각은 무엇인가? 그것이 어떤 차이를 가져다주는가?

4. 왜 하나님께 반역하는 사람들에게 복음이 필요한가? 하나님의 존재를 믿지 않는 사람에게 이것을 어떻게 설명해 줄 것인가?

5. 왜 선한 사람들에게 복음이 필요한가? 자신이 하나님 보시기에 충분히 선하다고 생각하는 사람에게 이것을 어떻게 설명해 줄 것인가?

6. 왜 당신에게 복음이 필요한가? 선행이 자랑스럽거나 죄로 인해 절망감이 들 때 복음이 당신의 마음을 주장하게 하려면 어떻게 해야 하겠는가?

Part 3

1장

1. 당신이 엘리베이터에서 1분 동안 누군가에게 어떻게 하면 하나님과 올바른 관계를 맺을 수 있는지 설명한다면 무엇이라고 할 것인가?

2. 당신은 하나님의 의(義) 혹은 하나님의 의롭다 하심에 관해 잊어버리곤 하지 않는가? 이 중 한 가지를 잊어버리면 당신의 감정과 전망, 행동은 어떤 영향을 받는가?

3. 이 장을 공부하면서 어떤 면에서 의롭다 하시는 하나님을 찬양하게 되는가?

4. 오늘 공부한 내용을 통해 당신 자신에 대한 관점이 바뀌었는가?

5. 오늘 공부한 내용을 통해 하나님의 율법에 대한 관점이 어떻게 바뀌었는가?

6. 자신감과 자긍심의 근거로, 그리스도와 별도로, 당신이 오늘 자랑하고 싶은 것은 무엇인가? 당신은 그리스도 안에서만 자랑한다고 어떻게 확신할수 있는가?

2장

1. 하나님이 "왜 너를 천국에 들어가게 해야 하지?" 하고 물으시면 무엇이라고 대답할 것인가?

2. 당신은 믿음을 어떻게 정의하는가? 로마서 4장을 읽은 후 당신의 정의가 변했는가?

3. 당신은 용서의 복을 어떻게 경험하는가? 용서의 복을 잊어버리게 하거나 감사하지 못하게 하는 것들이 당신에게 있는가?

4. 특별한 위로나 격려에 대한 인간의 모든 희망을 뛰어넘는 희망을 가진다는 것이 오늘을 사는 당신에게 어떤 의미를 주는가?

5. 최근에 믿기 힘든 상황에서도 믿음으로 행한 것이 생각나는가? 당신은 지금 당장 그렇게 하라고 요청받고 있는가?

6. 의롭다 함을 받는 것을 통해 우리가 변화되는 모습들에 대해 생각해 보자. 오늘 당신에게 가장 소중한 것은 무엇이며 그 이유는? 당신 자신과 당신의 삶을 제대로 보는 것을 가장 힘들게 하는 것은 무엇이며 그 이유는?

3장

1. 당신은 오늘 하나님과 어떤 교제를 누렸는가?

2. 이전 페이지에 있는 사례 연구를 당신 자신에게 적용해 보자.

3. 살아가면서 하나님께 다가가기 위한 도구가 아니라 하나님의 형벌로 여겨지는 환난이나 고난이 있는가?

4. 영광에 이를 것이라는 데 대해 의심나는 어떤 것이 있는가? 로마서 5:1-11절을 보면서 어떤 격려를 받게 되는가?

5. 하나님 외에 기쁨을 찾게 되는 곳은 어디인가? 하나님 안에서 즐거워하기 위해서는 무엇이 필요한가?

6. 이제껏 살펴본 하나님 안에서 기뻐하는 표시들 중 어떤 것이 당신 삶에 나타나고 있는가?(그리스도인 친구에게 물어보는 것도 도움이 될 것이다.)

4장

1. 로마서 5장 12-21절의 메시지를 한 문장으로 요약한다면?

2. 언약적 대표성이라는 개념에 대한 당신의 반응은?

3. 현재와 과거의 삶을 돌아볼 때, 어떤 면에서 아담이 당신을 위한 정당한 대표였다고 볼 수 있는가?

4. 그리스도의 능동적인 순종이 우리에게 얼마나 소중한지 생각해 보라.

5. 오늘 공부한 내용을 통해 어떻게 당신은 주 예수님을 더 사랑하게 되었는가?

6. 요약 표를 잘 살펴보자. 성경적 복음의 어떤 면을 새롭게 배웠는가, 혹은 다시 생각나는가? 더욱 깊이 감사하게 되는 것은 무엇인가?

Part 4

1장

1. 그리스도와 함께 죽는 것이 자신의 정체성에 어떤 변화를 가져오는가?

2. 더 이상 죄를 짓지 않아도 된다는 것을 진심으로 믿는가? 이것은 당신에게 어떤 변화를 가져오며 또 가져올 것인가?

3. 특별히 어떤 영역에서 죄와 격렬하게 싸우고 있는가?

4. 당신이 묵인하고 있는 죄들이 있는가?

5. 죄를 짓지 않기 위해 당신이 죄와 싸우는 방법을 생각해 보라. 죄와 싸우고 있는 당신의 몸이나 인격을 의에 능동적으로 내어 준다면 어떻게 되겠는가?

6. 당신이 그리스도와 함께 죽었다는 사실을 명백하고 지속적으로 아는 방법은 무엇인가?

2장

1. 당신은 무엇인가의 종이다. 죄의 유혹이 올 때 이것을 기억하는 것이 어떤 도움이 되겠는가?

2. "기독교는 자유를 제한해서 싫어"라고 말하는 사람에게 오늘 공부한 내용들을 근거로 무엇이라고 말할 수 있을까?

3. "하나님이 이미 용납하셨는데 왜 순종하려고 애써?"라고 말하는 사람들에게 오늘 공부한 내용들을 근거로 무엇이라고 말할 수 있을까?

4. 죄의 종이 되는 것이 어떻게 현재의 '죽음'이 될 수 있는지, 자신의 과거나 지인의 삶을 통해 생각나는 예가 있는가?

5. 결혼 관계로 그리스도와 연결되어 있다는 비유가 그를 기쁘게 하는 삶에 어떤 동기를 부여해 주는가?

6. 이 비유가 오늘 당신의 삶에서 어떤 실제적인 변화를 가져오는가?

3장

1. 그리스도를 믿는 당신의 여정을 생각해 보자. 오늘 공부한 진리들을 통해 당신 자신의 인생을 어떻게 보게 되는가?

2. 계명이 겉으로 보이는 행위 이전에 내적인 태도에 관한 것임을 기억하는 것이 왜 도움이 되는가?

3. 당신은 하나님의 법과 그리스도인의 삶을 바리새인의 관점에서 보도록 어떤 유혹을 받는가?

4. 그리스도인으로서 바울의 실제 모습이 당신에게 어떤 격려를 주는가?

5. 자신의 비참함에 대해 정직하게 바라보는 것과 하나님의 용서를 확신하는 것이 왜 자유를 가져다주는가? 만약 전자나 후자의 진리를 잊어버리면 어떤 일이 일어날까?

6. 로마서 1-7장에 대한 공부가 그리스도에 대한 당신의 사랑을 어떻게 바꾸었는가? 섬기려는 갈망이 새롭게 생겼는가? 자신을 보는 관점이 바뀌었는가?

부록 5

용어해설

개종 : 누군가 처음으로 예수님을 하나님의 아들, 주님으로 인식해서 구원자로서 그에게 도움을 구하는 순간.

객관적인 : 감정이 아니라 사실에 기반을 둔 실재, 예컨대 "나는 이 여자와 결혼하였다."

고위인사 : 높은 지위나 신분을 가진 사람 (대사나 상원의원 같은).

교리 : 하나님에 관한 진리를 연구하는 것, 혹은 그 진리의 한 측면에 대한 진술.

기능적인 : 실제의, 진짜의.

모세 : 하나님이 이집트에서 종살이하던 당신의 백성들을 구해 내실 당시의 지도자. 하나님은 당신의 법(십계명을 포함해서)을 모세를 통해 알렸고, 모세의 영도 하에 당신이 주시기로 약속한 땅으로 이스라엘을 인도하셨다.

믿음 : 온 맘으로 신뢰함.

믿음을 고백하는 : 어떤 것이라고 주장하는 어떤 사람(예: 믿는다고 고백하는 그리스도인은 자신이 그리스도인이라고 말하는 사람이다).

바리새인 : 1세기 유대교 종파의 지도자들로 겉으로 율법을 지키는데 극단적으로 엄격하였고, 그것을 어기지 않기 위해 별도의 규례를 율법에 더하였다.

방탕한/방종 : 특별히 성과 관련해서 원칙보다는 감정에 좌우되는 삶.

법 : 성경 전체에 걸쳐서 주어진 하나님의 규범들이지만 가끔은 '법'이 하나님이 구약 성경의 백성인 이스라엘이 순종하라고 모세에게 준 율법을 가리킨다(십계명을 포함해서, 출 20:1-17).

복음 : '좋은 소식'이라고도 번역되는 선포. 로마제국이 여기저기에 승리나 업적을 알리는 포고문을 보낼 때, '복음'이라고 하였다. 복음은 따라야 할 좋은 충고가 아니라, 믿어야 할 좋은 소식이다.

불합리한 추론 : 그것을 지지하는 논증으로부터 도출되지 않은 결론.

비유 : 둘 사이의 비교로, 주로 한 가지를 이용해서 다른 한 가지를 설명하거나 명백하게 하기 위한 것.

삐딱한 : 완전히 잘못된 욕구나 행동.

산상수훈 : 예수님이 산허리에서 많은 군중들에게 하신 설교를 일컫는 것으로, 마태가 마태복음 5-7장에 자세히 말하였다.

성령의 열매 : 성령이 그리스도인 안에서 자라게 하는 성품들로, 사랑과 희락과 화평과 오래 참음과 자비와 양선과 충성과 온유와 절제가 있다(갈 5:22-23 참조).

세계관 : 우리가 경험하는 세상을 의미있게 하려는 시도로, 우리가 견지하는 믿음을 토대로 그 속에서 어떻게 살아야할지 우리를 안내한다. 세계관이 없는 사람은 없다.

승천 : 성부 하나님의 오른편에 앉아서 다스리시기 위해 예수님이 땅을 떠나 하늘로 돌아가신 것.

시험기간 : 누군가의 본질을 시험하고 관찰하는 기간으로 만족할만한 성과를 내면 어떤 형태의 보상을 얻게 된다.

신비한 : 비물질의, 영적인.

신성모독의 : 하나님이 경멸받고 조롱당하는 것.

아브라함 : (아브람이라고도 함) 이스라엘 민족의 선조이자 하나님과 구속력이 있는 언약을 맺는 인물. 하나님이 그의 가족을 큰 민족으로 만드시고, 땅을 주시며 그의 자손 가운데 한 사람을 통해서 모든 민족에게 복을 주실 것이라고 약속하셨다(창12:1-3 참조).

언약 : 두 당사자 사이의 구속력 있는 계약.

열의 : 큰 열정, 무엇인가에 대해 타협하지 않고 몰두하고 열중하는 것.

예배의식 : 공적예배의 형식, 교회예배의 순서와 언어.

위임받은 : 특별한 책임이나 지위, 책무가 주어진.

유죄를 선고하다 : 죄를 깨닫게 하다.

윤리적인 : 일련의 도덕원칙에 입각한 올바른 행위.

은유 : 무엇인가를 설명하기 위한 비유이지만 문자 그대로 받아들이면 안 된다. 예를 들면, "그 소식은 그의 가슴을 찔렀다."

은혜 : 분에 넘치는 호의. 성경에서는 하나님이 당신의 백성을 어떻게 대하시는지 묘사하기 위해서 "은혜"를 주로 사용한다. 하나님은 은혜로 충만하시기 때문에, 믿는 사람들에게 영생을 주시고(엡 2:4-8), 당신의 백성을 섬기도록 은사들을 주신다(엡 4:7, 11-13).

이교도 : 참된 하나님에 대해 무지하고 예배하지 않는 사람.

이방인 : 혈통적으로 유대인이 아닌 사람들.

인지되는 : 이성으로 이해할 수 있는 어떤 것.

일 : 우리가 하거나 성취하는 것.

자유주의자 : 성경에 오류가 있다고 생각하지만 신앙을 고백하는 그리스도인.

자율성 : 다른 사람의 지시를 받지 않고 자신의 일을 스스로 결정할 수 있는 능력

전가된 : 다른 사람에게 (좋거나 나쁜) 속성을 주거나 함께 나누는 것으로, 그 결과 그 속성은 완전히 그들의 것으로 여겨진다.

전능 : 하나님이 모든 면에서 전권을 가진.

전도하다 : 예수 그리스도에 관한 복음을 사람들에게 말하다. 복음 전도자란 이런 일을 하는 사람이다.

정통 : 규범으로 여겨지는 기독교의 가르침.

종교개혁가 : 믿음으로 의롭다함을 받는다는 복음을 설교하고 교황과 카톨릭교회를 반대하였던 15세기와 16세기 초반의 처음 두 세대에 속한 사람들.

주관적인 : 느낌이나 의견에 기초한 어떤 것. 예를 들면, "그녀는 세상에서 가장 아름다운 여인이다"는 주관적인 의견이다.

주권을 갖는 : 최고의, 절대 권력의.

청교도 : 16-17세기 영국에서 일어난 운동의 일원으로 하나님의 말씀인 성경과 간소한 예배형식에 헌신하고, 그리스도의 제자로서 또한 기존 교회의 제도화된 성직 위계질서에 저항하는데 헌신하였다. 많은 이들이 지금의 미국으로 이주해서 초기 식민지의 교회에 큰 영향을 주었다.

하나님의 나라 : 예수 그리스도의 완벽한 통치를 받는 삶. 우리가 회개하고 믿으며 그분의 아들에게 도움을 구하면 하나님의 나라에 들어간다. 예수님이 재림해서 온 세상에 그의 나라를 세우면 우리는 그 나라를 온전히 누리게 될 것이다.

할례의 : 하나님은 당신을 알고 믿으며, 당신께 속한다는 육체적인 표시로 당신의 백성 중 남자들에게 할례 받으라고 구약 성경에서 말씀하셨다(창 17장 참조). 만약 그들이 언약을 깨뜨리면 하나님과 관계가 끊어지고 자손이 없어도 마땅하다고 스스로 인정하는 것을 행동으로 드러낸 것이기도 하다.

회개 : 문자 그대로는 군사용어로 "뒤로 돌아"라는 의미이다. 이전과는 반대로 살기 위해서 뒤돌아서는 것을 의미한다.

히브리인 : 유대인, 이스라엘 사람.

주

프롤로그

1. 존 스토트, *The Message of Romans*, p. 10, 《로마서 강해》(IVP 역간).
2. 마르틴 루터, *Commentary on the Epistle to the Romans*, 《루터의 로마서 주석》(크리스찬다이제스트사 역간).
3. 장 칼뱅, *Commentaries on the Epistle of Paul to the Romans*, p. 16, 《칼빈 주석-로마서》(규장 역간).
4. 어거스틴, *Confession*, Book 8, chapter 12, 《성 어거스틴의 고백론》.

Part 1

1장

1. 존 스토트, *The Message of Romans*, p. 64, 《로마서 강해》(IVP 역간).

Part 2

1장

1. 그렉 반센, *Presuppositional Apologetics*.

2장

1. 존 스토트, *The Message of Romans*, p. 83, 《로마서 강해》(IVP 역간).
2. C. S. 루이스, *Mere Christianity*, p. 17, 《순전한 기독교》(홍성사 역간).
3. 존 파이퍼, Carus Memoirs of the life of the Rev. Charles Simeon, quoted in John Piper, *The Roots of Endurance*, p. 108. 《인내의 영웅들》(부흥과개혁사 역간).

3장

1. 마틴 로이드존스, *Romans* 2:1-3:20, pp. 147-149, 《로마서 강해》(기독교문서선교회 역간).
2. 리처드 러브레이스, *Dynamics of Spiritual Life*, p. 211.

4장

1. J. C. 라일, Sermon 58, from *The Select Sermons of George Whitefield*.
2. 블레이즈 파스칼, *Penses*, Section 8, p. 434, 《팡세》(민음사 역간).
3. 존 걸스터너, *Theology for Everyman*, pp. 72-73.

Part 3

1장

1. 마틴 로이드 존스, *Romans*, 3:20-4:25, p. 45
2. 존 머리, *The Atonement*, p. 15.

2장

1. 더글러스 무, *Romans*, p. 262.
2. D. 제임스 케네디, *Evangelism Explosion*, 《전도폭발》.

3장

1. 리처드 십스, Original quotation in *Works of Richard Sibbes*, vol 5, p. 440.
2. 윌리엄 거스리, *The Christian's Great Interest*, pp. 108-109.

4장

1. 존 스토트, *The Message of Romans*, p. 149, 《로마서 강해》(IVP 역간).
2. 윌리엄 바클레이, *Great Themes of the New Testament*, 57.
3. 존 스토트, *Men Made New*, p. 25, 《새사람》(아바서원 역간).
4. 찰스 호지, *Princeton Sermons*, pp. 48-49.
5. 존 스토트, *Men Made New*, p. 28, 《새사람》(아바서원 역간).
6. 그레샴 메이첸, *The Active Obedience of Christ*, in the Presbyterian Guardian, November 10th 1940, pp. 131-132.
7. 메러디스 클라인, *Covenant Theology Under Attack*, in New Horizons, February, 1994.

Part 4

1장

1. 존 머리, *The Epistle to the Romans*, p. 219, 《로마서 주석》(아바서원 역간).

2. 마틴 로이드존스, *Romans* chapter 6, p. 72, 《로마서 강해》(기독교문서선교회 역간).

3. 존 스토트, *The Message of Romans*, p. 178, 《로마서 강해》(IVP 역간).

4. 마틴 로이드존스, *Romans* chapter 6, p. 25, 28, 《로마서 강해》(기독교문서선교회 역간).

2장

1. 레베카 맨리 피퍼트, *Out of Saltshaker*, p. 53.

2. C. S. 루이스, *Mere Christianity*, p. 73, 《순전한 기독교》(홍성사 역간).

3장

1. 어거스틴, *Confessions*, Book 2, chapter 4, 《성 어거스틴의 고백론》(대한기독교서회 역간).

2. 어거스틴, *Confessions*, Book 2, chapter 6, 《성 어거스틴의 고백론》(대한기독교서회 역간)

3. 존 오웬, *On the Mortification of Sin in Believers*, p. 30, 《죄 죽임》(부흥과개혁사 역간)

참고문헌

- Augustine, *Confessions* (Mentor/Penguin, 1963) 어거스틴, 《성 어거스틴의 고백록》(대한기독교서회 역간)

- Greg Bahnsen, *Presuppositional Apologetics Stated and Defended* (American Vision, 2010)

- William Barclay, *Great Themes of the New Testament* (Westminster John Knox Press, 2001)

- John Calvin, *Commentaries on the Epistle of Paul to the Romans*, translated by John Owen (Calvin Tranlsation Society, 1849) 장 칼뱅, 《칼빈 주석-로마서》(규장 역간)

- John H. Gerstner, *Theology for Everyman* (Moody Press, 1965)

- William Guthrie, *The Christian's Great Interest* (Banner of Truth, 1969)

- Charles Hodge, *Princeton Sermons* (Thomas Nelson & Sons, 1879)

- D. James Kennedy, *Evangelism Explosion* (Tyndale House, 1973)

- C.S. Lewis, *Mere Christianity* (MacMillan, 1969) C.S.루이스, 《순전한 기독교》(홍성사 역간)

- D. Martyn Lloyd-Jones, *Romans Series* (Zondervan, 1989) 마르틴 로이드 존스, 《로마서 강해》(기독교문서선교회 역간)

- Richard Lovelace, *Dynamics of Spiritual Life* (IVP, 1979)

- Martin Luther, *Commentary on the Epistle to the Romans* (Kregel Classics, 2003) 마르틴 루터, 《루터의 로마서 주석》(크리스찬다이제스트사 역간)

- Rebecca Manley Pippert, *Out of the Saltshaker and into the World: Evangelism as a Way of Life* (IVP, 1999)

- Douglas J. Moo, *The Epistle to the Romans in The New International Commentary Series* (Eerdmans, 1996)

- John Murray, *The Atonement* (Baker Book House, 1962)

- John Murray, *The Epistle to the Romans* (Zondervan, 1959) 존 머리, 《로마서 주석》(아바서원 역간)

- John Owen, "On the Mortification of Sin in Believers" in *Temptation and Sin*

(Zondervan, 1958) 존 오웬,《죄 죽임》(부흥과개혁사 역간)

- Blaise Pascal, *"Pensees"* in The Works of Pascal (Random House, 1941) 파스칼 블레이즈,《팡세》(민음사 역간)

- John Piper, *The Roots of Endurance* (Crossway, 2002) 존 파이퍼,《인내의 영웅들》(부흥과개혁사 역간)

- J.C. Ryle, *The Select Sermons of George Whitefield with an Account of His Life* (Banner of Truth Trust, 1990)

- Richard Sibbes, *The Work of Richard Sibbes*, volume V (Nicol Edition, now published BiblioBazaar–first published in this edition 1923)

- John Stott, *Men Made New* (IVP, 1966) 존 스토트,《새사람》(아바서원 역간)

- John Stott, *The Message of Romans in the Bible Speaks Today series* (IVP Academic, 2001) 존 스토트,《로마서 강해》(IVP 역간)